旧鎌倉街道探索の旅 Ⅰ

上道・山ノ道編

芳賀善次郎

装幀　田端克雄（フィールド・サイド）

旧鎌倉街道 探索の旅Ⅰ　上道・山ノ道編◎目次

凡例

1　内容は、旧鎌倉街道中道の道筋を地理学的に考察し、合わせて沿道の史蹟や伝承を述べたものである。
2　文中に「旧街道」とあるのは、旧鎌倉街道のことである。
3　本書中の本道・支道・連絡道という名称は、著者（芳賀善次郎氏）が道筋の方向や状況、沿道史蹟・伝説などを総合判断して名付けたもので、当時の記録にある名称ではない。
4　地図は、陸測地図二万五〇〇〇分の一を基にして作図したので、詳しくは原図と対照されたい。全国同一縮尺にして連続しているが、その縮尺や地図の見方は、第①図に示した。
5　内容は、旧街道の道筋を探り、それを歴史的・地理的に考察し、合わせて沿道の史蹟や伝承を述べたものである。特に古書の紀行文・史書などにある内容はなるべく旧街道の関連で述べるように留意した。
6　史蹟・伝承の紹介は、中世までのものを主とし、江戸時代以降のものは最小限度にした。また、東京都などのようにほかに案内書が多く出ている所については、解説も簡略にした。
7　本文の『風土記稿』は、江戸時代編集の『新編武蔵風土記稿』のことである。
8　方位は特に明記したもの以外は、上部が北である。

《編者の追加凡例》

今回、『旧鎌倉街道探索の旅』の上道・中道・下道・山ノ道をまとめるにあたり、以下の凡例を追加する。
1　本道を主にして、支道・連絡道に関しては省略した。ただし、本道の間道、また旧鎌倉街道を象徴する史蹟・伝承を持つ支道・連絡道に関しては（編者の恣意的判断で）残した。
2　地図の太線は、本書でつないだ本道である。一部、章立てした支道についても太線にしている。

3　地図の丸で囲んだアルファベットⒶⒷⒸ…は、本文中で道筋を説明する上で付けた記号である。特に本道はⒶでつないでいった。一部、地図上に本道しかない場合は省略している。

《編者一言》

今回、芳賀善次郎著『旧鎌倉街道探索の旅』四冊を合本するに際し、ページ数などの制限の中で、編集をせざるをえず、本道をつなぐことを主眼に置きました。そのため、本道から分かれる支道、本道をつなぐ連絡道はほとんど省略しました。

そのことで、文章的につながりがなくなる所が生じ、やむをえなく編者による加筆、訂正をしました。また章の並びを入れ替えるなどの作業も生じました。ただ、『旧鎌倉街道探索の旅』で感じられる芳賀善次郎氏のリズム感ともいうべきものは損なわないように最善を尽くしたつもりです。

現在、本書で鎌倉街道の探索をすることは、想像力を多く必要とします。それは、時代とともに町や道の様子が大きく変化したからです。私も最近、本書を手に歩いてみましたが、それは「失われた道を歩く」というものでした。しかし逆に、鎌倉街道を強く肌で感じる、わくわく感満載の探索でもありました。本書は、まさしく鎌倉街道探索における伝説のガイドブックとなっていました。

塩澤　裕（しおざわゆたか）
一九五六年生まれ。テレビ番組構成作家
著書に『中山道　風の旅』等・和光市在住

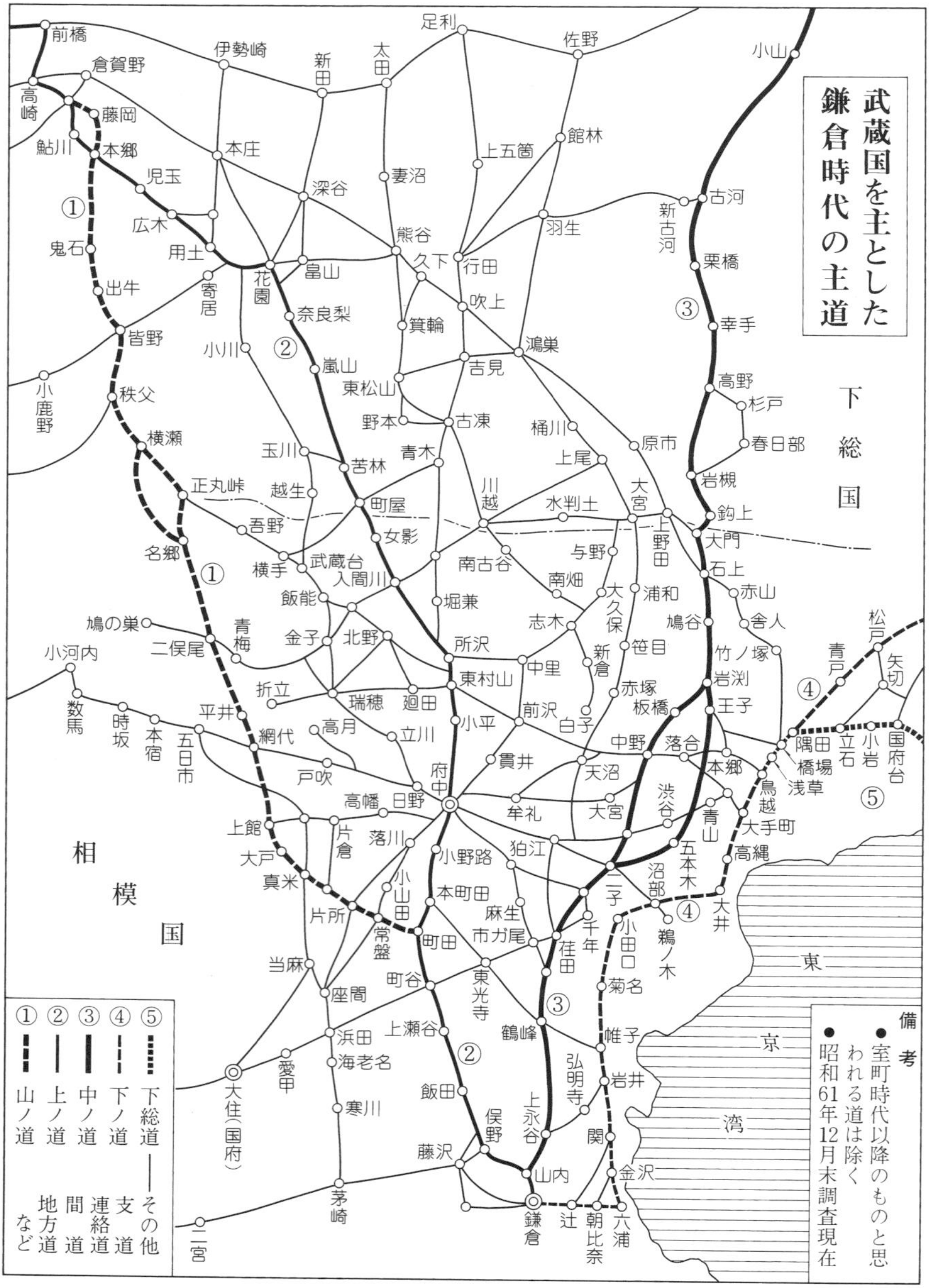
武蔵国を主とした鎌倉時代の主道
①山ノ道
②上ノ道
③中ノ道
④下ノ道
⑤下総道
──その他 支道 連絡道 間道 地方道など
備考
●室町時代以降のものと思われる道は除く
●昭和61年12月末調査現在
下総国
相模国
東京湾
前橋
高崎
倉賀野
伊勢崎
新田
太田
足利
佐野
小山
藤岡
鮎川
本郷
児玉
本庄
深谷
妻沼
上五箇
館林
古河
新古河
広木
用土
鬼石
出牛
寄居
花園
畠山
熊谷
久下
行田
羽生
栗橋
奈良梨
吹上
箕輪
幸手
皆野
小川
嵐山
吉見
鴻巣
小鹿野
秩父
東松山
野本
古凍
桶川
高野
杉戸
横瀬
玉川
苦林
青木
原市
春日部
上尾
岩槻
正丸峠
越生
町屋
川越
水判土
大宮
鈎上
吾野
女影
上野田
大門
名郷
横手
武蔵台
入間川
南古谷
与野
石上
赤山
飯能
堀兼
南畑
大久保
浦和
鳩の巣
青梅
北野
志木
鳩谷
舎人
小河内
二俣尾
金子
所沢
中里
新倉
笹目
竹ノ塚
松戸
青戸
矢切
数馬
時坂
本宿
平井
折立
瑞穂
廻田
東村山
赤塚
白子
板橋
岩淵
王子
五日市
網代
高月
立川
小平
前沢
隅田
立石
小岩
国府台
橋場
戸吹
府中
貫井
中野
落合
本郷
浅草
高幡
日野
天沼
鳥越
上館
片倉
牟礼
大宮
渋谷
青山
大手町
大戸
落川
小野路
狛江
五本木
高縄
真米
小山田
本町田
二子
沼部
大井
片所
常盤
町田
麻生
市ガ尾
千年
小田口
鵜ノ木
当麻
町谷
東光寺
荏田
菊名
座間
上瀬谷
鶴峰
浜田
帷子
海老名
弘明寺
岩井
大住(国府)
愛甲
飯田
寒川
上永谷
保野
関
藤沢
金沢
山内
茅崎
鎌倉
辻
朝比奈
六浦
二宮

旧鎌倉街道　探索の旅

上道編

はじめに

西ドイツの風光明媚なハイデルベルクに行った時に感じたことである。

美しいネッカー川を見下ろす丘の中腹に、一三世紀の築城当時の姿をとどめるハイデルベルク城があり、その下に、ドイツ最古の大学であるハイデルベルク大学が、中世そのままに建っていた。そして、大学からネッカー川に向かうと、そこには当時からのアルテブリッケ（石橋）があり、その対岸の丘陵には、大学の哲学者の卵だった学生たちがよく散歩したという小径が、丘下から丘陵上に続き、「哲学者の散歩道」と称されて昔のままに保存され、市民の散策路となっていた。

日本でいえば、城は鎌倉時代、大学は京都金閣寺建立に先立つこと九年前の室町時代、また石橋もその頃のものである。そのような古都を、当時の学生たちが思索して歩いた道とともに、そのままの状態で残してあるのには驚嘆のほかなかった。

それに比べて同時代の日本では、鎌倉時代の「いざ鎌倉」という時に、各地から馳せ参じた昔ながらの鎌倉街道は、すでに「幻の街道」といわれて忘れ去られようとしている。

鎌倉街道には、場所によっては王朝時代の官道であった部分もあり、また地方の古道であった部分もあるが、それらの道をうまくつなぎ、幕府が新たに開発した部分もある。それが、天正一八年（一五九〇）に小田原北条氏が亡び、徳川家康が江戸に幕府を開くと、江戸と地方を結ぶ道が新たに開かれた。それと同時に、鎌倉街道の果たす役割は終わって、次第に世間から忘れ去られてしまった。

しかし鎌倉街道は、古代から中世にかけて、政治的・文化的役割を果たした重要な道で、その道筋の究明は当時を知るうえで貴重なことと思う。そのような考えから、この鎌倉街道のうち、上道《かみみち》を実際に歩いてみてその道筋を調べ、沿道の史蹟を述べたのが本書である。

上道は、鎌倉から化粧坂《けわいざか》を越えて境川流域を北上、武蔵国府（府中）から関東山地の東ふもとを北に進んで高崎に出る。その先は信濃・越後へと抜けるのである。その他、各地に多くの支道があるが、本書では約一四〇キロの上道本道を主として述べてみた。

鎌倉街道は都市化が進み、開発の名のもとに消滅したり、改修・拡張された部分が多く、馬二頭が並んでやっと通れる道幅、二メートルほどの昔のままの道は少なくなった。そのうえ、舗装されないで自然のままに残っている道はほんの一部にしかすぎない。しかし、この一部でもいいから何とか保存できないものかと願って止まない。

街道は旧態で残っている所が少ないといっても、大部分の道筋は残っているのであるから、この道を実際に歩いてみることは、その当時の様子を理解するうえで大切なことである。また沿道の史蹟と街道筋の素晴らしい景色は、私たちの心を慰めてくれる格好の散歩道でもある。

最近は、文化庁が「歴史の道」を三年計画で整備する構想を明らかにしたこともあって、このところ古道ブームで古道を訪れる人が多くなった。しかし、昔の鎌倉街道の道筋全部の道程を図示し、その現状を詳細に述べた案内書は皆無といってもよい。部分的に述べたものはあるが、その中には誤って書かれているものもある。

そこで、鎌倉を知るための心のふるさとであるこの道を、諸資料で調べ、実際にそれを歩いてみて、その自然地理的情況・地元の口伝を参考にして検討し、その現状を明らかにし、合わせてその沿道の史蹟を紹介することにした。

私は長く新宿区文化財調査員として、新宿区の郷土史を調査研究してきた。この時新宿区内にも鎌倉街道があり（この場合鎌倉道の中道）、それに沿って頼朝の伝説があり、板碑が分布していることがわかった。こうしたことから、私は鎌倉街道に引きつけられるようになった。

しかし、本書をまとめる気になった直接の動機は、前述のハイデルベルクの「哲学者の道」を知ったことと、娘夫婦が小平市上水本町の旧鎌倉街道筋に新居を設け、退職時に自宅修理のためそこに二か月間住んで、旧道筋を散策する機会を得たことである。

この本は、『鎌倉街道の案内書』としてあるが、一応、北は高崎までとした。その先は、江戸時代の中山道のもとになる道なので、その方に譲ることにした。また、本書は鎌倉・府中・高崎など、他に案内書のたくさんある地域については、その史蹟解説の多くを省略した。なお、挿入地図は全部つなぎ合わせると全体が分かるように、同一縮尺にした。台地・低地・河川など、それぞれに着色してみれば、地形との関係が一層理解し易くなると思う。

しかし、独断のところもあるので、誤解の点があれば他日改訂したいと思っている。

最後に、それぞれ現地でご指導・ご案内いただいた多くの方々、それに本書を厚意的に出版下さったさきたま出版会社長星野和央氏には、特に深く感謝申し上げるとともに、大方のご批判と今後のご指導を賜りたいと思う次第である。

昭和五三年七月

芳賀善次郎

1 鎌倉から東俣野へ〈鎌倉丘陵を通る道〉

上道編

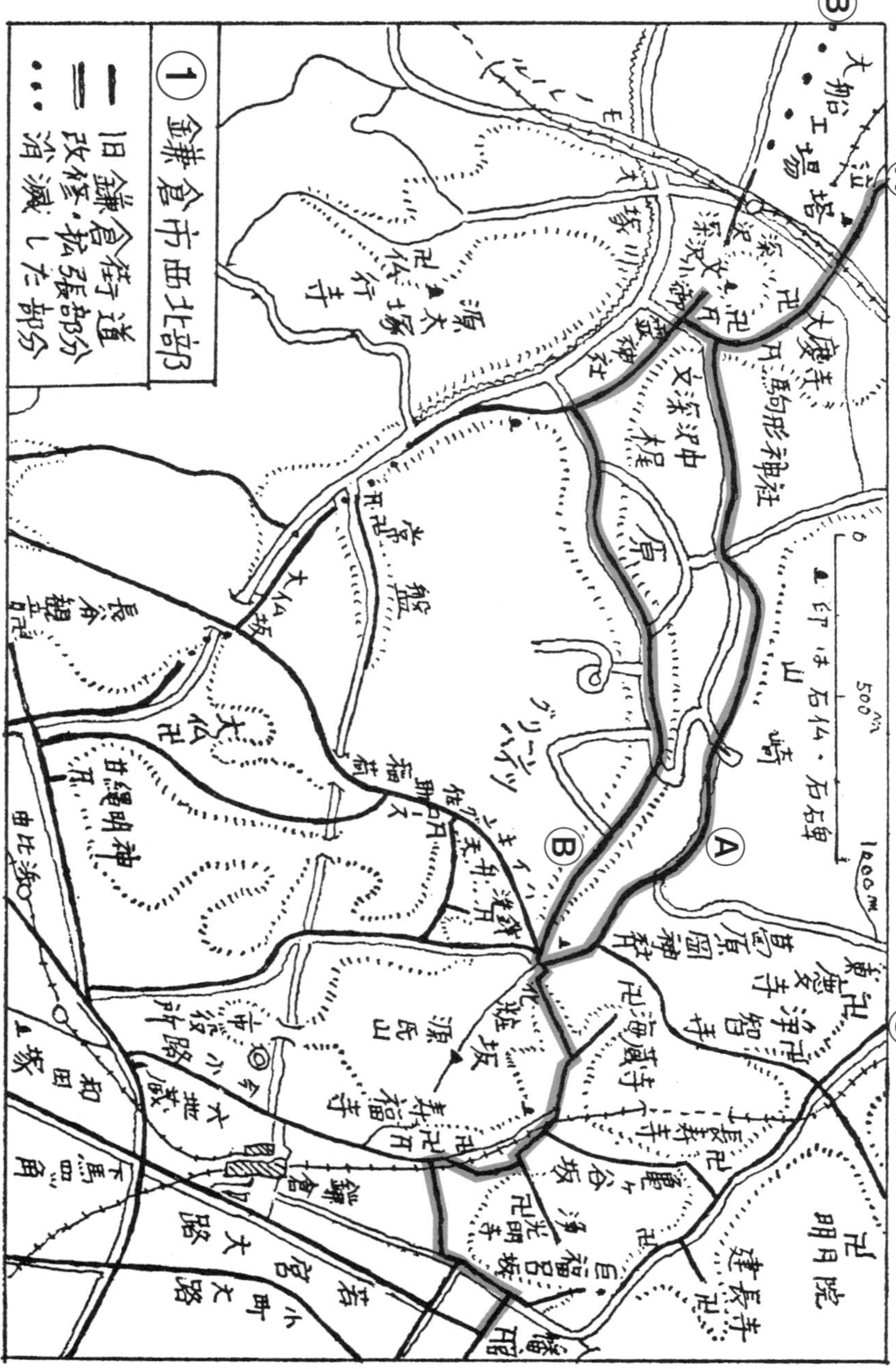
① 鎌倉市西北部
旧鎌倉街道
改修・拡張部分
消滅した部分
大船工場
泣塔
大慶寺
駒形神社
山崎
0
500m
1000m
常盤
大仏坂
長谷観音
大仏
甘縄明神
由比浜
和田塚
源氏山
化粧坂
寿福寺
葛原岡神社
東慶寺
浄智寺
市役所
亀ヶ谷坂
浄光明寺
巨福呂坂
建長寺
明月院
鎌倉
若宮大路
小町大路
A
B
C

一　化粧坂の急坂を越えて

鎌倉市／藤沢市／横浜市

1　血なまぐさい化粧坂（鎌倉市）

鶴岡八幡宮の石段を下り、舞殿と呼ばれる下拝殿《しものはいでん》を回って南に向かうと、東西に走る道路がある。左に行くと、頼朝が鎌倉入りをした時に移り住んだ頼朝屋敷、のちの大蔵幕府のあった所に出る。右に行くと、近代美術館北側を通ってバス道に突き当たる。

この東西の道が、旧鎌倉街道の基点である。

文治三年（一一八七）の八月一五日、鶴岡若宮で頼朝臨席のもとに放生会《ほうじょうえ》が行われた。その時、この道は馬場として流鏑馬《やぶさめ》が催されたので、流鏑馬の馬場、または**流鏑馬道**と呼ばれるようになった。

ここを基点に、現在でも、拡張されたり、消滅したりしながらも北に向かっている旧鎌倉街道を辿ることがで

鶴岡八幡宮

きる。

鎌倉から東俣野に向かう旧街道は、化粧坂《けわいざか》を越える道、大仏坂を越えて遊行寺《ゆぎょうじ》を通る道、稲村ケ崎を越える道、そして巨福呂坂《こぶくろざか》を越える道と、いくつかのコースに分かれている（①図）が、本書では旧鎌倉街道上道の本道を紹介する。

旧鎌倉街道の基点である流鏑馬道から化粧坂までの道、武蔵大路を行く。この道は、武蔵方面から鎌倉に入る主要道路であった。

鶴岡八幡宮前　鎌倉街道の起点「流鏑馬道」

流鏑馬道を西に行き、突き当たったバス道を左に折れて、真っ直ぐ行くと小町通りに出る（①図）。途中左に曲がれば、八幡宮の第三鳥居前に出る。小町通りを少し行った所で右折すると、岩窟《いわや》小路と呼ばれる静かな住宅地の道に出る。この通りに岩窟不動があるからである。横須賀線の踏切を渡ると丁字路で、左への道は今小路（今大路）である。前方には八坂神社、**寿福寺**《じゅふくじ》がある。

寿福寺は鎌倉五山の第三位で、栄西《えいさい》が開山した寺である。境内は、頼朝の父義朝の館跡である。その背後にある**源氏山**は八幡太郎義家が奥州征伐の時、挙兵の白旗を立てて戦勝を祈願した所で、この辺りは源氏にとっては、最も由緒の深い土地である。本堂前には見事なビャクシンの古木があり、後方のやぐらには、源実朝・北条政子の墓がある。

寿福寺から北に向かうと、太田道灌の邸跡と伝えられている英勝寺《えいしょうじ》がある。その北側のやぐらにある石塔は、『**十六夜日記**《いざよいにっき》』の著者、**阿仏尼**《あぶつに》**の墓**という。本堂裏の山腹にある**阿弥陀堂**は、建武二年（一三三五）、建武中興で足利尊氏が賊軍と呼ばれて討伐軍を迎えることになった時、側近二三人と籠って、応戦か恭順かで悩んだ場所である。そして、ついに天皇に反旗を翻すことを決心した尊氏は挙兵し、ここに南北朝時代の幕がきって落とされたのである。

旧街道に戻って北に進むと、丁字路の右角に岩船地蔵がある。その前を右に折れると薬王寺があり、その先は鎌倉七入口の一つである亀ヶ谷《かめがやつ》切通しである。さらに進むと巨福呂坂を越えてくる鎌倉街道と一緒になる。

岩船地蔵堂まで戻って、横須賀線のガードをくぐり、扇ヶ谷《おうぎがやつ》の谷間を西に向かうと海蔵寺《かいぞうじ》に出る。

その手前を標識に従って左折すると、道は次第に上り坂となって、狭い谷間となる。そしてついには、谷頭は木の生い茂った薄暗い絶壁の山となって、行く手を阻んでしまう。そこからの道は岩肌を電光形に上る鎌倉七入口の一つ化（仮）粧坂である。国史跡に指定されている昔のままの坂道である。往時、鎌倉に入る主要道路がこのようであったのだから、鎌倉の要害としての堅固さがうかがえる。

坂名の由来にはいろいろある。平家の大将の首をこの坂上で検分した時生首に化粧をした、木の生い茂る坂だから「木生え坂」といっていたのが訛った、坂上に遊女屋があって、女たちが化粧して旅人に一夜の情を注いだ、

鎌倉七入口の一つ化粧坂

などの説がある。

化粧坂は、武蔵方面ばかりではなく、東海道方面からの主要道路だったことから、ここは商業地区として発展した。坂の山上も山下も繁昌し、『曽我物語』によると、五郎時致や梶原景季が、ここの女に通ったとある。坂の上下には、多くの家屋が並んでいたのであろう。

元弘三年（一三三三）五月一八日、**新田義貞**が鎌倉攻略の時、全軍を三つに分け、巨福呂坂には堀口貞満、化粧坂には義貞自身と弟の脇屋義助が、南の極楽寺坂には大館宗氏が向かった。

義貞軍は、洲崎《すざき》の守りを破って、この化粧坂になだれ込み、激戦の末、北条基時を敗ったのである。大部分の手兵を失った北条基時は、ここで自害している。

余勢をかった義貞は、腰越《こしごえ》を回って極楽寺坂攻撃軍の応援に向かい、さらに稲村ケ崎から鎌倉に進入し、ついに北条氏を滅亡させたのである。

坂を上ると、左手に見晴らしのよい源氏山公園がある。

坂上から尾根を直進すると、右は葛原岡《くずはらがおか》神社の参道で、左は銭洗弁天《ぜにあらいべんてん》への道である。その中間にある滑り止めの石段の細い道が梶原谷から寺分への鎌倉街道（上道）である。化粧坂からの鎌倉街道は、この石段の道のほかに、葛原岡神社から山尾根を通って寺分に下る道もある。

2　見晴らしのよい尾根道（鎌倉市）

葛原岡神社前からの旧鎌倉街道を行く（①図Ⓐ路）。参道は尾根道で、左手は公園である。やがて左手に後醍醐天皇の忠臣**日野俊基墓**がある。元弘の変で捕われの身となり、この葛原ヶ岡で斬られたのである。この公園が刑場跡であり、葛原岡神社は日野俊基を祀ったものである。

社務所前の左下の芝生の先に見える細道が旧鎌倉街道である。その道は尾根道で両側はすでに住宅地化されている。左側の時々展望のきく緑の多い道を行くと、やがて広い自動車道に突き当たる。右は国鉄北鎌倉駅前へ続き、左は旧鎌倉街道を拡張した道で、野村不動産梶原山住宅地の主要道路となっている。

左の自動車道を行くと、まもなく右手に鎌倉市山ノ内水道配水池が見えてくる。その先の両側には、高級住宅が並び次第に下り坂となる。右側は山崎、左側が梶原である。旧鎌倉街道は、町村の境を通っていることが多いが、ここはその代表的な例である。

自動車道が大きく左に曲がる所約一〇〇㍍手前の右に折れる細道を西に行く。この分岐点辺りの旧街道は当時とは少し様子が変わっている。そこから先の道も、山崎・梶原両町の境を通る昔ながらの旧街道で、道はやがて山崎・寺分・梶原三町境の十字路となる。その先さらに西に下ると、深沢中学校前に出る。中学校先の丁字路を左折すると、丘陵下で交差する道がある。これが化粧坂から梶原谷を通ってくる旧鎌倉街道である。これまでの尾根道は、全体が緩やかな坂道である。

３　梶原氏ゆかりの地（鎌倉市・藤沢市）

化粧坂の上の西を梶原谷に通じる旧鎌倉街道を下る。梶原谷から滑り止めの石段がある道を上ると五差路となる。前方左の上り坂は大仏坂へのハイキングコースで、右の下り坂が旧街道である。

この旧街道（①図Ⓑ路）は、西の梶原谷へ下るが、これがまた西から化粧坂への登り口でもあり、義貞の進撃路でもあった。旧街道は、西から東へ延びる梶原谷と、鎌倉か西に延びる扇ヶ谷との二つの谷を最短距離に結んだ自然の交通路である。

坂を下ると道は広くなり、左手は鎌倉グリーンハイツ、続いて右手の斜面には大規模な分譲住宅地が広がって往時の面影はなく、左手のスギと雑木林の山ばかりが昔を語りかけているようである。周囲は、梶原山住宅地で、バス停からは藤沢・大船・鎌倉各駅行のバスが延びている。

梶原の旧街道は、大仏坂を越えてきた南北の鎌倉街道に、直角に交差する。鎌倉街道は、他の旧街道と交差する時は、たいていここの場合と同じように丁字路か十字路で交差する。

鎌倉街道は、短期間にできあがったが、それは鎌倉時代以前にすでにできている古道を、うまく繋ぎ合わせて建設したからである。そして、繋ぎ合わせた交差点・分岐点は、直角にしたようである。そのため、交差点・分岐点・曲がり角などは、ほとんど丁字路・十字路や鍵形になっているのである。そのような規定があったのかは分からないが、そういう所は草叢が多いだろうから、鋭角になっているよりは分かりやすいし、早馬で通っても、道を間違えることが少ないということはいえよう。

梶原からの旧街道と、大仏峠からの旧街道もその方式によって丁字路で交差し、深沢中学の台地下を通って広い道に出る。ここでまた、北から来る旧街道と直角に交差している。

広い道を横切って行くと、右手奥に寺分の**御霊神社**《ごりょう》が見えてくる。この神社は、この地方の鎮守であり、また梶原氏の鎮守でもある。祭神は梶原氏の祖、**鎌倉権五郎（梶原）景政**《かげまさ》**（正）**である。景政は、源義家に仕えて鎌倉に住み、一六歳の時、後三年の役に出陣して出羽の金沢城を攻め、左眼を射抜かれながらも、その矢を引き抜いて敵を打ちとったという武士である。

前述の梶原や深沢は、鎌倉幕府で権勢を振るった**梶原景時**《かげとき》ゆかりの地である。梶原氏の由来は、桓武平氏の流れを汲む鎌倉景久がこの梶原村に住みつき、梶原太郎と称したのにはじまっている。

梶原景時は、のちに幕府重臣たちの反目をかい、所領没収と追放処分にあった。景時・景季父子は、従者とともに京都へ流浪の旅に向かう途中、駿河の清美関《きよみがせき》を過ぎた所で追手の軍勢によって殺され、一族は滅亡した。

神社を出てその隣の深沢小学校敷地内に入り、東境の金網沿いに北に回ると、学校の給食室裏に出る。そこに突き出ている台地突端西側のやぐらには、梶原景時の墓といわれる大小の五輪塔四基が立っている。

4　眺望のよい村岡城跡（藤沢市）

深沢中学校西からまっすぐ北に向かい、突き当たりを左に折れると、左右両台地に挟まれた谷間の道となる。これが化粧坂や大仏坂から武蔵国に向かう鎌倉街道の上道である。

まもなく左に東光寺、その先右手奥に駒形神社、さらにその先左手に**大慶寺**がある。この大慶寺は、宋の名僧大休正念《だいきゅうしょうねん》が開山したもので、かつては関東十刹の一つに数えられたほどの壮大な寺院であった。今はすっかり寂れ、建物の一部が残っているのみで往時の面影はない。ただ本堂横のビャクシン二本（鎌倉市文化財天然記念物）が、その格式を偲ばせてくれる。寺分《てらぶん》という地名は、こ

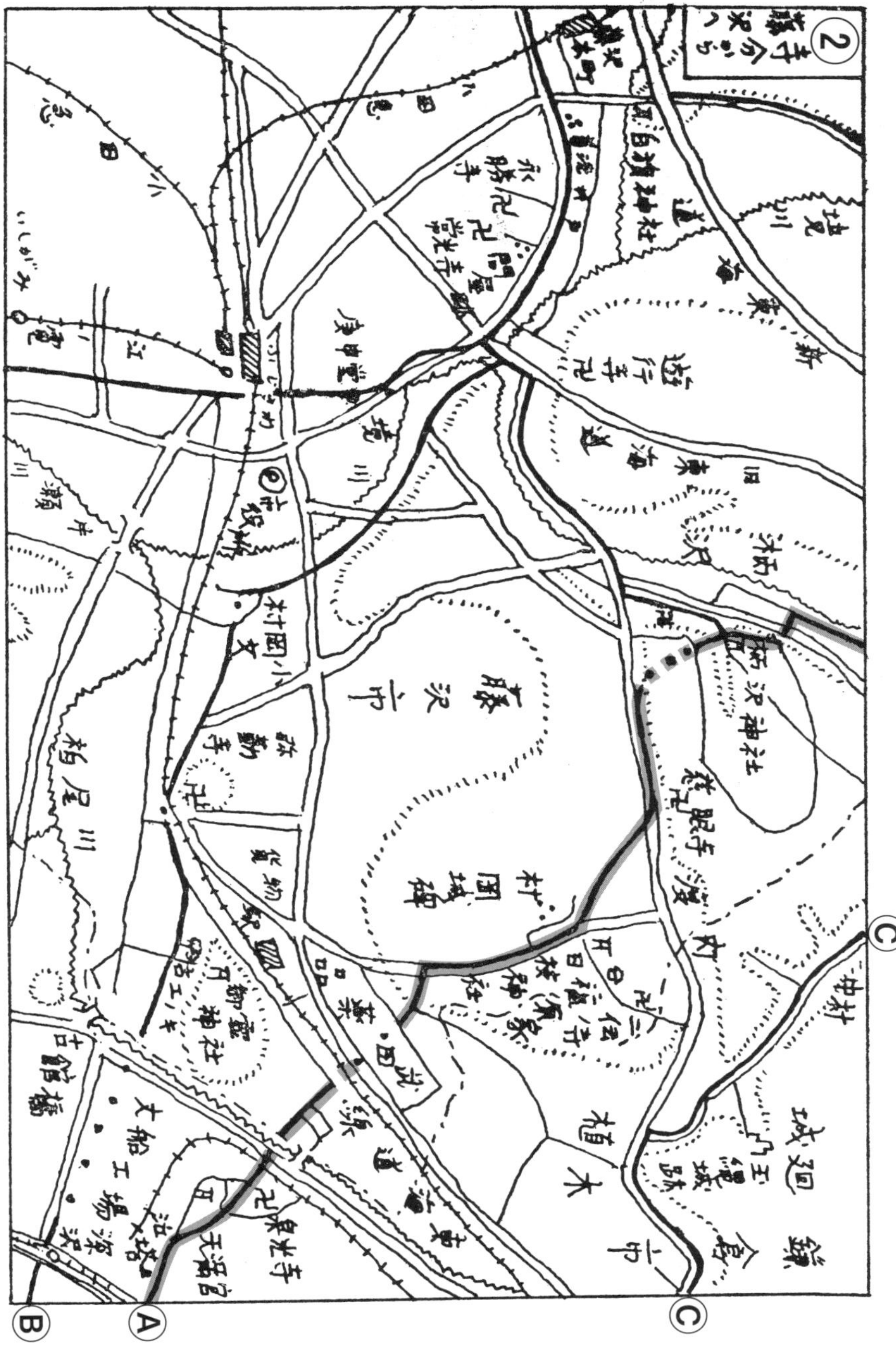

の大慶寺分の寺領ということから名づいたものという。

そこからさらに西北に進み、湘南モノレール直下の自動車専用道を北に行くと、台地に上る坂道の左手、深沢市営住宅地の崖下に、**洲崎古戦場の碑**が立っている。洲崎とは、上町屋・山崎・寺分一帯を指すものと思われる。

新田義貞は分倍河原で北条軍を敗り、前述のように三軍に分かれて鎌倉に向かった。北条軍の将、北条氏の一族である赤橋守時はこの洲崎で新田軍を迎撃したがついに敗れ、新田軍の堀口貞満は巨福呂坂へ、そして義貞は化粧坂に進行したのである。しかし、**『太平記』**にあるように、堀口貞満がこの洲崎から、どのような道を通って巨福呂坂に向かったのかは不明である。この辺り一帯がその時の戦場になったことを説明したものである。

自動車専用道を横切る旧街道に戻って西北に向かう。両側は市営住宅団地で、団地を外れた左の国鉄大船工場敷地内に小山があり、金網越しに洲崎戦地跡の白い標柱が見える。その小山には**泣塔**《なきとう》といわれる高さ約二メートル、文和五年（一三五六）の宝篋印塔《ほうきょういんとう》が立っている。見学するには大船工場正門から入る。

この石塔は、洲崎の戦いで戦死したものの供養塔である。この石塔を、国鉄敷地内から西南の手広《てびろ》にある青蓮《しょうれん》寺《じ》に移したことがあった。ところがその石塔は、住職の枕元に立って元の所に戻して欲しいと泣きついたという。それで元の所に戻され、それから泣塔と呼ばれるようになった。

この辺りの地名は陣出《じんで》というが、これは前述の戦いに関係したものである。当時の戦場は、北が山崎の天神社。南がこの陣出にかけてであった。『太平記』には、一夜のうちに六五回の切り合いがあったとある。

その西の右手、保育園の前を右折すると、道は上り坂となり、上町屋の山ノ根となる。左手は当時低湿地のため、そこを避けて台地に上ったのであろう。右手に二基の庚申塔を見ながら町の中を行くと、泉光寺《せんこうじ》がある。寺の横から南に行くと、この辺りの古社である天満宮がある（②図）。

泉光寺から旧街道は柏尾川を渡って西北に続いている。対岸に出るには上流にある町家橋を渡る。この辺り一帯は工場地帯である。橋を渡って左に折れ突き当たった細道が、対岸から続く旧街道である。

この旧街道はしばらく行くと、武田薬品工場に分断されて消えてしまっている。そこで左手工場の金網に沿って行くと、右手に東海道線下を、頭すれすれに向こう側にくぐれる道がある。そこを通って北側に行くと広い道路に出、藤沢駅行の武田薬品バス停がある。バス道を隔てて向こう側に、大きな武田薬品の工場が建っている。バス道を左に折れ、十字路で右折して新道を行くと、道は次第に上り坂となる。右側はやはり工場で、左側の台地は切り開かれて宅地造成中である。

まもなく右手から伸びてくる道がある。これが東海道線と武田薬品工場で消えた旧街道の続きである。この旧街道は貝殻坂と呼ばれていたが、今は拡張されて新道となって北に向かっている。道の両側は宅地造成され、住宅が建ち始めている。

坂の途中で左に折れると、広い公園がある。この辺り一帯は、坂東八平氏の祖、良文・忠光・忠道・景成・景政五代の**村岡氏居城跡**である。居城跡の面影はなくなっているが、その記念碑が公園の中に忠魂碑などとともに立っている。

良文は、醍醐天皇の延喜一九年（九一九）八月、鎮守府将軍に任ぜられて相模国の国司を兼任し、晩年にこの村岡に居を定めた。良文は城を築き、多くの荘園を持ち、一五年間国務を司り、関東一円に強大な勢力を張って、三浦・鎌倉・大庭・梶原・俣野・長尾の各氏など相模平氏の祖となった。

山下には、湧水の古井戸があったというが今はない。これは鎌倉権五郎景政（正）のうぶ湯の井戸と言い伝えられていた。公園からは、大船やこれまで通ってきた寺分やモノレールなどが眺められ、眺望が良い。

前に通ってきた柏尾川流域は、往古には入江だったというから、元弘三年の新田義貞鎌倉攻めの頃も湿潤の地であったのであろう。『**神奈川県大観**』には「村岡城址下貝殻坂より対岸洲崎上町家天神社付近へ、八町許りの間を架橋して突入した」とある。この公園のある台地から一気に坂を下り、柏尾川を渡って展開された洲崎の戦の喚声が聞こえるようである。

道をさらに上ると十字路に出る。この辺りは台地上の平坦地である。その右角の丘陵上に**日枝神社**がある。この神社は初め、裏山の台地宮山に、良文が京都から勧請して邸宅の鎮守として祀ったものを、応永二七年（一四二〇）にここに移したものという。

その東に、立派な長屋門を構えた旧家がある。渡内《わたうち》集落の名主福原家である。その前をさらに東に行くと**二伝寺**がある。寺は永正二年（一五〇五）北条氏時によって創建されたもので、森の中にある。寺の許可を得て本堂左の木戸門を入ると、その裏山の静かな林の中には、平氏の祖、良文・忠道・忠光の墓と伝えられている三つの円墳があって、塚上には宝篋印塔や五輪塔が立っている。

もとの日枝神社前に戻って旧街道を西に行く。右側は高台で両側とも住宅地になっている。まもなく、大船駅と藤沢駅間のバス道に突き当たる。この先は柄沢に向かうことになるが、その道筋がはっきりしない。

鎌倉時代の末、正安三年（一三〇一）に沙弥明空《しゃみみょうくう》によって編まれた歌謡集『**宴曲抄**《えんきょくしょう》』は、鎌倉中期から室町時代にかけて、貴族・僧侶・武士などの間で流行した歌謡を収めたもので、その中で「善光寺修行」には次のようにある。

吹送《ふきおくる》**由井**の浜風音立てて　しきりによする浦波を
なを顧る**常葉**山　かはらぬ松の緑の　千年もとをき
行末　分け過ぐる秋の叢《くさむら》　小萱《おがや》刈萱露な**から**　沢辺
の道を朝立て　袖打払う唐衣　きつつなれにしとい
ひし人の　干**飯**《ほしいい》たうべし古も　かかりし**井手の沢**か
とよ

これは、鎌倉から信濃の善光寺に参詣する途中の主な地名を詠み込んだもので、ゴシック字の由井・常葉・（大仏坂北部）・むらおか（村岡）・から沢（柄沢）・飯た（飯田）・井手の沢（本町田）は、鎌倉から大仏坂経由で武蔵野に向かう旧鎌倉街道筋の地名である。

これでも分かるように、村岡からは渡内に出て西北の柄沢に向かうのである。その道筋はほとんど残っていないし、地元の人たちからも忘れ去られている。そこで考えられる道筋は、①前述の日枝神社から北に行き、鎌倉市城廻《しろめぐり》と藤沢市柄沢との境を通って、柄沢中央を東西に走る道に向かう。②渡内丁字路からバス道を西に行き、柄沢橋近くを北上する。③渡内丁字路から西北に台地上を進む。この三方向である。このうち①は、阿部正道著『**神奈川県内の鎌倉街道概説**』の中で取り上げられているが、この道は遠回りである。②は、台地南側を通るので最も自然であるが、やはり遠回りである。③は台地上を直線的に進むことができる。このうち②は、遠回りではあるが無理のない道筋なのでそれを選ぶことにする。③は今後の課題であろう。

柄沢とは、滝川流域の沢を指すのであろう。その中心はやはり柄沢神社であるから、そこに行くためには丁字路からバス道を西に行く。北側は台地で古い集落があり、その東端の台地上に**慈眼寺**《じげんじ》がある。

寺の石段を上り、本堂右手奥の墓地を北に上ると藤沢市の天然記念物、混生樹（寄り木）がある。これはモチノキ・タブノキ・スダジイが一株に寄り集まって一本の大木になったもので、高さが約一〇メートル、全体の根の回りが約七・五メートルもある。昔墓地の一角に植えた苗木が、長い間に成長して一本のようになったものという。

その西、藤が丘中学校前のバス停から、台地を斜めに上る農家の道がある。これが北の柄沢神社に向かった旧街道の名残かと思われる。

バス停前から西へ下り、十字路を右折して行くと、右手に保育園があり、その横の坂道を下ると、右手下に隆昌寺がある。この坂道に下りないで保育園前を直進すると道は右に曲がって北に向かっている。これが旧街道の名残と思われる。この道は次第に下り坂となって、その先の森の中にある**柄沢神社**前に続いている。

神社前の階段上り口と本殿横には、庚申塔群などが並び、東には凹道の古道もある。また往時は小川が流れ西の滝川に注いでいたと思われる谷間が、神社前を通って東に延びている。かつては、その小川に沿って集落があったのであろう。

前に、渡内からの旧道で考えられる三方向のうち、③は今後の研究課題だと述べたのは、渡内からこの谷間に出たことも考えられるからである。しかし、その場合は神社西で街道が直角に北に曲がることになる。このように街道が地形による場合のほか、直角に曲がるような例は町田市西田の杉山神社横（⑦⑧図）と広木（㉙図）にあり、古道と丁字路で交差した所である。

神社の西側から北に向かっている道が、旧街道の名残かと思われるが、この道はその先で、東の台地に曲がってしまう。旧街道は、その曲がり角から低地に下り、川を越えて西北の大鋸《だいぎり》と横浜市戸塚区影取町《かげとりちょう》との境を台地に上ったのではなかろうか。

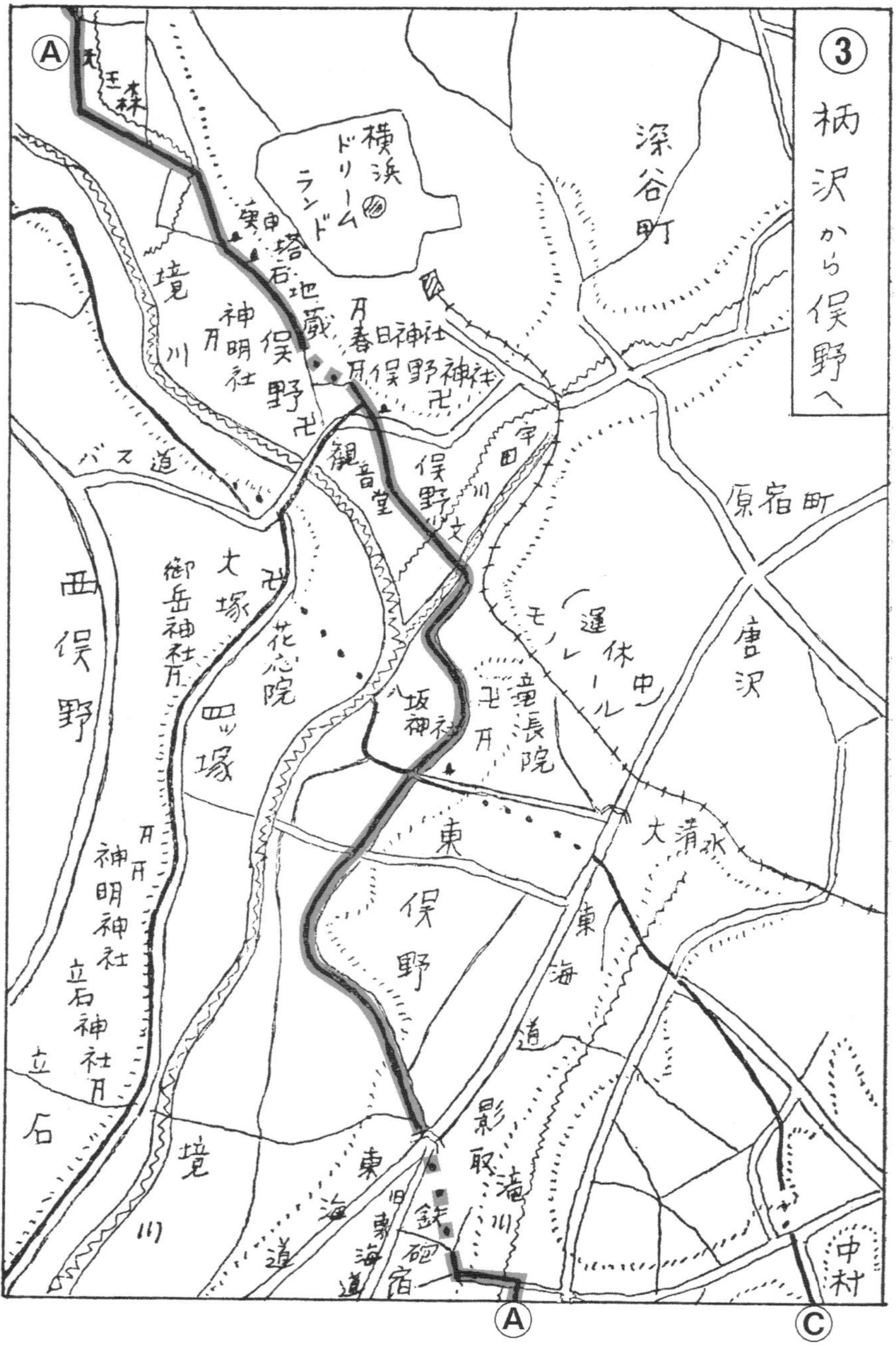
③
柄沢から俣野へ
深谷町
横浜ドリームランド
天王森
庚申
塔石地蔵
春日神社
俣野神社
神明社
俣野
境川
観音堂
俣野小
バス道
原宿町
唐沢
モノレール（運休中）
西俣野
御岳神社
大塚
花応院
四ツ塚
八坂神社
竜長院
大清水
東
俣野
東海道
神明神社
立石神社
立石
境
川
影取
滝川
東海道
旧東海道
鉄砲宿
中村
Ⓐ
Ⓐ
Ⓒ

柄沢神社前まで戻って西に行くと、道祖神が一基立っている。道祖神から南に向かう細道は、藤沢の遊行寺前からくる旧鎌倉街道であろう。さらにバス道を横切って西に行くと、道は滝川に沿って北に向かっている。

この辺り一帯は、古い柄沢の集落で農家が多く点在している。

道を北に進むと、やがて東西に走る道路に突き当たる。そこを左折すると、道は切通しで横浜市戸塚区の影取町の台地に出る。この上り道が旧街道だという。すると旧街道は、柄沢神社北からこの切通しに続いていたことになる。

台地上の道は再び杉山産業科学研究所で消えてしまう。研究所横を西に行くと、旧東海道の鉄砲宿バス停となる。

5　俣野氏ゆかりの地（横浜市戸塚区）

旧東海道を北に行く。新東海道（国道）との合流点にある歩道橋を渡って西側に下ると、左手に道路がある。それが旧街道を拡張した道である（③図Ⓐ路）。この旧街道は次第に下り坂となって丘陵に突き当たって、大きく左に曲がって北に向かっている。周囲は東俣野の農村で、境川流域には田園風景が開けて、ビニール栽培が多く見られる。その西方には西俣野の台地が展望できるなど、景色が良い。北方には、横浜ドリームランドにあるエンパイアホテルの高い建物が見える。

十字路を越えてさらに行くと、右側に**八坂神社**の鳥居が見えてくる。道路が拡張されたので、参道が削られて鳥居だけが取り残された状態で立っている。八坂神社はその先の下り坂正面に見えてくる。この神社は、東俣野の古社である。

鳥居の前に、右手から延びてくる道があるが、この道は鎌倉から巨福呂坂を越えて大船・植木・城廻を経てくる鎌倉街道がもとになっている（①②③図Ⓒ路）。またその反対に西に延びている細道は、境川西岸の鎌倉街道に連絡する道という。一段と高くなっている鳥居のある場所は、鎌倉時代の重要交通路の地点であり、ここには昔、大木が繁っていたという。

境川西岸に向かう西への道は、台地を通って、大きく右に曲がるところから、凹形で台地のへりを斜めに下る。

この辺りの道は林の中を通る舗装されない自然道で、古道の面影が残っている。道は境川近くの低地（水田）に下り、一段高い土壇のあぜ道となって川岸に続いている。川には橋がなくなったので対岸には渡れない。この渡河地点は、台地が川に迫っていて、氾濫原を最短距離で渡れる所である。

道を戻って北に向かい、八坂神社に行く。昔は広かった境内も今は狭くなり、神社裏は公園となっている。

神社の北に行くと、右手奥はこの辺りの古刹**龍長院**がありその入口には鎌倉街道の説明板がある。これには「旧東海道を横切って影取町に入り、大船方面へと通じていた」とだけあり、寺分方面にも通じていたことが書かれていないのが残念である。また、両側に庚申塔と石仏が立っている。広い境内に進むと左手に不動の滝が流れ、その前に大イチョウが、本道右手前にはタイザンボクの大樹があり、いずれも市の名木古木となっている。

八坂神社とこの寺のある一帯は、往時の豪族だった俣野氏ゆかりの地であり、寺の地蔵堂には**俣野五郎景久**の護身石像が安置されている。

要約

鎌倉から境川流域の東俣野までは、約九〜一〇キロの丘陵越えの道であるが、これまでの道はあまり遠回りしないで丘陵地を越え、何とか早く境川流域に出ようとした道である。その道筋と沿線の状況は次のとおりである。

一、鎌倉の出入口である巨福呂坂・化粧坂・大仏坂・極楽寺坂などの出口によって、数本の道がある。

二、しかし、なるべく最短距離の場所を通り直線的に走っている。

三、自然の谷間をうまくつないでいる。

四、高所に上るには、なるべく緩傾斜地を選んでいる。その坂道の距離が短い場合は、人馬往来のため土が流れ去って、凹形の道に成っている。また、丘陵への上りが急な所、短距離の高所などでは切通しになっている。

五、尾根道は少なく、小川のそばを通る所が多い。

六、低湿地では、土壇を築いている。

七、ほとんど舗装されたり、拡張されたりして、当時の原型をとどめる道は少なくなって、史跡指定地となっている昔の道はわずかである。

八、主要道になってしまった所は少なく、沿道は都市化がまだ進まないところが多いので、風景が良い。

九、道の交差点は丁字路か十字路である。

なお、阿部正道の『鎌倉街道について——その分布と遺跡』には次のようにある。

1　尾根道や坂道は掘り切りの凹地になり、坂道は薬研形を呈することが多い。

2　台地や原野では、道の両側に高土手を築くことにより濠状を呈する。

3　急坂には敷石を用いた事がうかがわれる。

このうち、2と3については、ほとんど改修されてしまったためか、その遺跡を見ることができなかった。

2 東俣野から本町田へ〈多摩丘陵を越える道〉

上道編

一　石仏の多い道に沿って

横浜市／町田市

1　頼朝を救った飯田氏の館（横浜市戸塚区）

東俣野の龍長院から宇田川に沿って北に行くと宇田川橋がある（③図）。旧街道はこの辺りにきていたと思われる。

橋を渡って、左手にある昭和電工の総合グラウンドを過ぎると、まもなく小田急線長後駅とドリームランド館を結ぶバス道となる。左手には観音堂前バス停、右手には福泉寺バス停がある。

バス道に出た向かい側に庚申塔が数基立っている。その左の商店の所に旧街道と思われる道が北に向かっている。この道は左に曲がってまたバス道に出てしまうが、その途中で北に分かれる道があるので、そこを行く。

道は少し上り坂となり、まもなく森の中にある俣野の鎮守俣野神社に出る。バス道から入ってきた旧街道は、往時はこの神社西側を通って西北に走っていたのではなかろうか。また、観音堂前を通るバス道は、境川西岸を通る旧街道への連絡道であろう。

俣野神社の西には、旧家の農家の集落がある。神社前から西へ向かっている細道を行くと、まもなく観音堂前から続いている道と一緒になる。そこを右折して北に行くと辺りは農村風景で、集落を過ぎると急に視界が開けて、お堂の中の石地蔵や数基の庚申塔などがあり、のんびりとした風景を呈している。庚申塔台座には「左飯田」とあるが、これは、碑を移したために反対となってしまったらしい。旧街道筋の飯田へは右を行く。

その先に見えてくる境川の支流に架かる橋を渡る。橋の先は少し高い平坦地のため道は直線に続き、やがて川に沿って右に大きく曲がっている。この辺りまでの道は凹形となって続いている。まもなく三差路となる（④図）。右は鍋屋橋に行く砂利道。直進すれば一直線に下瀬谷に行く道であり、左への道が旧街道である。旧街道は、ここからずっと北まで境川の河岸段丘上を走り、それに沿って古い集落が続いている。

三差路から旧街道を行くと十字路になり、そこを過ぎると右手高台の大イチョウのある所には東泉寺《とうせんじ》が、その北隣には金比羅神社が並んでいる。この寺と神社の西側道路は、旧鎌倉街道と伝えられている。

なお北に行くと右手に富士塚団地があり、その入口にある公園の一隅には、昭和三九年に建てられた**富士塚城址**の高い碑がある。その碑の裏には、次のような文字が刻まれている。

石地蔵の立つ旧街道

ここは源頼朝延命の恩人飯田五郎家義の館跡の地である。治承四年（一一八〇）四月頼朝関東に挙兵、僅か三百余騎で石橋山に陣を構えたが、一夜大庭景親伊東祐親の軍三千三百余騎の夜襲を受け惨敗した。家義は景親に追われ、すでに危うく見えた頼朝を救い、夜陰風雨の中を箱根山に導き、厳しい敵の目をくぐり奇蹟の安房脱出に成功させた。さらに同年十月、頼朝の黄瀬川出陣に従い、平維盛数万と対戦した時、一子太郎は射殺されたが奮戦して怯まず、敵伊藤小次郎を追い、その首級を頼朝に献じた。「前にはわが命を救い、今また戦功をなす、本朝無双の勇士なり」と賞され、この地を与えられた。家義は鎌倉に近い相模野の要地に館を定め、一族の墳墓とした。以来この地を飯田と称し、さらに中田、和泉を含めてその一字づつをとる中和田は、現在小中学校の校名として残っている。

2　鎌倉から移った本興寺（横浜市戸塚区）

富士塚城跡からしばらく北に行くと下飯田鯖神社（飯

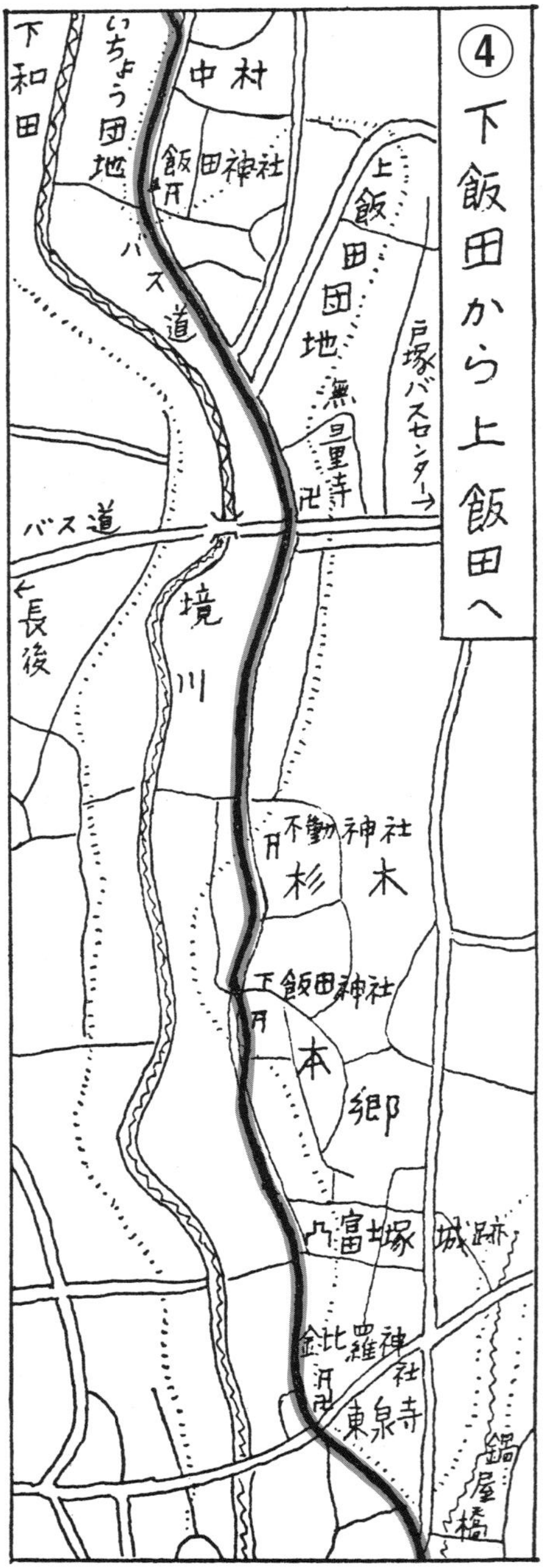

田神社）が見えてくる（④図）。この神社西の農道が旧街道のようである。この神社辺り一帯が本郷という地名であるから、飯田では古くから開けた所であろう。『宴曲抄』に出てくる飯田はこの辺りかと思われる。

上飯田に来ると、風格のある農家が立ち並び、古街道らしい面影がある。まもなく小田急線長後駅と戸塚バスセンターを結ぶバス道と交差する。十字路の北は、旧街道を拡張したバス道で、戸塚バスセンターから来るバスは、下瀬谷まで通じている。

十字路から北に行くと、すぐ右側に**無量寺**があり、境内の大イチョウには「名木古木」の標識が立ててある。その先の右手には上飯田団地が、緩やかな坂を上った所には**飯田神社**がある。その神社の西側には七基の石仏と庚申塔が九基並んでいる。

台村の手前でバス道から分かれて左に入る細い道が旧街道である。道は北に向かうが、まもなく左手はいちょう団地となる。旧街道の大部分は拡張されたが、一部は砂利道となって残っている。その砂利道が突き当たった所を右折し、坂を上ると左手奥に**本興寺**がある。立派な山門をくぐると、広い境内があり、仁王門は戸塚区の文化財に指定されている。本道には釈迦・**日蓮**・日什の一代記を刻んだ彫刻が飾られている。この寺は、元鎌倉の日蓮辻説法ゆかりの地にあったものだが、時の流れとともに衰微し、永徳二年（一三八二）に日什がこの地に中興したのである。

寺からもとの旧街道に戻り､北に向かう｡新幹線のガード下をくぐると、左手には団地が、右手には本興寺境内からの山林が続いている。団地が終わると左側に田畑が広がり、右手には樹木に囲まれた農家が続いて風景がよい。

途中で台への坂を上ると、すぐ左側には道祖神が、また台地上には**柳明神社**《やなみょう》があり、境内には六地蔵が立っている。

坂下の旧街道に戻って北に向かう。左側は水田、右手は農家が続いている。まもなく新しく開かれた広い道路に出る。そこを越えて行くと、旧街道は砂利道となり、視界が開ける。左側には境川の支流長谷戸川（相沢川）が流れており、その水門が見えてくる。その右手に川から揚水して貯水する日向山コミュニテープラントという施設がある。ここから北の旧街道は林の中に廃道となって消えている。しかし、通ろうと思えば、冬には何とか通れる。夏は草が茂っていて通れない。

水門の橋を渡って境川を越えると大和市の上和田である。上和田は、下和田とともに、鎌倉時代の**和田義盛**の領地だった所という。和田義盛は、源頼朝時代には侍所の長官であったが、後に**北条執権義時**と争い、一族は鎌倉由比ガ浜で滅亡した。

日向山コミュニテープラント前を右に折れ、バス道を北に向かう。右手一帯は宅地造成地である。緩やかな坂を上り、左側山林に変わる所で西に向かっている細道を進む。この道の北側は横浜市瀬谷区である。

山林の中を通り過ぎて長谷戸川に出ると急に視界が開ける。川の手前の右手の山林に、北に向かう道がある。前に消えた旧街道の続きである。旧街道は次第に上り坂となり、道は細くなって人ひとりがやっと通れるくらいで、ピクニック道ともつかない小路となる。左側の崖下には長谷戸川が流れている。

山林を越えると、バス道から分かれてくる細い道に出会う。この道は、西に下って川を渡ると左側が下瀬谷団地、右側が下瀬谷小学校となる。山林を通っている旧街道は、この下り道に出てから、川岸の東をさらに北の全通院下まで続いていたのであろう。

階段を上ると**全通院**があり、境内には名木古木のフジがある。

二　境川沿いの古村を通って

横浜市

1　日蓮ゆかりの妙光寺（横浜市瀬谷区）

下瀬谷から上瀬谷への旧鎌倉街道については、瀬谷区の郷土史家古川甫著『目で見る瀬谷区郷土誌』で、長谷戸川沿いだけを想定している。しかし、瀬谷区の境川沿いの古道は、旧鎌倉街道がもとになったものと思われる。また瀬谷区北部の町田市でも、旧鎌倉街道は境川沿いに通っていたとしている。ここでは、二本とも旧街道と解釈し行ってみることにする。

そこでまず境川沿いの旧街道を行く（⑤図Ⓐ路）。全通院石段下から相沢川を直角に渡って北西に行く。拡張された広い道を越えると右手に宗川寺があり、西側は古い集落となる。

その先を直進すると、旧街道は民家に突き当たって消える。さらに道を右に曲がると、その先は切通しで、そこを左折する。この道を北進すると右側に**左馬神社**がある。

左馬神社の祭神は源左馬頭義朝と伝えられているが、鯖大明神ともいわれている。左馬・鯖という神社は、全国では一一社しかないが、それはみな境川沿岸にあって、しかも高座郡に六社、鎌倉郡に五社あり、前述の下飯田鯖神社もその一つである。この神社は、自然物崇拝の対象に祀られた、いわゆる民俗的な神社だろうといわれている。

神社の北隣に西福寺があり、その先は丁字路となり、左折するとまた丁字路となる。左の砂利道が前に消えた旧街道の続きかと思われる。

⑤ 上飯田から瀬谷へ

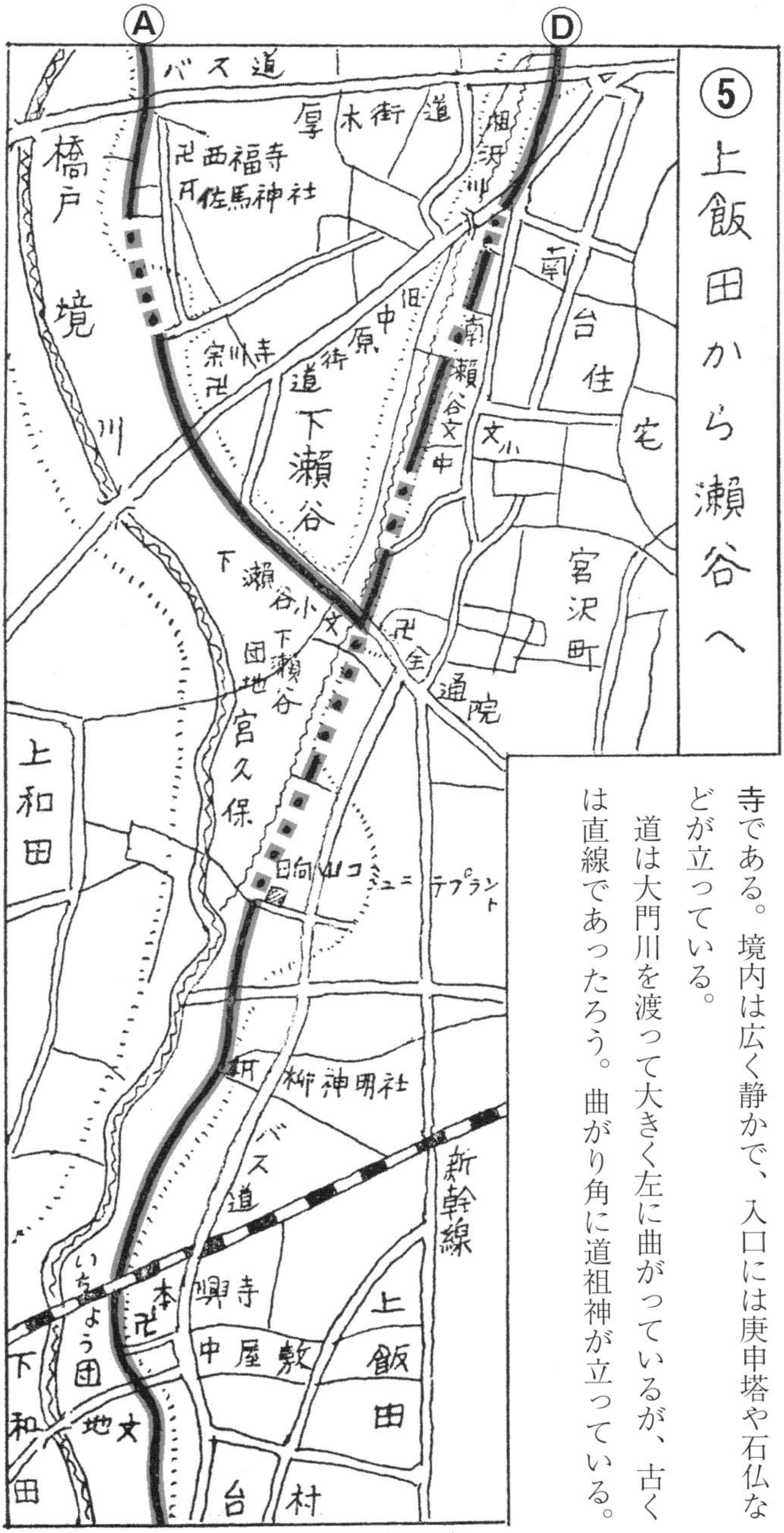

旧街道は、すぐその先でバス道（厚木街道）となる。この辺り一帯を**橋戸**という。源頼朝の富士の狩りの時、ここを通ると聞いた住民たちは、相談して境川の橋を架け替えた。そして、その辺り一帯を橋戸と呼び、橋は祝意を表して多賀橋と呼んだ。バス道を越えて北進し、三差路中央に道祖神が立つ所を過ぎ、相模鉄道のガード手前の信号を右折すると瀬谷駅に出る（⑥図Ⓐ路）。

ガードを越え、大門小学校北側の十字路の右角には通称白山様と呼ばれる碑がある。その前を右折すると**徳善寺**である。境内は広く静かで、入口には庚申塔や石仏などが立っている。

道は大門川を渡って大きく左に曲がっているが、古くは直線であったろう。曲がり角に道祖神が立っている。

曲折の多い旧街道は、善昌寺を過ぎ、しばらく行くと丁字路となって消えてしまう。そこから右に坂を上ると前述した上瀬谷のバス道である。その三差路の中央に地蔵堂も建ち、中に七体の石地蔵が安置されている。

バス道を北に行くと、右側に**妙光寺**がある。前に消えた旧街道は、この門前近くに続いていたのであろう。この寺は、日蓮上人が一泊したという由緒深い寺である。日蓮は、弘安五年（一二八二）に身延山を出て池上（東京都大田区）の本門寺に行く時、足柄峠を越えて相州に入り、九月一五日関本の弘行寺、一六日平塚の要法寺、それから相模川沿いに上り、用田の辻に出て、飯田から鎌倉街道を北上し、一七日にこの妙光寺、一八日には中原街道に出て本門寺に行ったのである。

この寺は、初め福昌山明光寺といったが、日蓮が一泊した時、文教阿闍梨はその教化を受け、日蓮宗に改宗し、それ以後は蓮昌山妙光寺と改名したという。日蓮は弘安五年一〇月一三日には在寺一ヶ月、六一歳で遷化したので、再び瀬谷から上飯田へ下って、身延山に遺骨となって帰山したのである。境内の鐘は、鎌倉時代の正中二年（一三二五）鋳造のもので、由緒深いということで戦時中にも軍への供出を免れた。

妙光寺からバス道を北に行くと、十字路となる。右折すると**牢場坂**《ろうばざか》と呼ばれている切通しの坂道となる。下瀬谷から相沢を経てくる鎌倉街道は、この坂の途中に下って来て西に向かい、境川沿いの鎌倉街道に出会っていたものと思われる。

2　頼朝の休んだ諏訪神社（横浜市瀬谷区）

そこで下瀬谷の全通院から相沢川に沿って上瀬谷に向かうもう一つの旧街道を行く（⑤図Ⓓ路）。

全通院の丁字路から北に進むと旧街道は消えて、台地に上る道が右に続いている。

この道を行くと左に南瀬谷中学、右に南瀬谷小学校がある。この中学校の校庭の南端にある細い道を西に下ると、林の中の山道に突き当たる。この南北の林道が、前に消えた旧街道の続きであろう。その道は静かな山道で、横浜市内にも、こんな自然の道が残っていたのかと驚かされる心の落ち着く静かな散策路である。この道は、南の方に約一〇〇メートル、北の方にも約一〇〇メートル続くが、北への道は途中で私有地の山林となってしまう。相沢川を渡って京王瀬谷住宅地を北に行くと、**旧中原街道**に出る。そこを北に行くと歩道橋がある。その歩道橋の東側に、南に向かう道がある。これが前に消えた旧街道の続きである。東に行き、南瀬谷中学校前を通ってきた道に出て北に行くと、また旧中原街道に出る。その旧中原街道を突き切って、さらに北へ向かうと、道は林の中へとつながっている。これが旧街道である。旧街道はまもなく下り坂となって厚木街道を越える。

相模鉄道のガードをくぐると一帯は相沢で、左手に長天寺の墓地や山門を遠望しながら北に行くと、右側に瀬谷の鎮守**諏訪神社**がある。境内は広いが、森がないので殺風景である。

社伝によると、源頼朝が平氏討伐のため挙兵し、千葉から武蔵を経て相模入りをした時、この神社に一泊、郷士の相沢六郎・相沢七郎の案内を受けて、飯田を通って鎌倉入りをしたという。頼朝は幕府建設後、当地に一泊した故をもって、諏訪神社に田地五畝を寄進した、と伝えられている（史実では武蔵からその日のうちに一挙に鎌倉入りをしているので、一泊とは休息のことか）。

神社から北へ行き相沢川を直角に渡って西の台地に上る。この台地は瀬谷原といい、南の方から住宅地化が進んでおり、新しい住宅がどんどん建っている。北方は広い畑地で、奥は米軍の通信施設となっている。台地に上ってすぐ西北に向かう細道を行く。途中で南に向かう道があるが、その道の南方（瀬谷小学校の北方約五〇〇《メートル》）の畑地から、昭和二五年に鎌倉時代の太刀の黄金入り金具が出土したという。

石川文書によると、元弘三年（一三三三）の新田義貞鎌倉攻めの途中、世野（瀬谷）原に陣して部署を整えたが、奥州の石川良光は世野原で新田軍に参着したので、大いに士気を挙げたとある。前述の太刀の金具は、その時のものであろうか。

まもなく台地を南北に縦断している一直線の道路に出るが、そこを越えて行くと下り坂となる。台地の縁は山林で、その縁を斜めに凹道で下って行くと、大門川の流域となる。大門川の南は本郷を通り、徳善寺北を流れて境川に注いでいる。住宅地化は、南の方から大門川流域まで進んでいる。

坂を下りきると東西の道に出るが、その十字路の先は杉林の多いまったくの山道である。都市を遠く離れた山麓の山道を歩いているようで心が落ち着き、散策路として最適である。右手の林の中にはシイタケ栽培をしている木組なども見られる。住宅がちらほら見えてくると、東西に走る舗装道路となって道は消える。ここまでの山林の道は、大門川に沿ってきている。

そこで舗装道路を西に向かい、大門川を渡って緩やかな坂を上るとバス道に出る。バス道を北に向かうと、すぐ右手に分かれる道があるのでそこを行く。両側は

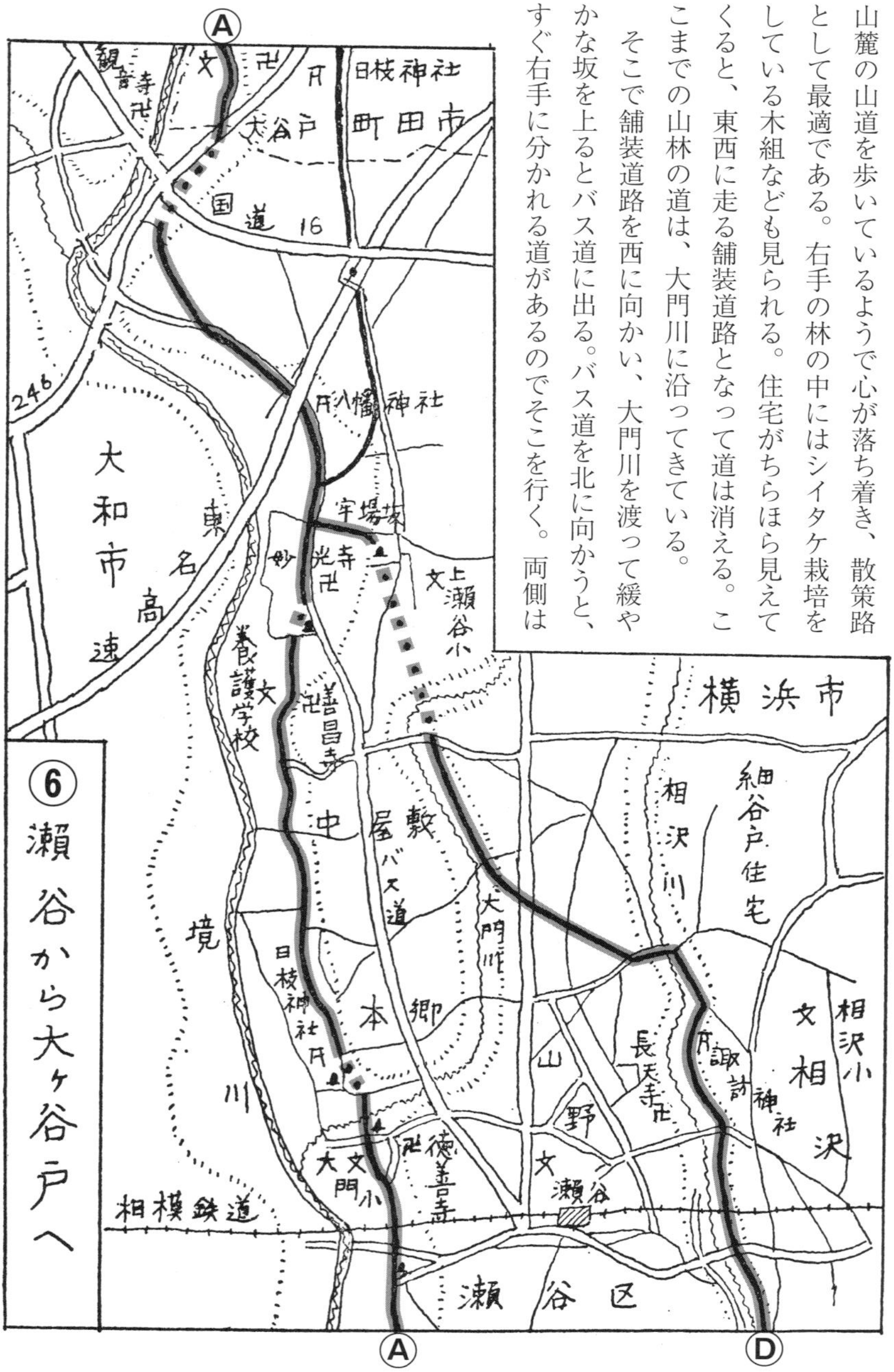

路傍に立つ五輪塔

住宅地化が進んでいる。

やがて右側に上瀬谷小学校があるが、その少し手前左側にシポレックス製品の置場がある。その敷地と北側の畑との中間の細道を西に行くと台地の縁の右側に墓地がある。その墓地手前を北に竹林の中の道（私道）を行くと、左手にまた墓地がある。

その墓地入口左手のやや高く土盛りをした上に、高さ約三〇センチほどの**五輪塔**が二基ある。また墓地の一隅には小型ではあるが六基の板碑も見られる。こうした五輪塔と板碑が境川流域にあるのは珍しい。これは付近に鎌倉街道があったことの証明である。また、このような碑が立っているのは、近くに妙光寺があるからであろう。

墓地横の竹林の小道をさらに北に行くと、下り坂となり、わずかな窪地を左に曲がると塀に突き当たって、先へは行けない。墓地も竹林も個人の屋敷地内なのである。塀の北側は切通しの坂道で、西のバス道と東の上瀬谷小学校とを結んでいる。この坂道は牢場坂と呼ばれ、鎌倉街道の遺跡となっている。

前に大門川沿いで消えた鎌倉街道は、緩やかな大門川の谷間を直角に越えて、台地上をこの墓地の所に続き、牢場坂に出ていたものではあるまいか。牢場坂というのは、山田伊賀守が近くに牢獄をおいたので名付けられたという。坂の途中から上瀬谷小学校までの坂道は後世のもので、鎌倉街道は墓地から西へ曲がって下り、境川沿いの鎌倉街道と出会っていたものと思われる。

　このように西の低地に下ったのは、一つには境川沿いの街道との連絡のため。二つには、ここから次に水のある小川まで約三・五キロもあるから、ここで一息入れる必要があったからであろう。上瀬谷は、古寺である妙光寺があることからみて、おそらく集落もあって、ひと休みするにはよい場所であったと思われる。

　上瀬谷小学校西側の道を北に行くと十字路となる。そこを左折すると前述の牢場坂で、突き当たったバス道を南下すると妙光寺に出る。

三　古代の官道へ

町田市

1　奈良時代の店屋駅（町田市）

上瀬谷から本町田に向かう道は、二本ある。一つは境川沿いを通って、もう一つは、つくし野を通ってである。本道は境川沿いを行く旧街道と考えられる。境川沿いを行く。

　上瀬谷の妙光寺前からバス道を北に進むと（⑦図）、東名高速道路の手前台地上に八幡神社がある。ガードをくぐって台地に上ると、バス道から北へ分かれて畑中を通る砂利道がある。これが旧街道で、その先は大成建設の工場横を通って国道二四六号線に出る手前で消えている。

　そこで、国道二四六号線に出て北に行くと、国道一六号線に交差する。十字路を左に行くと観音寺が台地上に

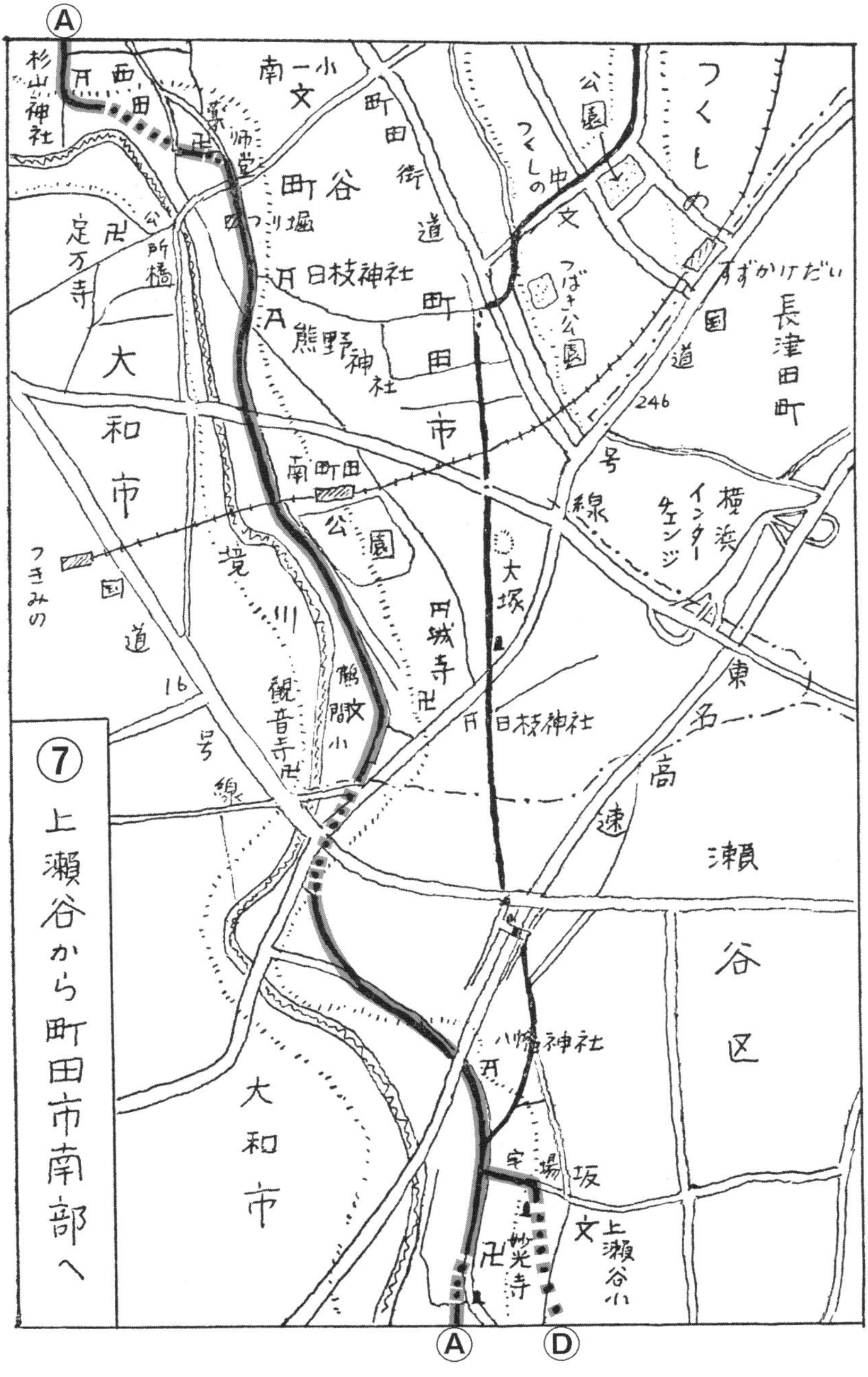
A
⑦
上瀬谷から町田市南部へ
杉山神社
西田
薬師堂
南一小
文
町田街道
町谷
つり堀
公所橋
定方寺
日枝神社
熊野神社
町田市
大和市
つくしの
つくしの中
公園
つばき公園
すずかけだい
国道246号線
長津田町
南町田
公園
つきみの
国道16号線
境川
大塚
円城寺
鶴間小
観音寺
日枝神社
横浜インターチェンジ
東名高速
瀬谷区
八幡神社
宇場坂
上瀬谷小
妙光寺
大和市
A
D

見える。寺の下から鶴瀬橋を渡って東に続く旧道を行く。やがて新道に出会う手前の北側に、小さな溝に沿う細道がある。この細道は古い道だというから、前に消えた旧街道は、ここに続くのであろう。ここから町田市である。町田市の旧街道は『町田市史』や菊池山哉著『**南多摩の史跡**』に記されている。

北に行くと、鶴間小学校、続いて東急不動産が開発した多摩田園都市南町田住宅地に出る。両側には、新しい住宅が、展示会のように並んでいる。この辺りは旧街道も拡張され、その周辺はすっかり変わってしまった。まもなく街路樹の並ぶ近代道路となり、右手には新設まもない鶴間公園が広がっている。公園の北側には東急田園都市線の高架橋が東西に走り、右手には南町田駅がある。

ガードをくぐり、さらに住宅地の中を行くと、西の国道一六号線から分かれて、東の東名高速横浜インターチェンジに続く自動車道と交差する。そこを越えると静かな田園風景となり、右手高台の上に新装の熊野神社が見えてくる。

その先釣り堀の前を過ぎると、まもなく町谷の十字路となる。右は南第一小学校前を通って町田街道へ出、左は町谷バス終点から境川の公所《くぞ》橋を渡って大和市下鶴間公所に出る。

武蔵国は、初め**東山道**に所属していたが、のちに東海道に編入替えとなった。それを延喜式の官道でみると、相模国の夷参《いさま》（座間市）から武蔵国に入り、店屋《まちや》駅から武蔵国府（府中）に通じている。その先は小高駅（川崎市小田中）—大井駅（品川区大井）—豊島駅（浅草）—下総国府（千葉県市川）と通じていた。このうち店屋駅は、この町谷辺りだろうといわれている。そうすると、初めの官道は町谷から東へ、つくし野から東光寺へと続いていたのであろう（⑧図）。それが武蔵国が東海道に編入替えの後は、町谷から境川沿いに北上することになった。その道が鎌倉街道の前身になったと思われる。

前述の公所橋を渡って下鶴間に行くと、国道一六号線に沿って**浅間神社**がある。そこには、義経が財宝を埋めたという伝説がある。

義経が腰越から京に追い帰される時、下鶴間を通った。その時、浅間神社境内で一休みしながら空を見上げると、一羽のツルが鎌倉目指して飛んで行くのを見た。それを見た義経は、頼朝に土産として持ってきた財宝を境内に

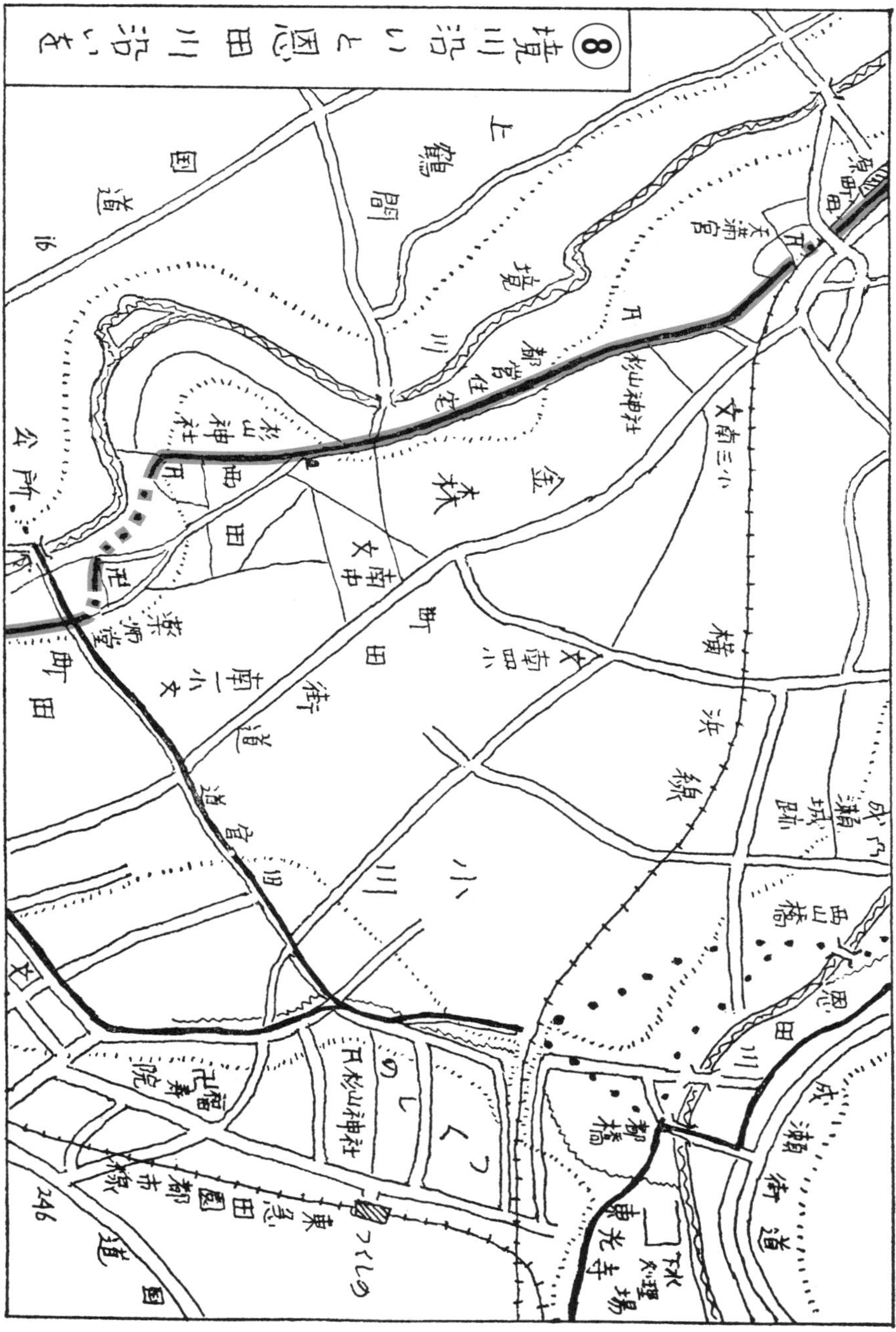

⑧境川沿いと恩田川沿いを
上鶴間
国道16
境川
天満宮
原町田
杉山神社
都営住宅
金森
文南三小
杉山神社
南中
町田街道
文南四小
横浜線
南一小
薬師堂
町田
公所
小川
成瀬城跡
西山橋
恩田川
杉山神社
福寿院
都橋
東光寺
成瀬街道
東急田園都市線
つくし野
246
国道

埋めて立ち去ったという。その埋めた場所は「朝日があたって夕日が映え、スズメがチュンと鳴くところ、大ガマいっぱい、なべいっぱい」という歌の文句の謎を解けば分かると伝えられてきた。

また鶴間という地名は、鶴が舞うことから起こったという。町田市南部が鶴間で、境川対岸の上流地方が上鶴間、下流地方が下鶴間である。

町谷の十字路まで戻って北に行くと**薬師堂**がある（⑧図）。入口に首なし石地蔵が数基並んでいるのを見てやっと寺かと分かるくらいで、寺らしくない建物である。広い境内は遊園地になっている。今の道は薬師堂前で丁字路になっているが、旧街道はこの辺りを大きく弓形に西に曲がっていたという。薬師堂から西に行くと丁字路で旧街道は民家があって消えるが、その西北の畑地の中の道へと続いている。

そこで丁字路を北に行き、さらに十字路を左折して進むと、その先で丁字路となる。そこを左折して南に行くと、森の中にこじんまりとしたわらぶき屋根の**杉山神社**がある。田舎じみたお宮で、入口に大イチョウがあり、素朴な雰囲気は、かえって親しみやすく、古道にふさわしい。

前に消えた旧街道は、神社南の農道に続き、神社西側で直角に曲がって北に延びている。神社前を通る旧街道は境川沿いの古代の道だったろう。台地を上る所は、わずかに切通しになっていて、辺りの森とともに古道らしさを見せている。

旧街道を北に行くと、右手から来るやや広い道と合流するが、やがて切通しで下る。道の右側崖には、庚申塔が立っていて、古道らしい風景を呈している。

まもなく両側に都営金森住宅地が展開し、凹道の坂を上って行くと左手奥にまた杉山神社がある。そこで左の道を行き右折すると、町田天満宮がある。そこから北へ向かい横浜線の踏切を渡ると、線路沿いに旧街道は続いていて、原町田駅前に出る。駅前をさらに西に、賑やかな商店街を通り抜けて小田急線町田駅で、旧街道は消えてしまう。しかし往時は、駅西側から境川沿いに小山田町・相原町方面に、また北方の本町田にも向かっていた。

井手の沢古戦場碑
（本町田宿近くの菅沢神社境内）

2　井手の沢古戦場（町田市）

町田第一小学校の講堂を斜めに横切って、町田第一中学校校庭を通り、菅原神社に向かっていた旧街道は、今ではすっかりなくなっている（⑨図）。その旧街道に代わっての新鎌倉街道は、町田街道から分かれ、小田急線の踏切を渡って、市役所・都立町田高校・菅原神社へと続いている。

町田駅から北へ第二踏切の所から、現在の鎌倉街道を北に向かうと**菅原神社**に出る。鳥居から奥に進むと、境内にスギ・マツの老樹が生い茂り、本殿に上る石段の左側に泉地があって清水が湧き出ている。石段を上ると、本殿の左脇に史跡**井手の沢**と刻んだ碑が立っている。この井手の沢というのは、神社の西にあった沢のことで、この沢が有名になったのは**中先代の乱**の決戦場になったからである。

鎌倉幕府滅亡後、幕府最後の一四代執権だった北条高時の子時行は、建武二年（一三三五）七月、鎌倉幕府の再興を期して、信濃から兵を従えて攻め上がり、武蔵国に入って女影原《おなかげはら》・小手指原・府中などで足利軍を撃破して鎌倉に向かってきた。そして井手の沢一帯で、鎌倉を制覇していた足利直義《ただよし》と決戦の末、時行軍はついに足利軍を破った。これが中先代の乱である。中先代とは、高時以前の北条氏を先代、**足利尊氏**を後代と称し、時行はその中間であるからそのように称したものである。

この時、鎌倉に幽閉されていた後醍醐天皇の皇子・**護**

良親王が、直義配下の淵辺義博の手によって殺されたことは有名である。しかし、時行は翌八月には足利尊氏に討たれてしまい、わずか二十日天下で終わった。

井手の沢跡は、菅原神社の西にある市営運動場や体育館のある一帯で、そこが谷間を埋めたてて作られたことは、現在でも周りの地形でよく分かる。体育館造成の時に、鎌倉時代末の文保二年（一三一八）銘をはじめとする二〇基あまりの板碑が出土したという。その谷は、かなり豊富な湧水地帯であって、清水はここから小川となって北の恩田川に流れていた。町田駅西で消えた旧街道は、台地を通ってこの湧水地に下っていた。この湧水は当時の旅人や馬にとって大切な飲料水となっていたことだろう。『宴曲抄』に出ている「井手の沢」も、この湧水地一帯のことである。

南から井手の沢に下ってきた旧街道は、運動場北東隅から台地に上る細道に続いている。その旧街道は、台地の縁を斜めに上って菅原神社裏の十字路に出る。その十字路の南北の道は旧道の東京府道であり、その北の道は現鎌倉街道に合流する。旧街道は、神社北側に沿い途中で左折し、ほどなく現鎌倉街道に出会う。その先は街道を北に少し行った所に続くが、その旧道は畑中を通り、恩田川の崖上で行き止まりとなって消えている。その渡河地点は、急坂で川に出るから、雨時や霜時には相当困難だったと思われる。あるいは、七国山《ななくにやま》を越えてその北の鶴見川を渡る状態と似ていたのではあるまいか。

また、鶴見川を渡る場合、矢の橋経由に対して丸山橋があるように、恩田川を渡るもう一つの橋は稲荷坂橋であろう。その橋は、神社南を現鎌倉街道に下り、さらに北に向かって稲荷坂を下った先にある。坂の途中で都立町田高校の北から下ってくる古道と出会うが、その交差点に四基の道祖神や庚申塔と鳥居がある。鳥居は、稲荷坂という坂名から推して、ここに稲荷神社があったのではなかろうか。坂を下って恩田川を稲荷坂橋で渡ると都住宅公社本町田住宅地に入り、恩田川沿いを通る旧道に出会う。この古道は、恩田川を渡るには最も適当な場所であり、古い集落もある。

稲荷坂橋を渡って、恩田川沿いの旧街道を西へ行き、鶴川街道を越えて行くと養運寺下に出る。寺下には、前に消えた旧街道（本道・⑨図太線）の続きがある。

養運寺には九基の板碑を保存している。寺は森の中に

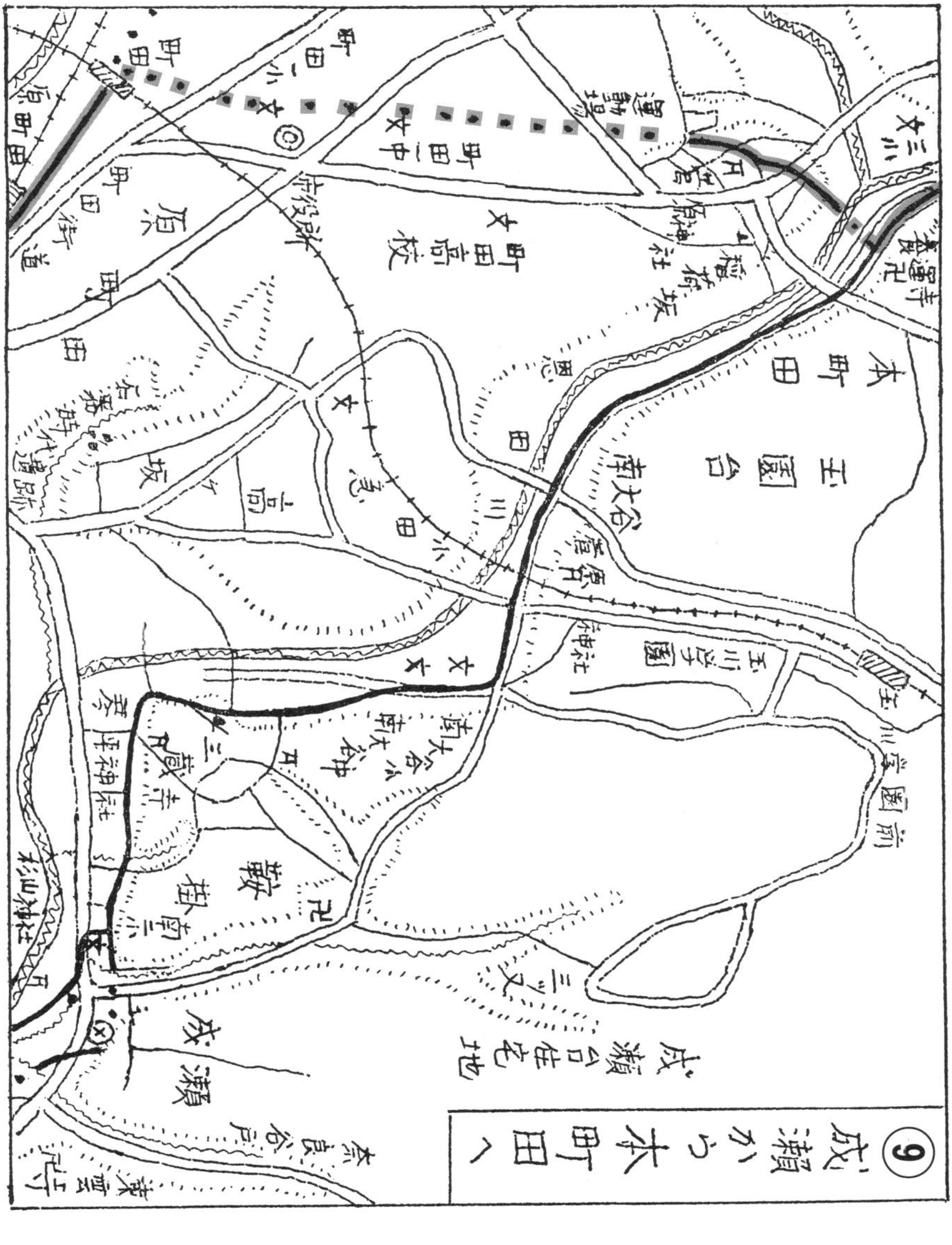
⑨成瀬から本町田へ
成瀬台住宅地
本町田
玉川学園台
町田高校

あり風格があって大きく、ちょっと変わっているのは本堂前に織部灯籠風の石柱があることである。キリシタン灯籠によく見られるアーチ状の陰刻と、地蔵像が石柱の上部にあり、その下に梵字が刻まれている。

この寺の辺りは、文献には残っていないが、旧街道の宿場があった所だろうといわれている。鎌倉からはここが初めての宿場である。宿はこの寺から、さらに北の宏善寺との間に展開していたのであろう。その立地条件は、丘陵裾で湧水を利用できること、恩田川沿いに来た旧街道（支道）との合流点であるということであろう。ここに宿場があったのは、ここから北は多摩丘陵越えとなるので、その前に一息入れる必要があったからと思われる。

また町田というのは、町谷の市場があったところから名付けられたもので、その市場のあった所は、旧街道と鶴川街道との交差点の辺りだろうといわれている。平坦地はこの辺りだけだからである。市場は、戦国時代になると原町田の方に移ってしまった。

養運寺の駐車場から旧街道に出ると、道路の反対側に農道のような道が西に続いて見える。その道は、恩田川南岸の菅原神社横を通ってくる旧街道（本道）の続きという。両旧街道の交差点は丁字路である。

要　約

東俣野から本町田までは、約二四キロの道のりであるが、この間の道は境川流域を北上する道である。その道は主に境川・恩田川流域の平坦地を通っており、その道筋と沿線の状況は次の通りである。

一、主に境川に沿って直線的に南北に続いている。

二、川に沿っている所は、冠水しない河岸段丘の縁を主に通る。

三、川と渡る時は、河岸段丘などの高い所が川岸に迫っている所を選び、氾濫原を短距離で越え、道は川と直角に交差する。

四、台地に上る時は、凹道か切通しの道で上るが、それは人為的に作られたものか、人馬往来による土流れで自然にできたものかは、見極めが困難である。また高所と低地との差が大きい所では、高地の縁を斜めに上っている。

五、平地では、道は直線に走っている。

十一、旧街道の分岐点は丁字路で、交差する場合は十字路である。

六、土地造成地（成瀬など）、区画整理された市街地（町田市内森野・中町・旭町など）では、長い区間にわたって道筋が消された所がある。また新道が開通したので、山林・農地になってしまった所もある。

七、昔ながらの舗装されない自然の道は、少ししか残っていないが、舗装だけされて道幅は、そのままに残っている所がまだ処々に見られる。町田市の高ヶ坂地区に凹形の遺跡がはっきり残っているのは珍しい。

八、主要道路になっている所が少なく、都市化が進んでいないため風景の良い所が多い。そして、沿道には庚申塔・道祖神・地神塔・その他石仏が多く寺院や神社には、必ずといってよく保存されている。また、これらは路傍でもしばしば見受けられる。それは、鎌倉時代以降でも、よく利用されていたという証拠である。

九、上瀬谷―つくし野―東光寺への道は、それから北に続く南大谷―本町田―七国山―小野路―乞田への道とともに、鎌倉時代に新たに鎌倉街道として開かれた道かと思われる。

十、町谷―つくし野―東光寺の道は、古代の官道の一部かと思われる。

3 本町田から関戸へ〈多摩丘陵を通る道〉

上道編

一　七国山を越えて

町田市

1　七国山からの眺望（町田市）

本町田宿の養運寺前から北に行く（⑩図）。まもなく鎌倉時代開創と伝えられる宏善寺が右手にある（⑩図）。この寺は、元真言宗の観音堂であったが、文永八年（一二七一）、日蓮が佐渡に配流される途中、この堂に休息したので、それ以後日蓮宗に改宗した。日蓮は、このあと久米川宿に一泊している。

その先の十字路を過ぎると、道は次第に細くなり、右手丘陵地のひなた村入り口で旧街道は新道に合流する。

そこから北は、七国山《ななくにやま》の丘陵地を越えるが、その本道は今井谷戸から上る道である。この道は、小川が台地すぐ下を流れているから、その西岸を通る。東小学校横新道のガードをくぐると、沿道には住宅がほとんどなくなる。

その先の不規則十字路で、旧街道はまた小川の東側を通る。右手山林中に廃道になった旧街道が、かすかに林の中に続いているのが見える。

旧街道は、まもなく藤の台団地へのバス道と出会う。左手の住宅の建て込んでいる所が今井谷戸で、現鎌倉街道と藤の台団地・山崎団地間のバス道と交差する所に架かる歩道橋が見える。旧街道は消えてなくなっているが、この歩道橋の所に続いていたと思われる。

歩道橋を渡り、今井谷戸への細道を行く。今井谷戸は応永二九年（一四二二）に足利持氏が相州大山へ寄進した書状に「小山田保山崎郷内今井村」とある古い集落である。菊池山哉は、「寺跡もあり、部落の様相に宿場的な様子があるので、当初街道の立て場から発生したものであろうか」といっている。

旧街道は、凹形の上り坂で少し西に曲がって上ると、視界が開けて、左に畑、右に田が見えてくる。舗装道路は、一軒家手前で左に大きく曲がるが、そこからは右下は一段低い田となり、細いあぜ道が北に続いている。このあぜ道が旧街道跡で、そこを行くと一軒家の裏庭に出

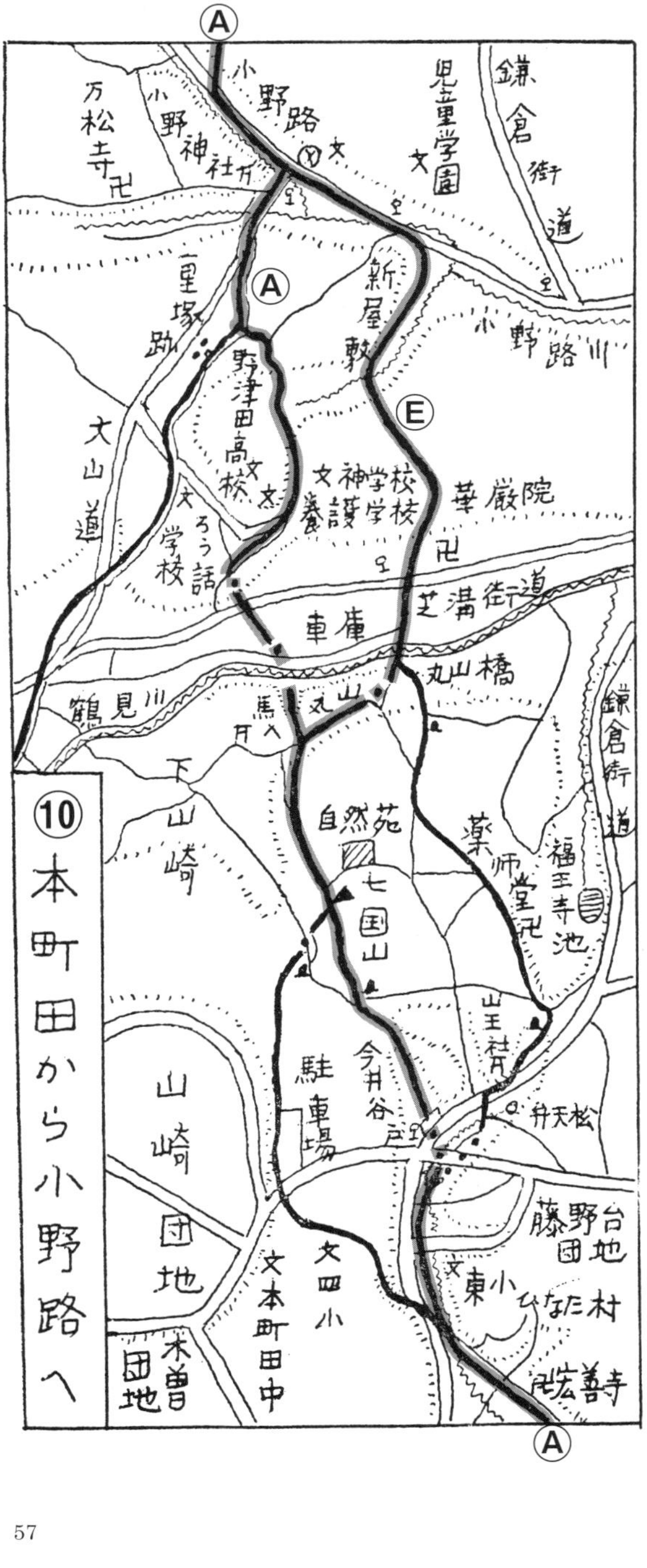

る。その先は七国山へ向かう一本道で、上り口には庚申塔が立っている。

上り坂の旧街道に沿って所々に新築の家が建っている。この旧街道は、急勾配で山頂に近い森の中へと続いている。山頂は深さ一、二メートルほどの切通しで、東側が**七国山**である。道路西側には、小さな**鎌倉井戸**が残っていて、説明板の字は判読できないほどに古びている。

新田義貞は、この井戸で軍馬に水を与えたという。井戸の深さは約四メートルで、下は直径約七〇センチの円筒形に掘り下げられていたというが、今はすっかり涸れ、落葉で埋まっている。旅人や軍馬は、下の一軒家から井戸まで約三〇〇メートルを一気に上って、喉を潤したのであろう。

七国山峠に残る鎌倉井戸

七国山は、町田市のほぼ中央にあり、標高一二八・四メートルの高地で展望が良く、山名は七ヶ国を眺望できることから名付けられた。鎌倉井戸北に「七国山緑地保全地域」の標識板が立っている。緑地全域はクヌギ、コナラ林が多い。

標識板から先は、道が二つに分かれ、右の道は東に大きく曲がり、途中で市の七国山自然苑前を通り、薬師公園へ出る。左の斜面を下る自然道が旧街道である。

旧街道は、緩やかな小石混じりの下り坂で、自然の山道である。右手はクヌギ林の藪で、時折山バトが急に飛び立ってびっくりさせられる。左側は、ススキの原、笹藪などがあり、木の間がくれに野津田の町、丘陵が展望できる。

まもなく林の中で道が二つに分かれる。右の低い道が旧街道で、凹形の窪みのある道は、鎌倉街道の遺跡を最もよく保存している。ただ、標識がどこにも出ていないのが残念である。この旧街道は、人通りもなく、クモが悠々と糸を張っている淋しい道である。竹林を抜け、東西に走る道を突き抜け、その先の畑中に一直線に通じている。前の山林中で二つに分かれた所から、この畑中への道は、西側の旧山崎村下山崎と東側の旧野津田村丸山との村界であり、そういう村界を通ることは古道の特色である。

畑中の道は、その先草地となり、さらにその先はケヤキの生える沢となる。草地は昔水田で、その中にやや広いあぜ道があって、そのあぜを**馬入**《うまいれ》といっていた。馬入とは、馬を入れることのできるほどの幅しかない道ということである。草地には道はないが、右の山林中に草地を踏んで行くと小径が現われる（⑩図Ⓐ路）。そこを下ると、旧街道が通っていたV字形の谷が左側に見える。河岸に近づくとケヤキの大木があり、その下が鶴見川である。清水が細々と谷間に流れてきて川に注いでいる。

そこには昔、矢の橋という橋が架かっていたが今はない。昔は谷間を河岸まで降り、水面近くに架けられた矢の橋を渡ったが、それもおそらく人の通行だけで、馬は渡渉したものと思われる。

七国山からこの矢の橋経由の道は、直線的だから通ると早かったのかもしれないが、降雨や霜時には難所の一つだったかもしれない。そういう時に備えて、東方の**丸山橋**経由の鎌倉街道ができたのであろう。もともと七国山越えの街道は、戦略上開かれた軍道であるから無理があったと思われる。

馬入から丸山橋までの道も鎌倉街道といっているので、その道まで戻って東に行く（⑩図Ⓔ路）。道はまもなく丸山集落の中で直角に曲がるが、往時は左の段丘下をまっすぐに通っていたのであろう。その先に鶴見川に

七国山から北へ下る旧街道

架かる丸山橋があり、ここは道が川の水面まで下っていて、無理なく川を渡れるのである。橋を渡ると芝溝街道となり、旧街道はその北に続く。芝溝街道を西に行くと野津田のバス車庫になり、そこからは小田急線の町田・鶴川両駅にバスが出ている。

2　山合いの小野路宿（町田市）

芝溝街道の野津田バス停前から旧街道を上る（⑩図Ⓔ路）。華厳院を右に見て丘陵の緩やかな南斜面を利用した農家の屋敷林の中を抜けて上ると、展望が開けてくる。簡易舗装されている道が、雑木林の混じる丘陵上に向かって細々と続いている。丘陵は起伏があって、多摩丘陵中では、一番曲がりくねっている道である。

芝溝街道からこの丘陵を越えて、鶴川駅・小野路間を結ぶバス道に出るまでの一・五キロの区間は、その先の小野路から北の丘陵を越える一・二キロの区間とともに、市部の旧街道中では最も都市化されていない部分である。いいかえれば最も自然の残っている区間である。

周辺は展望がきき、雑木林が多く、国木田独歩の『武蔵野』に出てくる雑木林とは、また違った雰囲気が感じられ、特に秋から冬にかけては、一段と風情がある。まもなく北に開いた谷間に沿って下る。

竹林のある農家の屋敷林に入ると新屋敷集落となり、まもなく小野路川に沿うバス道路に出る。街道を左に約五〇〇メートル行くと、丁字路となる。南へ行く道が大山道であり、丁字路の先が古い宿場だった**小野路**である。小野路とは、武蔵国国府（府中）のある「小野路郷への道」から名付けられた地名である。バスが小田急線鶴川駅に通じている。

丁字路を南に向かうと、すぐ右手丘の上に小野路の鎮守**小野神社**がある。小野路は、府中にいた武蔵国の国司小野孝泰の領地だったので、この神社は小野氏の先祖である**小野篁**《おののたかむら》を祭神として建てたものである。

神社には応永一〇年（一四〇三）の冬、奉納された「時の鐘」の梵鐘があった（現在は逗子市海宝院にある）。それには

「朝夕扣撃《ちょうせきこうげき》し、その往来の人をして晩宿早発に其の時を知らしむ」「民夢を驚き覚まし、群声を聞き発

す。宿客に暁を報じ、路人時を知る」（原文は漢文）と刻まれ、宿場だったことを示している。

武蔵国は、初め東山道に属していたから、上野国府（前橋市）から武蔵国府（府中）に行く官道は、上野国府から新田駅に行き、行田市から南下して吉見・坂戸・所沢・久米川を経て府中に通じていたと考えられている。そこから、また北に戻って上野国足利駅から下野国府（国府津《こうづ》町）（栃木市）に通じていた。また、東海道は、相模国府（国府津町）から下総国府（市川市）へ行ったのである。

ところが宝亀二年（七七一）、武蔵国は東山道から東海道への編入替えとなった。そこで官道は、相模国府から夷参駅（座間市）—武蔵国店屋駅—武蔵国府（府中）と通じるようになった。その道筋は、相模原市—町田市町谷—木曽町—図師町原—同半沢—小野路—多摩市上落合—関戸—府中と通ったものと思われる。その道の小野路南部は、図師と野津田、図師と山崎（共に旧村名）の村境を通っていて、古道だった証拠である。

しかし、平安末期には小山田に小山田氏（居館は大泉寺）が勢力を張るようになると、道は小山田を通るようになった。それは、前述の木曽からさらに境川上流の矢部町、それから小山田に入り、柚木の大沢から多摩市上落合へと通じた道で、鎌倉時代初期まで使われた。

ところが、二代執権北条義時の頃、戦略上東光寺から南大谷・本町田・七国山・野津田・小野路・貝取・乞田と通る直線的な鎌倉街道がつくられた。そして関戸には関所、この小野路には丘陵越え中間の休憩所としての宿場が置かれ、この宿場は以後室町時代まで栄えたのである。

『宴曲抄』には「…かかりし井手の沢辺かとよ。小山田の里に来にけらし。過来方《すぎこしかた》を隔れば霞の関（関戸）といまぞしる」とある。これによると井手の沢（本町田）の次は小山田・関戸と続くようにみえる。

しかし、その文中の小山田について高橋源一郎著『**武蔵野歴史地理**』の中に次のようにある。「小野路宿のことかとも思われる。このあたりは、いうまでもなく古への小野田荘内で、一般にはこのあたりを小山田郷と呼んでおったのであろう」と。そう考えれば、『宴曲抄』の道は、本町田・小野路・関戸と解される。

小野路宿も戦国時代には寂れたが、江戸時代になると産業が盛んとなり、名所を訪ねる者が多くなり、鎌倉よりも大山の阿夫利《あぶり》神社へ参拝する大山往還の宿場として再び活気を取り戻した。またこの宿は、八王子と神奈川を結ぶ要路にも当たっているので、幕末開港以後は、生糸輸出のための運搬路（愛称・シルクロード）として栄えた。

小野路町並みを行く。庭の広い家並みが続き、高い板塀が珍しい街村をなしている。道路の南側には清流小野路川が流れ生垣で囲まれた家々が、家屋は近代的になったが旧街道に沿う古村の趣きをまだよく残している。各家は、角屋・福島屋・池田屋・中屋・油屋などの屋号をもっており、古き昔の名残を留めている。

家並みの中央の右手に、中世からの由緒ある名主、小島家がある。この旧家には、自費建設のコンクリート二階建資料館があり、近世から近代にかけての貴重な資料が収められている。その中には、近藤勇や土方歳三の書簡などもある。また小島氏は、当地における幕末以後の活躍者としても有名である。

宿の入口から約三〇〇メートル、家並みの右手に丘陵上の細道がある。これが鎌倉旧街道である。町並みの途中から上るようになっているのも、戦略上直線的に開かれた道であることを強く感じさせる。この道を行く前にちょっと町外れの十字路まで行くとバス道が延びて、それは戦後開かれた道である。それ以前は、一間ほどの細道だったという。この道が前述の武蔵国府への官道と思われる。

また右手への道は、明治初年に開かれた鎌倉街道である。そして、左への道は八王子道で、前述したシルクロードである。

3　古代の道（町田市）

本町田から小野路に向かうもう一本の道、前項で述べた七国山から馬入で鶴見川を越える旧街道を北へ行く（⑩図Ⓐ路）。まず丸山橋北側から西へ、鶴見川北岸に沿うあぜ道を、馬入下のケヤキの対岸まで来ると、北岸は護岸工事で昔の様子は分からないが、切通しの谷を上ってきたのであろう。北岸から北に馬入のあぜ道が続く。その北は、バス車庫西端の農道に続き、北の芝溝街道に出る。

ここで旧街道は消えている。南から突き当たる商店西

田のあぜ道になった野津田の旧街道

の小径を北に行くと、道は次第に上り坂となり、一部は消えたが古道らしい切通しの遺跡が現れる。そしてその先の芝溝街道西の神学校バス停からくる道と出会う。

その先、道は二つに分かれており、右の広い砂利道が、旧街道を拡張した道である。旧街道は緩やかな坂道で、丘陵に上ると都立養護学校横の広い道に出る。その先

は、神学校と養護学校・野津田高校との間の農道のような下り坂となる。小さな溝（昔は清水だったろう）を越えると緩やかな上り坂となって、やがて切通しで丘陵に上る。学校から北は一軒の家もない畑中の道で、散歩には好適である。

やがて丁字路となり、突き当たった道は、**旧大山道**（相州路）で、古くは相模国府と武蔵国府を結んだ官道の一部でもあり、奥州古街道ともいわれている。この南の道は見晴らしの良い丘陵上を木曽町に行って境川流域に下り、町谷に向かっている（東山道道筋）。しかし、時代が経つにつれて、木曽町から町谷経由ではなく、直接南方の夷参駅に向かうようになったものと思われる。往時は丘陵上は無人の密林だったと思われるが、そうした所を通っていたのは注目すべきことである。

丘陵越えの場合は、谷間を通るのが普通であるのに、それをあえて水の乏しい丘陵上を通ったのは、それなりの理由があると思われる。その理由の第一は、境川流域から府中方面に向かう適当な谷間がないことだろう。恩田川流域の谷間を通る道は、前述したが鎌倉時代になって初めて開かれたほどである。

境川流域から鶴見川流域に出るには、まず山崎町の上山崎から南に延びている鶴見川支流の谷間に出るほかない。そして、そのまま図師町の鶴見川支流の谷間に出るほかない。そしてそのまま図師町の鶴見川の谷間をさかのぼれば、自然に多摩市の乞田川上流の谷間に出られるのである。しかし、その自然路では遠回りとなってしまうことが第二の理由であろう。

それだけ小野路には、古くからの集落があり、北に行けば、府中に早く行けると考えられたからこそ、密林のような丘陵上を通ったのであろう。地図も磁石もなかった古代の交通路選定は、ただ歩いての経験だけからの判断だったろうが、その正確さは驚くほかない。

旧大山道を南に行くと一軒家がある。そのすぐ先右側にマツが数本ある。ここは一里塚があった所である。塚は道の両側にあったが、崩されてから一〇年以上は経つという。この道は、文明年間（一四六九〜八七）**道興准后**が相州日向の薬師から関戸に向かった道である（⑩図）。

道を戻って北に行くと集落となり、左側には石仏のある祠があり、その先で新道と一緒になる。新道の先左前方には、前項で述べた小野路宿の鎮守小野神社がある。

静かな小野路の古道を辿ると、遠い古代に朝廷と国府の間を往来した役人たちや防人、そして渡来人の集団移住者たちなどの旅の姿が目に浮かぶような気がする。

防人は、大化二年（六四六）から始まり、延暦一四年（七九五）の東国防人制が廃されるまで続いた。特に天平二年（七三〇）からは、防人をもっぱら東国一三ヶ国の兵士に課するようになり、そのうち東海道に属していた下総・上総・安房・常陸・武蔵の五ヶ国の防人は、この官道を通ったことになる。

防人は、毎年二月一日を交替日として、帰国する防人の数はおよそ二〇〇〇人。一度の交替はそのうち一〇〇〇人だったから、年間一国平均一五〇人、五ヶ国で七五〇人ほどの防人が冬から春にかけて通ったことになる。防人の出発は、役人に引率されて行くが、帰国は実費でめいめいが帰ってきたのである。この辺りの道を通っているとあわれな防人が、道ばたの木蔭で休んでいるような錯覚を覚えてくる。

二　関戸の霞ヶ関へ

町田市／多摩市

1　昔のままの道（町田市・多摩市）

小野路宿から第二の丘陵を越え乞田《こった》に向かう（⑪図）。道はすぐ左に曲がり、雑木林の中の緩やかな上り坂となり、左手に明治三年（一八七〇）建立の約一メートルの石地蔵が立っている。そこから上は砂利混じりの凹形をした雑木林の山道となる。右手には馬頭観音も立っていて、旧道にうるおいを添えている。ここは、前述の七国山越えの雑木林の道と類似しており、鎌倉街道の遺構が最もよく保存されている所である。今後もそのまま長く保存してほしい場所である。

この旧街道は、宿から約一・二キロで、四季いつ通っても気持ちが良く、特に晩秋には落葉がじゅうたんを敷きつめたようになり、それを踏みながら行くのが一番気持ち良い。鎌倉武士の軍馬で蹴散らされた道とは思えない静かな山道である。

上りきると栗林となり、左の谷からは小野路宿の町はずれから上ってくるやや広い新道と合流する。

旧街道は、新道と一緒になり、まもなく多摩ニュータウンの一部である豊ヶ丘・貝取の団地が見え、古代から中世までのさまざまなことを思い出させる幻想の森から、突如現実に突き戻された感じである。

道は団地手前を走る広い道路と出会う。『多摩町誌』によると、旧鎌倉街道はここから東北の現鎌倉街道の瓜生に出て、さらに西北へ行って丘陵上を北行することになっている。これは、新田義貞が笛を吹いた笛吹峠がこの丘陵上であるという伝説をもとにしたものであろう。また、『町田市史』には、「古道は新道の途中から左に分かれて貝取の谷間を降って乞田へ出て再び新道に合わさり」とある。

しかし、この二書に述べられている道は旧街道とは考えられないし、たとえ道があったにしても本道とは思えない。『多摩町誌』にある古道は、多摩ニュータウンの宅地造成でなくなってしまった。『町田市史』の道は、

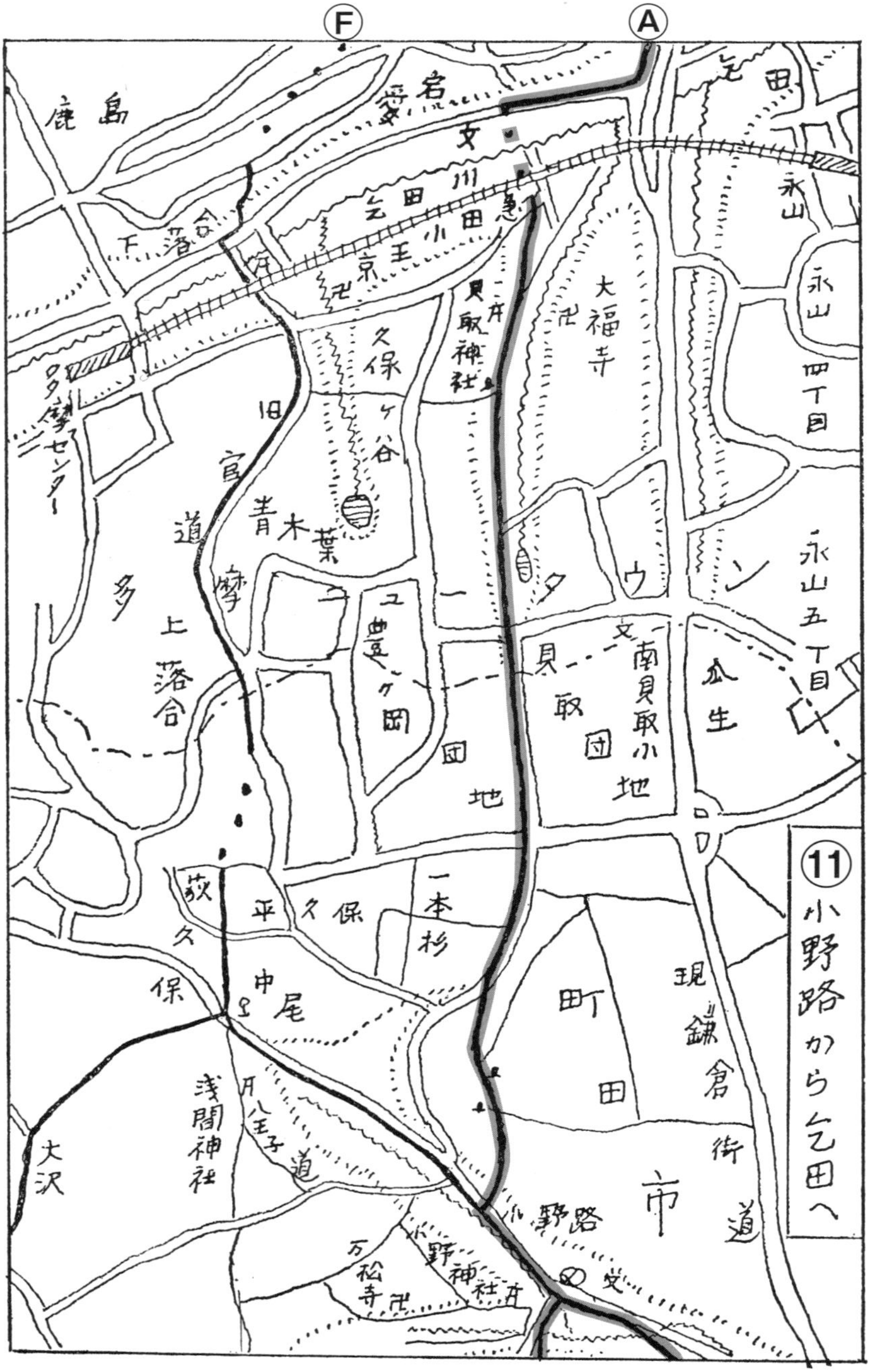
Ⓕ
Ⓐ
⑪小野路から乞田へ
鹿島
愛宕
乞田
乞田川
京王小田急
下落合
永山
貝取神社
大福寺
久保ヶ谷
旧官道
青木葉
多摩センター
多摩ニュータウン
上落合
豊ヶ岡
貝取団地
南貝取小
瓜生
永山四丁目
永山五丁目
荻久保
平久保
一本杉
中尾
現鎌倉街道
町田市道
浅間神社
八王子道
大沢
小野路
万松寺
小野神社

小野路の旧街道

南貝取小学校北から造成地を北に辿ると、貝取の谷間に下る道がまだ残っているので、その道のことであろう。

この二つとも旧街道と考えられないというのは、小野路宿から北に開かれた鎌倉街道は、戦略上開かれた直線的な軍道である。そのため少々の困難な地形もかまわず通っていたことは、今まで歩いて処々で説明してきた。この考え方からすれば、小野路宿から直線的に丘陵上に上ったのに、さらに右に行って左に行くという遠回りの道を選ばずとも、すぐ北に貝取の谷間が開け、清水の流れている川もあるから、直接そこに下ればよいのである。

高橋源一郎著『武蔵野歴史地理』には、「ほぼ谷の中央を直進し、やがて貝取の部落に入ったことと察することができる。しかし貝取部落の中ではその跡を窺い知ることができなかった」とある。道は谷の西斜面を通っていて遺構が残るような地形ではない。その谷間の道を直進したと考えるのが自然である。

その谷に向かって直進すると、旧街道は団地の中を通る大通りになって、両側には高層住宅が立ち並んでいる。以前は谷と起伏のある雑木林の多い丘陵だったという。団地の途中から多摩市となる。団地の先は土地造成中であるが、貝取谷戸に下りて北に行く。右下には乞田川の支流の貝取川が流れている。貝取谷戸を通る旧街道は、それ以前の古道を利用したものであろう。左右には貝取の集落が点在するが、この辺りは多摩ニュータウン予定地域内であるから、数年後には変貌するであろう。今は静かな農村風景で、途中左手には石仏も見られる。

　左手の小高い丘には、石段の上に貝取神社が見え、右手の森には大福寺がある。上り口に地蔵尊が一基ぽつんと立ち、境内からの展望が良く、静かなたたずまいは団地が近いことを感じさせない。その右手には古い門構えのある農家がある。

　乞田川近くに来ると、京王相模原線と小田急多摩線の新幹線を思わせる高架線が通っており、周辺一帯は多摩ニュータウン開発とともに、ここ一〇年間に土地の様子は一変した。水田は住宅地となり、蛇行していた乞田川は直線に改修され、新しい計画道路が縦横に走り、周辺一帯には団地の建物が林立した。旧街道は、そのため高架線から先は消滅した。

　旧街道は途中から北に向かい、乞田川を直角に渡り、乞田川北岸を通っている古道に突き当たる。そして、古道を利用して乞田から関戸へ行く。一方、上落合・青木葉を通ってきた旧官道は、乞田川を直角に渡り、乞田川北岸の古道を横切ってさらに北の丘陵に上り、稲荷塚古墳東側に行ったものと思われる（⑪図Ⓕ路）。

2　霞ヶ関の守備（多摩市）

　乞田から関戸へ向かう旧街道を行く（⑫図Ⓐ路）。

　まず乞田交差点から多摩市立診療所前に行く。この道が旧街道を拡張した道である。診療所前は広い平地になっていて、古市場と呼ばれ、関戸市場の開かれた跡である。室町時代後期、小田原北条氏の勢力が伸びた頃、農民は土地と堅く結びついて農産物は増産され商品交流が盛んになると、商人が現われて市が開かれ、関戸宿がつくられた。

　永禄七年（一五六四）には、三日・九日の市を開くことが認められ、伝馬を常備することになった。聖蹟桜ヶ丘駅南方の有山集落に住む有山源左衛門が、宿駅を指揮し、彼を中心とする六人の委員会が設置され、彼を中心とする六人の委員会が設置され、関所経営・郷村管理の

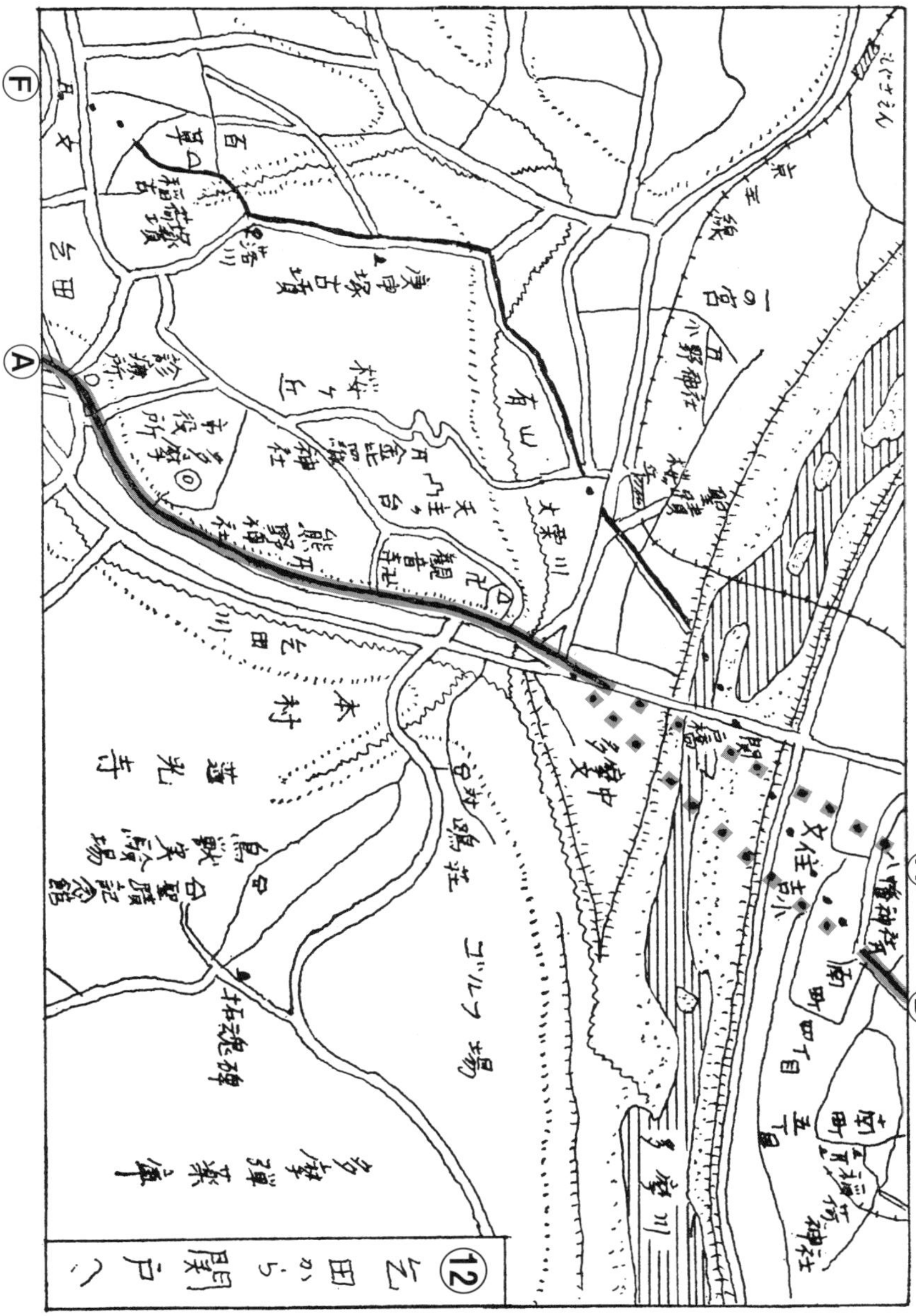
⑫ 乞田から関戸へ
ゴルフ場
多摩川
一の宮
小野神社
本村
乞田川

方式がとられ、悪徳役人を追放したのである。この史実は関戸商人の富と力を示すものであり、新しい社会現象の出現として、地方史に特筆される事柄である。

これは北条氏の市場保護政策の表れで、関戸新宿に対しては七年間は荒野とみなして無税地とする恩恵を与えている。

旧街道は北に行くと、左手高台に**熊野神社**がある。ここは、鎌倉時代関所の南木戸があった所で、関所は**霞ヶ関**と呼ばれ『宴曲抄』にも、この名称が出ている。

神社参道南側には、鎌倉時代の建暦三年（一二一三）に設けられた関所の南木戸の柵跡が保存されている。和田合戦のあと、秩父平氏や横山党の残党の不測の事態に備えて新設されたもので、柵は、街道の東は乞田川の岸まで、西は山腹まで続き、街道の出入り口には木戸を設けて通行人を監視したのである。関所を通る道は、往時は山を切り開いた切通し道だったという。南から木戸を入ると、街道に沿って左側には役人の住む役舎や守備隊駐屯所が並び、右側は原っぱになっていたと推定されている。

その先左側に、**観音寺**前を通って台地に上る道があり、その手前の小山家前庭には、分倍河原の合戦直後、ここに踏みとどまって進軍してくる新田軍と戦い、戦死した北条方の武将安保入道道忍の墓がある。分倍河原で敗れた北条泰家は、後述する天主台に立て籠ったが、新田軍に包囲されて危険となった。しかし、家臣の横溝八郎や安保道忍などの奮闘で、ようやく天守台から脱出して鎌倉に逃げ込むことができた。安保道忍父子は、三〇〇余人の部下とともにここで討死にした。

観音寺に上る道の所には、西側丘陵頂上部付近にあった沼沢から流れてくる細流の関戸川が流れていて、乞田川に注いでいた。この川の南岸にも木戸が設けられており、これは北木戸といわれ、木戸両側の柵の状態は南木戸と同様で、南北両木戸の間が関所だったのである。霞ヶ関は鎌倉にとっては北の入口であり、また守りでもあった。町名は関戸といい、それは関の入口の意味である。関では、小田原北条時代には通行税ともいうべき関銭を徴収した。またこの地域は、関戸宿だった所で、宿場は建久の頃（一一九〇～九九）には開かれていたという。しかし、鎌倉時代には、宿は小野路で、ここはあくまでも関所だったのではあるまいか。

関戸川筋跡である坂道を上ると、観音寺上り口に石仏の六観音像がある。このように六観音像が揃っているのも珍しく、お顔もよく彫られている。観音寺のある所は、往時処刑場だったという。村の共有墓地の三昧場《さんまいば》であり、この付近の地下からは鎌倉時代末から室町時代にかけての板碑が多数出土したので、本堂裏にまとめて立ててある。関所で不審の者が捕えられ、この場所で処刑されたと思われるが、板碑はそれらの者の供養の意味もあったのだろう。

関戸の刑場跡に建つ観音寺の板碑

　旧街道を北に行くと丁字型となり、右への道は対鷗荘《たいおうそう》や聖蹟《せいせき》記念館への道である。直進すると、大栗橋バス停手前左手に地蔵堂がある。その横の細道を丘陵上に向かって上ると、すぐ右手の民家の庭に塚が見える。塚上には石祠があって樹木が二本立っている。この塚は、前述の安保入道道忍と同じく、元弘の戦いで戦死した北条方の武将横溝八郎の墓と伝えられている。横溝も関戸に踏みとどまり、近づく新田軍の三騎を射落とし、主従三騎ともに討死にした。

　横溝墓前から細道を上ると、突き当たりは寺らしくない建物の**延命寺**である。ここは、江戸時代に『万葉用字格』の著者として知られている僧春登が、文政六年（一八二三）に閑居した寺として有名である。

　旧街道に戻って北に行く。旧街道は、大栗川を渡ると東北方に直進し、府中市南町四丁目の八幡神社近くで旧官道に出会い（⑫図Ⓕ路）、そこから先は旧官道筋を府中に行ったのだろう（Ⓑ路）。また、元弘の乱以後分梅町にも通じたのであろう（Ⓐ路）。聖蹟桜ヶ丘駅が近い。

要　約

町田市本町田から関戸までは、多摩丘陵を越える道であり、この道は境川流域から武蔵国附に向かうには多摩丘陵地をどう越えたらよいかを考えてつくられた道である。そして、その道筋と沿道の状況は次の通りである。まず、武蔵野の村々の鎌倉街道を調査した高橋源一郎著『武蔵野歴史地理』には、鎌倉街道の特徴を次のように述べている。

一、なるべく平坦な所を通った。

一、なるべく最短距離の場所を通った。従って道はなるべくまっすぐにつけてある。

一、なるべく坂路の少ない所を選んだ。遠くから見れば相当に傾斜の急な様な所でも、実際に歩いてみれば、さほどでもない。

一、二里乃至三里の間に宿駅のあることは延喜式あたりに見ゆる国道と変わりはない。場所によっては間の宿のあるところもある。

一、その宿駅及び間の宿は多くは台地を下りた低地で水を得易い所にある。稀には台地にあることもある。

一、宿駅の端には多くの社寺がある。

一、宿駅以外の地では、道路は多く村と村の境界を通っている。

私はさらに次のことを付け加えたい。

一、南北に開いている谷戸を上手くつないでいる。

二、谷戸のない所では、上り易い緩やかな地点を利用したり、斜めに上下し、切通しにしていることが多い。

三、恩田川流域から、七国山・小野路・乞田の道は、鎌倉時代に戦略上新たに開かれた道というが、無理して直線的に開発したので、不自然な渡河（恩田川・鶴見川など）、山越え（七国山、小野路北）などが見られる。しかし、それに対して補助的な役目をする道が用意されているように感じられる。

なお、乞田から関戸への道も、あるいはこの時、開かれて関所が置かれたのではないだろうか。乞田川流域には段丘がなく、丘陵が直接河岸まで迫っていて、通りにくかった所を改修し、切通しをつくったようである。そして、それ以前の道（官道）は、百草・和田・一の宮経由の道であったのではなかろうか。

四、都市化の遅れた所には、まだ多くの旧街道の遺構が見られるが、これらの保存を強く要望したい。

五、沿道には、自然がまだ比較的多く残っていて格好の散策路となっている。

六、細流は別として、河川（谷間）は、直角に越える。

4 関戸から苦林へ〈武蔵野台地を通る道〉

上道編

一　武蔵国の国府へ

府中市

1　大国魂神社と高安寺（府中市）

関戸から府中への旧街道は二本ある。一本は東回りの道で、旧官道を利用した道（⑫⑬図Ⓑ路、旧官道と表記：編者）らしく、もう一本は西回りの道で、新田義貞の鎌倉攻め後の道（⑫⑬図Ⓐ路、旧街道と表記：編者）と思われる。まず、東回りの道を行く。

京王線中河原駅下車で駅南の道を東行し、南町四丁目の**八幡神社**前に行く（⑪図）。多摩市からここまでの道は、多摩川流路の移動で消えた。稲荷塚古墳横から北進してきた旧官道（⑫図Ⓕ路）は、この神社前に続いていたのであろう。また、関戸からの旧街道（⑫図Ⓐ路）もここまでのうちに二本に分かれ、神社前から北は旧官道を利用したものと思われる。

その旧官道を北進すると、沿道は住宅の少ない田園都市である。高速道路下から旧官道から少し離れ、東に行くと、民家の庭に**三千人塚**（石仏塚）があり、塚上に康元元年（一二五六）の板碑がある。分倍河原合戦の戦死者を埋葬したものとみられていたが、発掘の結果は、火葬骨の埋葬墓地であることが分かった。

塚西側の古道は、三千人塚が**分倍河原合戦**の戦死者埋葬地なら鎌倉街道であろうと考えられてきたので、著者も初版ではその説に従ったが、この道は関戸と府中とを結ぶ道としては、あまりにも東方を回りすぎ、軍道としては不自然に感じていたので、今回訂正した。

もとの南町四丁目から北進する旧官道（⑬図Ⓑ路）に戻る。こちらを旧鎌倉街道とする理由は、直線的であるうえ、沿道の古老の中にも推定している者がいるからである。それらの方々は、八幡神社があること、高速道路下付近には二街道とか四街道（いずれも意味不明）などの俗称があるのは、旧街道の証拠であるといっている。

旧官道を北に行くと現鎌倉街道に交差する。旧官道時代には交差点で市川（暗渠）を直角に渡り、東行して台地に上り、大国魂神社《おおくにたまじんじゃ》北側にあった武蔵国府に行った

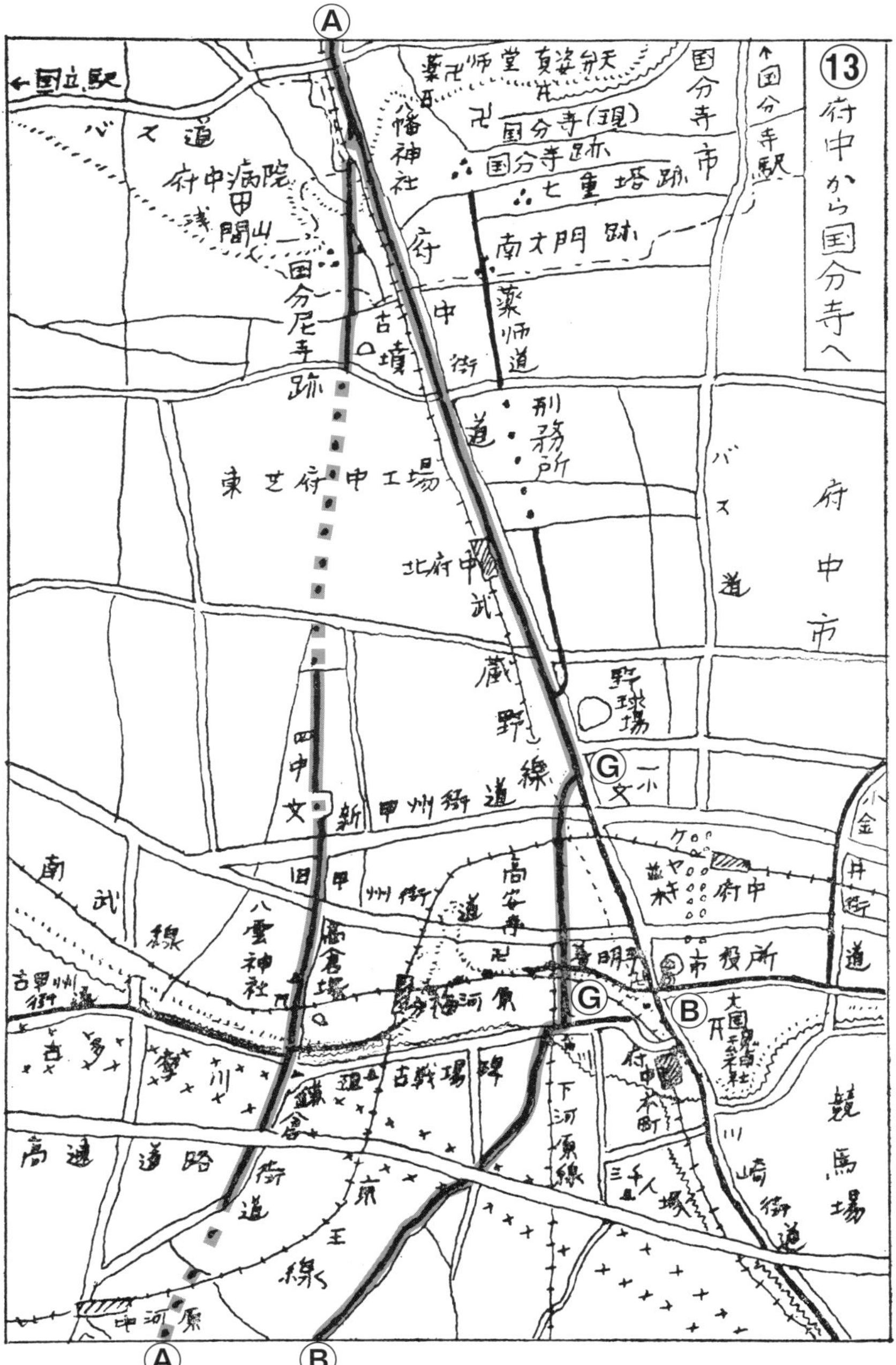
13
府中から国分寺へ
←国立駅
バス道
府中病院
浅間山
国分尼寺跡
古墳
府中街道
八幡神社
薬師堂
真姿弁天
国分寺(現)
国分寺跡
七重塔跡
南大門跡
薬師道
国分寺市
↑国分寺駅
刑務所
東芝府中工場
バス道
府中市
北府中
武蔵野線
野球場
一小
四中
新甲州街道
南武線
旧甲州街道
高安寺
八雲神社
高倉塚
古甲州街道
分梅河原
多摩川
古戦場碑
鎌倉街道
高速道路
京王線
中河原
下河原線
三千人塚
府中本町
大国魂神社
市役所
ケヤキ
府中
小金井街道
川崎街道
競馬場
A
B
G

のであろうが、台地への上り方などは分からなくなった。

また、曲がり角の市川北岸には、**坪宮神社**《つぼのみや》があった。現在は下河原線東側に小祠となって残っている。この神社は国造神社ともいい、祭神は胸刺国造《むさしくにのみやつこ》である。大国魂神社祭礼時、全神輿が御旅所《おたびしょ》に揃うと、その旨をこの神社に奉告する儀式をすることになっているから、重要な神社である。菊池山哉は、この神社を中心とした所に国府があったと推定しているほどである。なお市川は、河岸で市が開かれるので名付けられたというから、市の開かれたのは、この神社の近くではなかったろうか。千葉県市川も、下総国府のある台地下の市川から名付けられた地名である。曲がり角から北の旧官道（⑬図Ⓖ路、Ⓑ路の北行先）は、この神社東を北進する道であろう。

先を進む前に、曲がり角から東行して**大国魂神社**に行く。古代には、国司が国内の神社を巡拝して祭典を行っていた。大化の改新後、その手数を省くため、国府の所在地近くに領内各地の神社を合祀したのであり、古代の祭政一致の姿が見られる。

都重要文化財の本殿、国指定重要文化財の狛犬一対、重要美術品の古鏡などがあり、暗闇祭りは関東三大奇祭の一つになっている。境内には郷土館がある。昭和五二年一一月、神社境内発掘の結果、国府跡と判明した。境内北に続くケヤキ並木は、源頼義、義家父子が奉納した苗木から始まるもので、旧甲州街道に近い枯死した巨木の幹だけがその頃のものという。

旧甲州街道を西に行くと、都の旧跡高札場のある交差点がある。南北の府中街道は、上野国府と武蔵国府とを結ぶ官道である（東山道）。交差点を南進すると東側に大国魂神社の中門があり、反対に西への細道を行くと**善明寺**《ぜんみょうじ》がある。ここには、国指定重要文化財の建長五年（一二五三）鋳造阿弥陀鉄仏座像と、その胎内にあった阿弥陀鉄仏立像とがある。鉄仏は、関東には数少ないものであるが、豊満でがっちりした風格があり、鎌倉時代の作風を残す代表的なものである。

西国の合戦から帰国した畠山重忠が、愛人夙妻《はやづま》の死を聞いて哀れに思い、その菩提を弔うためにこの仏像を鋳造させ、黒鉄《くろがね》の祥応寺《しょうおうじ》を建立して納めたものであるという伝説が、長い間信じられていた。境内から南方の眺望が良い。

善明寺前の細道を西に行く。この道は古甲州街道という。古代の東海道の甲斐国は、駿河の国府からの支道で結ばれていたようであるが、武蔵国が東海道に属すると、武蔵国府と甲斐国府間にも官道が通じたものと考えられている。それは確たる史料はないが、古甲州街道はその証明で、大国魂神社の中門前から善明寺前、途中消えて日新町―日野市万願寺―五日市―檜原―笛吹―数馬―小河内―勝沼―甲府と続いていた。

古甲州街道は、下河原線廃線道に突き当たる。その手前の南北の道が前述の旧官道（⑬図Ⓖ路）で、南は坪宮神社前に行く。台地端は切通しで下り、両側には遊女をおく府中宿があったはずであるが、南武線や下河原線の敷設で地形が変化し、推察することができなくなった。

廃線道路を横断して西の森の中の**高安寺**に行く。東面した楼門があり、格式の高いことを示している。平将門の乱時、藤原秀郷の居館が置かれた所といい、境内西に秀郷を祀る神社がある。その後見性寺という寺が建てられ、足利高氏（尊氏）が安国寺として再興し、高氏の一字をとって高安寺としたものである。境内西側の狭い谷は、谷を利用した昔の空堀跡であり、南方崖下にも掘割らしい跡が残っている。

東側に旧街道があり、見晴らしが良かったろうから、しばしばここは戦略基地になった。静かで広い境内は、憩いの場所となっている。なお台地南端の道は古甲州街道で、西の方は南武線線路に消えた。

2　分倍河原古戦場（府中市）

京王線中河原駅下車で、現鎌倉街道を北に進む。高速道路手前辺りから、旧街道筋になる（⑬図Ⓐ路）。旧街道は、ここから先拡張され、まもなく光明橋交差点に出る。この道に沿って台地下から台地上にかけては、東回りの旧街道（旧官道）にあったような宿があったと思われる。

元弘三年（一三三三）に分倍河原で新田軍を破って戦勝祝いにひたっていた北条軍は、『太平記』によると「遊君に枕を並べて帯紐を解いて臥たる者もあり云々」とあるから、あるいは府中宿には、遊女屋もあってかなり繁昌していたものと思われる。また室町時代にも、武将が府中にしばしば出陣しているから、その頃は西回り旧街道筋も重要な宿場になっていたのではなかろうか。

まず、現鎌倉街道を光明橋から東に行く。まもなく南側に、昭和一〇年建立の高さ約四㍍ほどの**分倍河原古戦場碑**が見えてくる。久米川合戦で勝った新田軍は、五月一五日には、この地に進出して合戦となったが、北条軍には新手の大軍が加わったので新田軍は大敗し、埼玉県の堀兼《ほりかね》まで敗走した。新田軍は、その退却途中で武蔵国分寺に火をかけて焼失させたのである。

しかし義貞は、三浦義勝などの相模武士の援軍を得、一六日には再びこの地一帯で戦勝に酔いしれていた北条軍を破った。北条軍は無数の死傷者を残し退却し、先を争って関戸に逃げ込んだが、新田軍はさらに関戸を守る北条軍を蹴散らして鎌倉まで追撃し、ついに北条氏を滅ぼしたのである。

この戦での特色は、江戸・豊島・葛西・河越・三浦など坂東八平氏や武蔵七党らが、義貞方の陣営に参加したことである。つまり、武蔵国武士団の反幕府態勢が幕府を滅亡させた。頼朝が鎌倉に幕府を樹立できたのもこれら武蔵国武士団の協力であり、不思議な因縁である。

古多摩川は、府中台地近くを流れ、この辺り一帯は古多摩川北岸で、荒漠とした河原が続いていたことだろう。この荒野に両軍の兵士二〇万が入り乱れて決戦したのであった。碑のある所が古戦場の中心地であるということではない（『江戸名所図会』）。

光明橋に戻って旧街道を北に行くと、東側に光明里、続いて北の畑中には前方後円墳と思われる高倉塚の森がある。南武線の踏切を越えると、西側に八雲神社があり前の光明院とこの神社には、北朝の板碑があった。現在は大国魂神社境内の郷土館に収められている。

神社北側の道路と旧街道との交差点には、元応三年（一三二一）に建てられた**抱き板碑**がある。古木になったカシの幹に抱き抱えられるようにして立っている板碑で、珍しいものである。現在は小屋をかけて保存されている。

旧街道は、美好《みよし》町三丁目の甲州街道旧道に出る。江戸時代の甲州街道の宿場は、この交差点の西方本宿町にあった。旧街道は、さらに交差点の北に続く。

旧街道を東行すると、大国魂神社境内北に行く。

二　ロマンの残る恋ケ窪

府中市／国分寺市

1　武蔵国国分寺と国分尼寺（府中市・国分寺市）

前節で案内した府中市美好町三丁目の旧鎌倉街道交差点に戻って北に行く（⑬図Ⓐ路）。新甲州街道を越えて北に行くと、第四中学校体育館に突き当たって旧街道は消えるので、右に回ってその裏から再び北に向かう。両側には畑が展開し、住宅地化が進んでいる。

突き当たって左に折れ、さらに北に向かう。第四中から北の道は新しい道で、旧街道沿いの道である。その北は、東芝府中工場手前で消えてしまう。左右の道は、並木のある富士見通りで、東の府中街道に出て北に行くと、武蔵野線北府中駅が左側にある。

そのまま北へ、第九小学校バス停手前の武蔵野線ガードをくぐって西に行くと、右手工場敷地内に古墳が見ら

府中台地の旧街道すじの古墳

れる。さらに西に行くと北に折れる道があり、これが東芝府中工場で中断された旧鎌倉街道である。

　ほどなく、ややずれている十字路となり、旧街道は北に続く。そこを北進すると、左側は黒鐘《くろがね》公園となり、この辺りが**武蔵国分尼寺跡**である。公園手前右側の小空地に武蔵国分尼寺址の石柱と標識がある。また、その南方空地には、史跡武蔵国分尼寺跡の碑がある。また公園東側空地にも標識がある。

　こうなると光明橋を通ってきた旧街道は、国分尼寺の真中を通っていたことになりおかしい。国分尼寺が、元弘三年に国分寺とともに焼失したとすれば、この旧街道はそれ以後の道となる。それ以前に道があったとすれば国分尼寺の東か西のいずれかを迂回して通っていたことになり、それでは不自然である。すぐ東に国分寺と国分尼寺中間を通る官道があるからである。

　高橋源一郎は『武蔵野歴史地理』に、「少なくとも此道路は鎌倉時代より足利時代の往還であったと思われる。即ち新田義貞の鎌倉入りもこの道路を通過したので、所謂分倍河原の合戦なるものも……此道を通過したのであろう」といっている。この論拠となっているのは、同氏はここを国分尼寺跡としていないからである。同氏はこの古道を挟んで、後述する祥応寺など、二、三の僧院があったと推断しているだけである。しかし今では、ここは国分尼寺跡とされている。

　そこで結論としては、この尼寺跡を通る旧街道は、元弘の戦以後の道だったのではないかということである。

　少し旧街道を離れ武蔵野線下の狭いガードをくぐり、府中街道を越えて行くと**武蔵国分寺跡**に出る。草むらに直径二メートルもある巨大な自然石の礎石が点在している。（『江戸名所図会』に絵がある）。この礎石を辿ると、当時の建物の大きさや配置が分かり、東西七〇メートル、南北五〇メートルの広大な地域に、北に講堂・南に金堂・その中間左右に僧房があった。寺域全体は、三三〇メートル四方であった。

　聖武天皇天平一三年（七四一）の詔勅によって、国ごとに僧寺・尼寺をつくらせた。国分寺台地下には湧水地があり、その南に展開する平地を選んだもので、北の台地上には北院、東南方に七重塔、南方には中門、さらにその南に南大門があった。金堂跡から南大門跡を通ってその南の国府に行く道は古道で、薬師道といわれるが、台地上の薬師堂から一直線に続いているからである。薬師道は、今でも部分的に残っている。

前述の国分尼寺も含め、これらの遺跡からみると、武蔵国分寺は全国一壮大な規模であり、武蔵国の富強さを示すもので、この建築に当たっては、当時武蔵国に移住した多くの渡来人たちの協力があったものと考えられている。

遺跡南の広場から東に行くと七重塔跡がある。そこにも礎石があり、その中心には直径八〇センチの円筒形の穴のある礎石がある。その穴は、仏舎利を納めた所である。礎石から塔の高さを推定すると、高さは六八メートル、下部は約一〇メートル四方の平面をもつ塔であったという。これは、承和二年（八三五）に落雷があって焼失したが、その後再興された。

国分寺は、その後尼寺その他とともに元弘三年に、新田義貞が前述の分倍河原から退却する時に、火を放ったため焼失した。その二年後、義貞は黄金三〇〇両を寄進し、小さなお堂を再建した。それまででも維持に困難だった広大な寺院は、その後ついに復元されなかった。

国分寺跡の北の段丘下には、江戸時代に建てた国分寺がある。段丘下の湧水で池をつくり、境内には万葉植物園と文化財保存館がある。万葉植物園には、奈良時代の歌人が歌の題材とした植物を採集して栽培したもので、一六〇種もあり、当時の歌とともに武蔵野の風情を偲ばせてくれる。文化財保存館には、出土器・国分寺屋根瓦・古文書・当時の国分寺の様子を描いた想像絵などが展示されている。

段丘上に上ると、宝暦六年（一七五六）建立の**薬師堂**がある。中に安置されている薬師如来座像は平安期作のものといわれ、国指定重要文化財である。この高台一帯に国分寺北院跡があって礎石が残っている。ここから南方の眺望が良い。

また、この台地西方の住宅地の中に、国分寺建立当時の住居跡が発見された。国分寺の豪華な堂塔と、貧しい竪穴住居は、あまりにもかけ離れた対照的な存在であったが、それがまた当時の日本文化の二面を表したものであった。

現国分寺の塀沿いに東に出て、お鷹の道散歩道を通って東の真姿池《ますがたのいけ》へ行く**お鷹の道**とは、江戸時代に将軍が鷹狩りにきた時、鷹匠の通る道で、国分寺境内から湧き出る細流に沿い、静かな武蔵野の風情ある道で、石だたみになっている。

付近は、段丘上の清流に沿ってできた古い村で、古い門構えの家が並んでいる。その途中左の台地下に真姿池とその中島に祀った真姿弁天がある。

嘉祥元年（八四八）、当時「玉造の小町」という美人が、ライ病にかかった。彼女は国分寺を訪ねて病が治るよう祈ると、一人の童子が現れ、小町をこの池のほとりに連れて来て、この池で身を清めるようにといって姿を消した。小町は池で三日間身を洗うと、ライは治ってもとの美しい姿になったという。そのそばの段丘下からは豊富な清水が湧き、清く美しい流れはこの地一帯の大切な用水になっていたし、現在でも一部使われている。

2　昔のままの道（国分寺市）

もとの国分尼寺跡に戻る（⑬図）。西の黒鐘公園は、浅間山から西の台地南端を広く含めた大公園で、散策に最良の場所である。浅間山の林中には方墳があったが、大正七、八年頃に開墾されてなくなった。この方墳からの出土品の中には、麻布もあったという。方墳は、渡来人系のものであるから、この付近には渡来人が多く住んでいたものだろう。この渡来人たちの協力で国分寺の造営が進められたという。

国分尼寺跡広場北側は台地で、その森の中に舗装されていない切通しの道があり、それが旧街道で、入口に標識がある。この旧街道はあとにして、その入口左手の緩やかな坂道を上る。かつては右手の崖に、ローム層をくりぬいた横穴古墳があったが今はない。中は河原石で敷きつめ、入口は石で塞いであったという。

国分寺西に残る旧街道

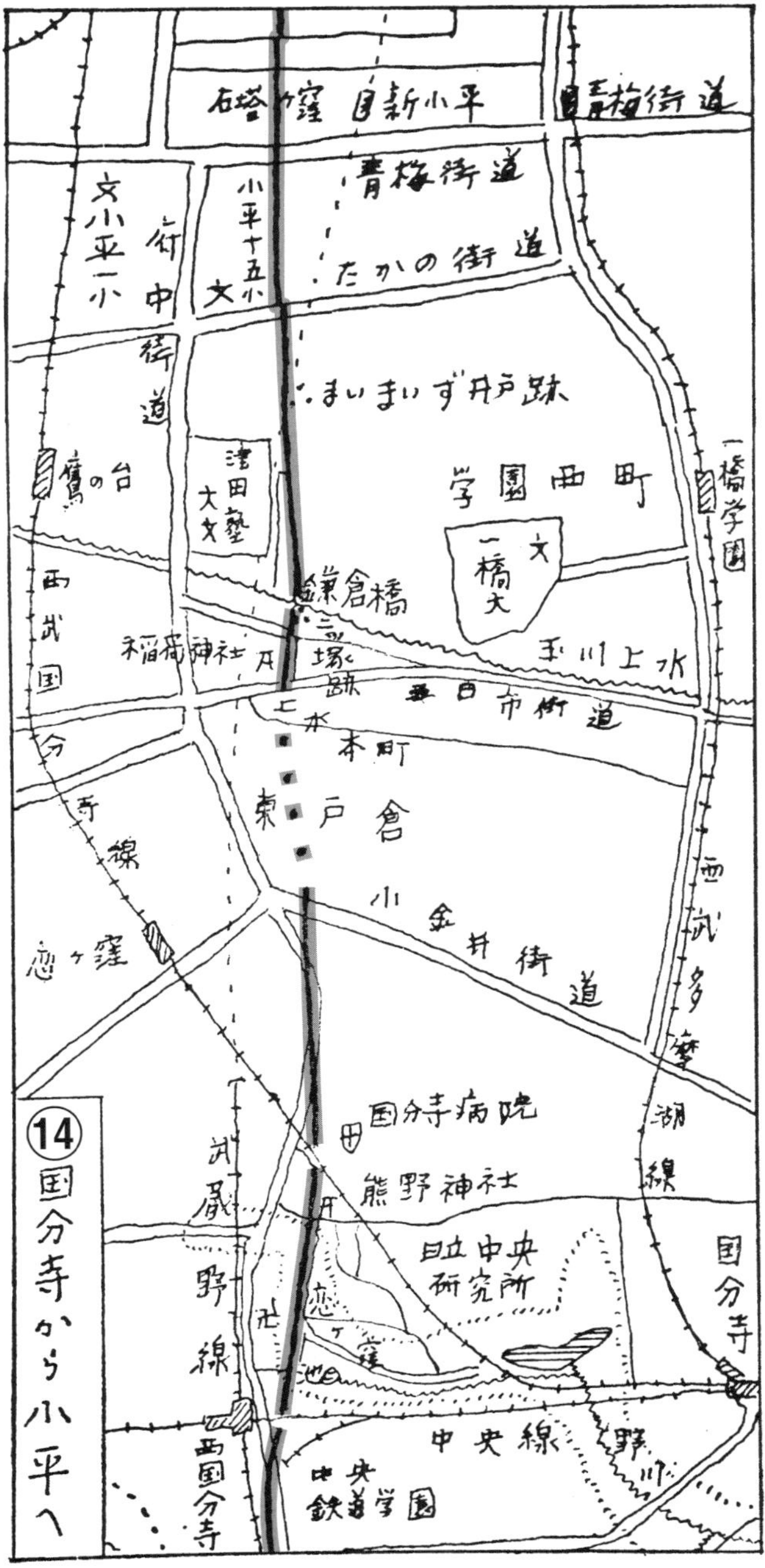

道を戻り、旧鎌倉街道を上る。こういう当時のままの道は、鎌倉市の化粧坂・七国山周辺・小野路北のほかわずかの地域しか見られなくなった。

旧街道両側は雑木林で、右手台地上の武蔵野線との中間には方墳の跡があり、その面影を残す一段と高い所がある。その北は畑となっている。旧街道左手台地上には、土器や古瓦が散在したというが、今はほとんどなくなった。府中で案内した善明寺の鉄仏は、この辺りに享保年間（一七一六～三六）まで建っていた祥応寺にあったものという。旧街道は、武蔵野線に沿うように続き、まもなく線路で中断されるが、線路の向こう側にその続きが見える。まず線路に沿った細道を北に行き、左・右と順に北へ道を辿ると、国分寺駅と国立駅とを結ぶバス道の陸橋下に出る。

陸橋を東に府中街道の泉町交差点に出て南へ行くと、まもなく右手のセメント会社・本多商店前から、南西の武蔵野線へ向かう斜めの道がある（⑭図）。これが、前に鉄道で中断された旧街道の続きであるから、その交差点は今までの例からみると直角になっているはずである。ところがここは直角ではなく鋭角で交差している。このように鋭角で交差（または分岐）している場合、交差（分岐）した道の方は、室町時代以降の道が多い。それで、道の分岐点からみても、国分尼寺跡への旧街道は、鎌倉初期のものではないことが分かる。鎌倉街道は、古道を繋ぎながらつくったものであり、繋ぎ目（交差点）が直角である。

旧街道を北に行く（⑭図）。西国分寺駅に近い西側に、レストラン一葉松がある。その前から東方に、かつては下河原線（多摩川の砂利運搬線）が通っていて踏切があった。東側の鉄道学園内に廃線部分が見える。武蔵野線は、踏切西南で廃線跡を利用している。旧街道は、その踏切すぐ北から分かれて緩やかな切通しで北に下っていた。つまり踏切から北の府中街道は、昭和一〇年にできた新道である。

昭和一〇年に下河原線交差点から恋が窪谷間を避けて北に続く現府中街道ができると、中央線から南の切通しは廃道となった。そして昭和四五年頃、線路南の廃道切通しは盛り土をされてしまったのである。

3　畠山重忠のロマンス（国分寺市）

西国分寺駅東、府中街道の陸橋を渡り、東側のすぐの横を右折すると、前述の切通しの旧街道に出る。旧街道は、その南の中央線路までが廃道になっている。この廃道になった部分は、中央線開通前はもっと高くなってい て、そこを緩やかな切通しで北に下っていたという。旧街道を北に行くと、左手の高台に**東福寺**がある。この寺は、この地方では国分寺につぐ古刹である。

寺の前は駐車場になっているが、もとは高台が道まで延びていて、道からすぐ石段になっていたのである。そして、その石段の右側下に、高さ一メートルぐらいの**傾城墓**と傾城由来碑が立っていた。地形が変わり、石段は西に後退したが、石段下には碑がもとの姿で立っている。由来碑の内容は後で述べる。

旧街道は、道幅が少し拡張されたが、まっすぐ北に続いている。両側は、昭和四五年頃までは、一面の田んぼであった。この旧街道は江戸時代以後の道で、それ以前の道はもっと東を通っていたという。

その古道を調べるため、東福寺下から東への広い道を行く。ほどなく右手に釣堀があり、その前身は**姿見の池**であった。釣堀東の中央線路下に、その池の続きが残っている。姿見の池が水源となり、この東の日立製作所中央研究所内の池から流れ出る川と合流して野川となるのである。

釣堀前から北を見ると、森の中に一段と高い**一葉松**と呼ばれるマツの木が見える。古道は、この姿見の池西側から一葉松を通って北に続いていたという。

まず姿見の池であるが、台地を旅して来た人たちは、この池に来て喉をうるおし、容姿を整えたので名付けられたものという。古くは防人たち、国分寺造営当時の屋根瓦や国府に納入する租税などの物品を運搬した人馬たち、中世になると武士団の一行、その他いろいろな旅行者が旧街道（府中街道）から分かれ、この池を辿ってきては休み、また次の目的地に向かったのである。

釣堀南の住宅地を通って、中央線沿いの台地の雑木林に上る。林を西に行くと中央線がまだ開通しなかった頃、旧街道の切通しを下らず、草原を踏み分けながら、東方にやって来て姿見の池に下ったと思われる道が残っている。今では台地北は開墾されて果樹園になっているが、往時は池の端まで緩やかに下ったのであろう。

姿見の池まで戻る。往時は、池から一葉松の下の緩やかな坂道を下ったという。その道の両側には宿場があり、遊女もいたという。その宿場に残る伝説が、東福寺入口の傾城墓と由来碑にある畠山重忠と遊女夙妻大夫《はやづまだゆう》の悲恋物語である。

重忠が、源義経の軍に加わって平家討伐に出陣した時、愛人夙妻は重忠戦死の誤報を聞いて悲しみ、姿見の池に身を投じて死んだ。里人はこの愛人のためにマツを植えたが、その葉は不思議にも一葉のマツになったもので、今のマツはその何代目かのものという。

この物語は、『武蔵野話』にある話であるが、これは江戸時代の創作だろうといわれている。こうした伝説が生まれたのは、不遇の武将であった畠山重忠を偲んだもので、ちょうど源義経の伝説が各地に残っているのと同じである。

恋ケ窪という地名は、この辺り一帯の窪地に名付けられたもので、府中国府の北にある窪地「国府が窪」から起こったものである。この地名は、あとで案内する熊野神社の歌碑でも分かるように、室町時代からあって有名だったのである（『江戸名所図会』に絵がある）。

悲恋の伝説を残す一葉松に行くには、東福寺下まで戻り、北に向かってすぐ右の細道を東に行く。そこに旧家鈴木家があり、一葉松はその屋敷内の裏山にある。

鈴木家屋敷内の一葉松の東の竹林中に、古代の敷石住居跡の一部が保存されている。敷石はなくなったが、竪穴住居跡のように地下を掘り下げないで、平地を少し窪めた所に石を並べて湿気を防ぐ床面にしたもので、この上に草などを敷いて住まいとした。このような住居跡は、主として南関東地方に発見されるもので、縄文式中期から後期にかけてのものである。

鈴木家北の道を東の台地上に上ると、この敷石住居跡のある竹林が見える。そこから道を少し戻り、一葉松北に当たる所から北へ行く。この南北の道が旧街道というが、旧街道特有の切通しも凹形の道跡も見当たらない。この道を旧街道と推定したのは、宿場の妓楼に下げてあったと思われる釣り灯籠が出たとか、畑を掘ってみると地面の下に踏み固めたような堅い地層の部分に突き当たる、などということからである。

その先の遊園地前を左折し、さらに右折する。この道も、一葉松から来る古道の続きという。以上の姿見の池から、一葉松を経て台地上を北進したという旧街道の存在はどうも疑問である。重忠のロマンス創作は、同時に旧街道をも創作したもので、その理由は後述する。

まず、その道西にある**熊野神社**に行く。神社は西向きで、本殿北側に傾城歌碑がある。文明一八年（一四八六）に、京都聖護院門跡の**道興准后**《どうこうじゅごう》が、『**廻国雑記**《かいこくざっき》』によんだもので、

朽ち果てぬ名のみ残れる恋ケ窪
　今はた問ふもちぎりならずや

とあり、書は有栖川宮《ありすがわのみや》熾仁《たるひと》親王である。

神社は往時からの古社であるから、一葉松からの旧街道は、この神社裏を通ることになりおかしい。北の久米川宿から神社前に来た旧街道は、神社西からまっすぐ南に行くべきなのに、そこを避けて台地の東に回り、一葉松に向かったのは谷間が湿地帯だったからで、一葉松の南で谷間を越えたのは、そこが谷間を越える最短距離だったからと説明する。

しかし、南北の谷間が湿地帯だったとすれば、その南にある姿見の池辺りは、池どころか大沼地だったことになろう。また、飲料水を得るためなら熊野神社西方に谷が少し延びていて、そこには飲料水になる小川があったと思われる。だから、その西の谷まで飲料水を求め、現府中街道沿いに南下して通るのが自然だったはずである。そのように通らなかったのは、神社西をまっすぐに谷間を南に通れたからであろう。

高橋源一郎は、『武蔵野歴史地理』に「貨物線鉄道（下河原線廃線のこと）と往還（後の川越往還と同じ）との交差点より北は、其跡不明瞭なれど、著者は今の川越往還（府中街道の旧称で恋ケ窪の谷間を南北に通る道）とだいたい一致したものと観察する」と述べているが、その通りだと思われる。

南北の谷間は、もともと湿地帯ではなく、小川が流れて姿見の池に注いでいたのであろう。だから官道は、熊野神社前から小川に沿って南行し、中央線上の切通しを通り、国分寺の壮大な建物を東側に見ながら国府に向かっていたのである。恋ケ窪の切通しを上る前、姿見の池で休息を取る人は、東福寺前あたりから自由に池に行って休んでから出かけたのであろう。

その後、鎌倉時代になると、官道から池までの辺りには、人家ができてきたのではあるまいか。旧街道から池までの道は、踏み分け道で一定したものではなく、池の南台地の雑木林に残っているようなものだったろう。

神社参道を下ると、前述の東福寺下から来る旧街道になる。この道はそのまま上野国府までの官道であったろうから、防人たち、関東へ集団移住する渡来人たち、国分寺造営時に屋根瓦を運搬する人馬、また朝廷に納める物品を運ぶ人馬なども通った道である。それで谷間には次第に集落ができ、そこが宿場的な役目を果たしていたのかもしれない。旧街道沿い一帯は、住宅地化が進んでいるが、まだ緑の多い散策地である。大岡昇平の作品『武蔵野夫人』は、この地一帯を舞台にしている。

神社前の旧街道は、すぐ北で十字路となり、その先は狭い旧道そのままの道幅で、北は西武線で中断されている。しかし、細道が西武線沿いに府中街道まで通じているからそこを行き、踏切を越えてすぐ右折すると、中断された旧街道に出る。旧街道は、その北でほどなく府中街道と一緒になる。

三　久米川の宿へ

国分寺市／小平市／東村山市

1　草原中の一本道（国分寺市・小平市・東村山市）

恋ケ窪から北へ行く（⑭図）。恋ケ窪の姿見の池から北へ、次の飲料水のある東村山の空堀川まで、その間約五・七キロある。今まで水のない区間で一番長かった区間は、府中から国分尼寺までの三キロである。武蔵野台地は、当時は全く水のない草地の荒野で、ここを旅する人馬にとっては苦労の多い行程であった。

喉のかわいた旅人が、川が見えたので近づくと、カゲロウになって消えてしまうので、その現象は「武蔵野の逃げ水」といわれたが、この話は都までも聞こえていた。源俊頼《みなもとのとしより》の歌に

あづまぢにありといふなる逃げ水の
　にげかくれても世をすごすかな

とある。西部新宿線入曽駅近くの地名に「逃水」という所がある。こういうことばは、旅の苦労から生まれたものである。

村上源氏の久我雅忠の女二条は、正応二年（一二八九）にも諸国遍歴の旅に出て、信濃の善光寺から武蔵国に入った時の情景を、日記風自叙伝『とはずがたり』に次のように書いている。

野の中をはる〳〵と分け行くに萩・女郎花《おみなえし》・荻・

芒《すすき》よりほかは またまじる物もなく これが高さは馬
に乗りたる男の見えぬほどなれば おしはかるべし

これで当時の武蔵野の様子が分かろう。また『宴曲抄』には次のようにある。

思ひきや我につれなき人を恋ひ　かく程袖を濡ら
すべしとは　久米河の逢瀬を辿る苦しさ　武蔵野は
限りも知らず終もなし

と、久米川までの苦労を述べている。この台地が開拓されたのは、江戸時代の玉川上水開通後である。このような水の乏しい草原を一直線に通っていた旧街道筋を北に辿る。

旧街道と府中街道が一緒になる東恋ケ窪四丁目から北に行くと、街道は東恋ケ窪五丁目の交差点となる。そこまでは、少し前から西北に斜めに曲がって行く。その曲がり始める所から、まっすぐ北に行く細い道が旧街道である。旧街道は、小金井街道を越えてさらに続き、アパート泉荘の敷地で消えてしまう。

それで、小金井街道を西に交差点に行く。交差点から東の小金井街道に沿った所は旧恋ケ窪新田で、恋ケ窪本村の百姓、加左衛門ら一九人によって開墾された所である。また、交差点西側は旧戸倉新田で、西多摩郡五日市町戸倉の百姓が開墾した所である。

新道を北に行く。沿道は田畑の多い地域で、芝や植木栽培なども多く見られる。まもなく小平市上水本町で、五日市街道との交差点近くに、バス停二ツ塚がある。後で案内する二つの塚があったので、この地一帯の地名になった。

交差点から五日市街道を東に行く。古くは旧鈴木新田で、貫井村（現小金井市内）の名主鈴木利左衛門らが、享保八年（一七二三）に開墾した所であった。交差点の西側の五日市街道沿いは旧榎戸新田であった。享保八年に、西多摩の大丹波《おおたば》の名主、榎戸氏の分家、儀右衛門が開墾した所である。

交差点から五日市街道を東に約一五〇《メートル》先北側に稲荷神社の参道があり、その奥に森に囲まれた神社がある。上鈴木新田を開発する時、親村貫井の稲荷神社を勧請したものである。神社周辺は、現在旭が丘住宅地として開発中である。

神社参道入口の東、ニッサンチェリー店前から北に、神社東を走る道路は鎌倉街道がもとになった道である。この旧街道は、玉川上水の緑地で消えてしまった。旧街道が、その緑地に沿う道に突き当たる所左右に一対の塚があった。鎌倉街道の一里塚だったといわれているが分からない。その左右二つの塚がこの辺り一帯の地名の二つ塚になった。

旧街道と玉川上水緑地との丁字路東にある**鎌倉橋**を渡って北に行く。旧街道はその橋から北に続く。両側は住宅地で、そのうち右手の住宅が終わる辺りに、昔、**まいまいず井戸**があったというが、今はその位置は確認できない。

まいまいず井戸とは、俗称すりばち井戸ともいい、地面をすりばち状に深く掘り、渦巻状に底に下ってからその底に井戸を掘るという武蔵野独特の井戸である。堀兼の井というのもこの形式である。

これは、一つには武蔵野では地下水が深い所（一三〜一五メートル）にあるからであり、二つには垂直に掘ると壁面が崩れるから、このような形になったのである。代表的なものは、羽村町の青梅線羽村駅東の五ノ神神社境内にあるもので、東京都の文化財に指定されている。

まもなく鷹野街道に出会うが、その先の旧街道は少し左にずれて北に続く。そこを行くと梨畑の続く道であり、まもなく旧新田開発村らしい所が続き、青梅街道の小川二丁目バス停前に出る。この出口右角に、鎌倉街道の標柱と説明板がある。土地の古い人たちは、この旧道沿いを「鎌倉」と呼んでいる。

青梅街道は、最初成木街道といって、現在は青梅市内となった成木・小曽木から出る石灰（江戸城白壁の材料）を江戸に運ぶ道路として開発されたものである。小川部落は、明暦三年（一六五七）村山町の岸集落の人、小川九郎兵衛たちが、官に願い出て開拓した所であった。

青梅街道の宿場だった田無と、箱根ケ崎（現瑞穂町）との間約二〇キロにわたる無人の荒野の中継宿として、鎌倉街道との交差点を中心として開拓されたのである。全長約四キロ、西から上宿・中宿・下宿といっていた。

青梅街道に沿った所は、屋敷林に囲まれた旧家があり、短冊形に仕切られた細長い地割が続き、屋敷の裏手に上水道をめぐらし、その先に畑を持ち、地割の先方に「中

土地の人が旧街道すじを”鎌倉”と呼んでいる青梅街道への入口

山」という山林があるといった昔の新田形態は、今でもわずかに面影を残している。

青梅街道を越えてさらに北に行くと、わずかながら低地となる。この辺りは**石塔ヶ窪**《せきとうがくぼ》といわれ、前述の小川九郎兵衛が初めて開拓にあたった所である。石塔ヶ窪というのは、江戸末期までこの地にかなり大きな板碑が立っていたからというが、その板碑はいつの頃か他に運び去られてしまった。

旧街道は、この先で少しずれている所もあり（⑭図）、ブリヂストンタイヤ敷地前の道路に突き当たって消えている（⑮図）。その丁字路手前右手に、鎌倉街道の標識がある。ここまでの小平市内の旧街道には、こうした標識がよく設けられている。

小平第六小学校東の道を北にとり、また左に行くと府中街道に出る。その街道を北進すると九道の辻交差点になる。前に消えた旧街道はこの辻に続いていて、ここから北は旧街道（⑮図Ⓐ路）を拡張した道である。

九道の辻とは、鎌倉街道のほかほうぼうから集まってくる九本の道が交差しているので名付けられた。それでここから北に直進する旧街道（Ⓐ路）のほか、東村山市

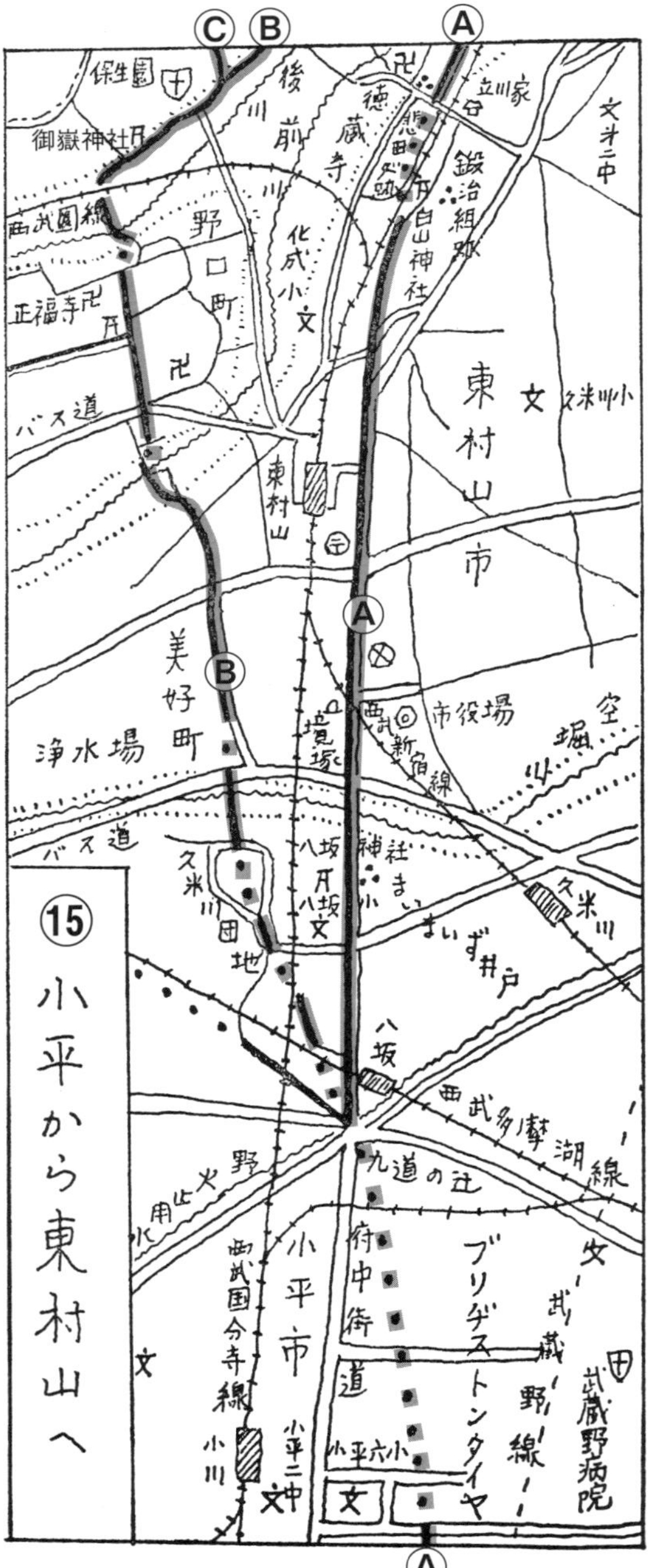

野口町の正福寺方面（Ⓑ路）や所沢市山口方面への鎌倉支道などもここから始まっている。新田義貞が鎌倉攻めに向かう途中、この辻で鎌倉への道を見失い、ここに一本のサクラを植えて街道の目印にしたという伝説がある。そのサクラは、道路西側の九道の辻と記された標柱の所にあり、何代かのサクラが大正時代まであった。しかし、義貞は何回も鎌倉に行っているから道に迷うことはないはずで、これは後世の伝説であろう。しかし、道の分岐点だから草原の中とはいえ、何らかの目印の木は古くからあったのかもしれない。今は辻の東北隅に大きなケヤキがあり、その下に古い馬頭観世音の碑が立っている。

その北左側に、江戸時代初期建立の**八坂神社**がある。野口町の正福寺そばの八坂神社を勧請したものという。この神社前（府中街道東側）にも、まいまいず井戸が二個あったというが、今は人家が建って跡形もない。すぐ北に**空堀川**《からぼりがわ》があるが、その水が涸れたので掘られたものであろう。

空堀川は、今はすっかり汚れているが、かつては清流であった。江戸時代に上流の狭山丘陵の原始林が開拓され、多くの原始林が伐採されたので、水が涸れてしまい、この名が付いた。鎌倉街道繁栄の頃は、空堀川は当然飲料水の補給所となっていたことであろう。

この八坂神社辺りは、元禄の頃まで村落があったが、空堀川の水が涸れたので、住民は水の豊富な野口に移ってしまったという。この村の鎮守が野口の八坂神社を勧請したものとすれば、この村落の開拓者は、やはり野口からの移住者だったのではあるまいか。

また、前記二個のまいまいず井戸は、この開拓村の人たちが、空堀川の水が涸れ出した時に掘ったものであろう。しかし、それもあまり役に立たないので放棄して親村に引き揚げたのではあるまいか。

空堀川から次の泉地久米川までは約二㌔ある。橋を渡って北進すると、西武新宿線の踏切となる。その手前左側に、市指定文化財の**境塚**という大きな塚がある。塚上に平和の女神像が立っていて、塚の周りは小さな平和塔公園になっている。

狭山丘陵の村々は、近世初頭から中期にかけて、広々とした秣場《まぐさば》であった。ちょうどその頃、幕府は新田開発を進めるに当たり、数々の規制を打ち出したため、幕府役人と自立小農民の間の対立も次第に激化していった。延宝・元禄年間（一六七三〜一七〇四）には、入会地の秣場開墾をめぐって対立は頂点に達し、『境目絵図』が作られたり、村々には領地との境界を示すこのような塚が築かれたということである。しかしまた、この塚は浅間塚とも呼ばれ、富士浅間塚であろうとの説もある。

踏切を越えて行くと、左側に西武線東村山駅が間近い。

ここまでの鎌倉街道は大局からみると一直線であるが、部分的には少しずれている。このようになったのは、玉川上水が掘られて中断されたこと、その後の新田開発で新しい地割がなされたためである。

2　小川に沿う久米川宿（東村山市）

東村山駅東口前から、府中街道を北に行く（⑮図Ⓐ路）。市役所分室前から府中街道は東に曲がるが、まっすぐに北に向かう細道が旧街道である。旧街道は、ほどなく西武線踏切を越えてくる道に出会い、その先でまた北に続く。

旧街道沿いは、ここ数年で住宅地化した。ほどなく左側に**白山神社**が見えてくる。戦前は一帯が畑地で、南に長い参道があり大きな建物だったが、参道は道になり周りが住宅地になってすっかりミニ化してしまった。

白山神社というのは、渡来人の神社である。渡来人は、たいてい泉地を利用して開拓に当たったので、鎮守は白山神社とか白鬚神社といっている。また、西武線開通（昭和二年）以前は、神社の裏には泉地があり、そこから流れ出る小川が北に流れていたが、線路ができてその下になってしまった。

参道前には鎌倉時代に久米川宿南関所があった。神社東はその頃鍛冶組が住んだ所で、今でも小字名に鍛冶屋敷跡がある。ここには馬具師などが住み、役人たちの馬具つくりなどの御用を勤めていた。東村山駅西方の廻田《めぐりた》には、鍛冶屋組といわれる小町氏一族がいたが、これがここの鍛冶屋の子孫という。

旧街道は、参道手前から線路を越えてその西側を線路に平行して走っていたが、西武線開通頃消滅した。そこで、神社横を北に行く。道は丁字路となり、突き当たりの門構えの家は、後で述べるが、鎌倉時代から続いている立川家である。

西に行くと西武線の踏切で、近世には線路東を上宿、西を西宿と呼んでいた。踏切北は、昭和三〇年前半までは田んぼであったが、宿場当時は線路の部分も含めて南北に細長い「道楽ヶ池」と呼ばれる池であった。前述の白山神社裏手に鋭角に切り込んだ谷頭の泉地が小川となってこの地に注いでいたのである。踏切の所に、その小川に架けられた「あじヶ橋」という石橋があった。

踏切東の石屋横から北へ細道を辿ると、左側の低地は道楽ヶ池跡で、その先の熊野神社は久米川宿集落の中心だった。

踏切西で、線路に沿って北に続く道が旧街道を改修した道で、その南は消滅したが前述の白山神社北に続いていたのである。鎌倉時代以後の久米川宿というのは、この旧街道に沿って設けられたもので、その宿場については後述する。

西に進むと諏訪町会館手前右奥に、稲荷神社の朱塗りの鳥居が見える。その辺りが**武蔵悲田処跡**《むさしひでんしょあと》だろうという。

旅人の病人に施薬した武蔵悲田処跡

奈良時代は、荒涼とした武蔵野を通る旅は大変難儀であった。九州方面に送られた防人などは、行きは集団であったが、帰りは個人ばらばらで経費も自己負担だったのであるから、公私旅人の中には病気や飢えで倒れる者が多かった。そこで天長一〇年（八三三）五月、国府の下級役人六名が、自分たちの収入の一部を割いて、多摩郡と入間郡境に五軒の家を建てて食料や薬品を備え、これらの人たちを救いたいと役所に申し出た。こうして開かれたのが悲田処という施薬所兼収容所である。当時はこのような立派な官吏がいたのである。

しかし、悲田処の確かな場所は不詳で、埼玉県では八国山北側を指定している（⑯図）。こちらの場所を悲田処とするには、久米川宿の家並みに近すぎるから、衛生上問題があるという人もいる。

西宿の外れに**徳蔵寺**がある。鎌倉時代には、地頭の板倉氏の陣屋があった所である。この寺には新田義貞が鎌倉攻めの時、部下の戦死者を供養した**「元弘の板碑」**があるので有名である。もとはこの先八国山にあったものである。この碑があったために分倍河原の戦いの年月日や進路などが判明することになった。碑は重要文化財として、付近からの多数の出土品とともに、鉄筋コンクリート造りの保存館に収納されている。特に、三〇〇余点の板碑が展示されているのは、全国でも珍しい。

寺の前を西に行き前川を渡り、保育園裏から西に行くと、八国山《はちこくやま》となる。

もとの西武線近くまで戻り、旧街道を北に行く。この道は昭和三五年頃、旧街道跡を改修してつくられた道である。それは以前は一面田んぼに開拓され、その中に木立が生えている高さ約四〇センチほどの土壇で南北に続いていた。この土壇の東側の田んぼが道楽の池跡であり、その水は線路下を北に流れて柳瀬川に注いでいた。おそらく久米川宿は、旧街道の西側に並び東側は道楽の池と小川が流れており、小川の東側には村落があり、熊野神社があるという状況ではなかったろうか。また、旧街道が東方に曲がってから、また西北の所沢に向かっているのは、八国山およびその南北の柳瀬川や久米川の氾濫原を避けたためであろう。

現在の道の西側住宅地には、仕置場・首さらし場・公《く》事所《じしょ》などがあったらしい。仕置場とは、罪人を処刑する所であり、公事所とは租税や訴訟の事務を取り扱ったり、罪人を取り調べる所である。

旧街道に沿った住宅地の北端左側に雑木林がある。その手前を西に向かう細道があるが、その入口辺りは久米川宿の北端であり、また北関所跡で、その北は多摩郡と入間郡との境である。久米川宿は、約一〇キロ南の府中宿と約一二キロ北の入間川宿との間に、伝馬の継ぎ立てをした。

文永八年（一二七一）一〇月、日蓮が佐渡に流された時は、弟子たちはこの宿場まで見送った。その時日蓮は前述の立川家で手厚く迎え入れられて泊まったという。それを記念して今でも立川家には門徒たちが毎年一〇月十八日に集まるという。

またここは、戦場になったこともしばしばあり、新田義貞は元弘の戦いで二日間この宿で布陣して休息した。足利尊氏と新田軍の武蔵野合戦時には、尊氏がわずか五〇〇騎の手勢を率いて鎌倉を出て武蔵に向かい、ここに一日留まった時、河越氏・江戸氏など多数の武士が馳せ参じたので、彼らを率いて小手指原で新田軍と戦ったのである。室町時代の禅秀の乱時には、この宿付近に陣を張ったことがある。

道興准后は、文明一八年（一四八六）の冬、この宿を訪ねた時のことを次のように書いている。


この所を過ぎてくめくめ川といふ所はべり。里の家々には井などもはべらで、ただこの河（白山神社裏から流れてくる清水と道楽ヶ池を指すものと思う）をくみて朝夕もちひはべりとなん申しければ

里人のくめくめ川と夕暮に
なり那波水の氷りもぞする

川岸で冬の凍りつくような川の水を汲む宿場の人たちの様子が想像できる。また、室町時代の『宴曲抄』には、「久米川の逢瀬をたどる苦しさ云々」とあり、旅の苦労が分かる。また府中から久米川宿までの道は、古代の官道だったと思われる。

雑木林手前を西に行くと、まもなく久米川に出、その橋のたもとに橋梁改修碑が立っている。その碑文には「勝陣村」とある。前述の八国山に陣取った義貞軍の戦勝を記念して名付けられた地名で、もとは精進場だったという。精進場とは、罪人を処刑した人たちが川で身を清める所であった。橋の向こう側には、八国山の全体が見え、橋を渡って行くと将軍塚への上り口となる。

もとの旧街道に戻って北へ行くと所沢市内となり、西武線ガードをくぐってくる川越街道と一緒になり、旧街道は消える（⑯図Ⓐ路）。

3 正福寺千体地蔵堂（東村山市）

九道の辻から分かれて野口町の正福寺の方へ通じる鎌倉街道を行く（⑮図Ⓑ路）。西武多摩湖線八坂駅のガードをくぐり、線路北側に沿う水道道路を西に行くと、西武国分寺線に出会う中間で北に向かう道路がある。これが旧街道の一部で、南は九道の辻に出ていたという。北に行くと突き当たり、旧街道は消える。

そこから道を右、左と曲がって行くと八坂小学校前に突き当たる。そこを西に、西武線を越えると右が久米川団地入口となる。旧街道は団地で消えるが、団地の北に

回ると、旧街道は北に続いている。その道は団地を下り、空堀川を渡る。ほどなく田無・東大和市を結ぶバス道に出て旧街道は消える。

バス道を歩道橋で越えると、その東の方に北に向かうやや広い道がある。バス道の所で消えた旧街道はこの道の途中に続いている。この道の北側は田園風景が展開している。

旧街道は、北で丁字路となり、その東でさらに北に続く。このように少しずつ道がくい違ってきたのは、後世の地割の関係であろう。北進すると野口町でまもなく前川流域となる。古い集落があり、西にカーブして斜めに低地に下り、前川を直角に渡って細い道と丁字路になる所で右折する。

またすぐ左折する道が旧街道のようで、古い農家の間を細道で通り、両側はうっそうとしたケヤキ並木である。まもなく東村山駅に通じるバス道と交差し、さらに北進すると不規則な十字路となる。

そこを左折すると、弘安元年（一二七八）北条時宗建立の**正福寺**前となる。寺の入口に八坂神社がある。前項で述べた府中街道沿いの八坂神社は、この神社を勧請し

鎌倉時代の建築様式を持つ国宝千体地蔵堂

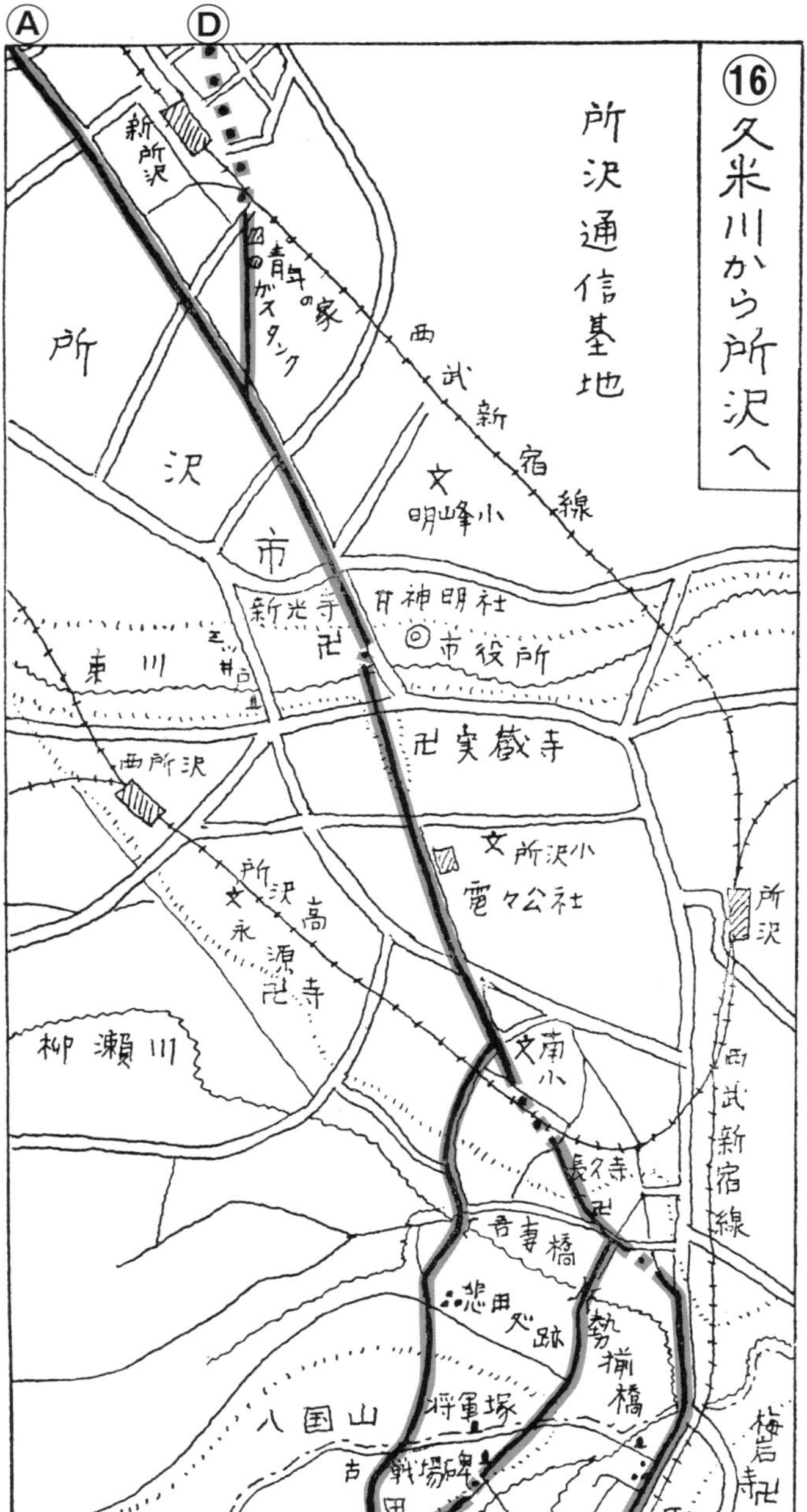

たのである。その西に、都下唯一の国宝建造物で、鎌倉時代の建築様式を持つ千体地蔵堂がある。本尊は全身金箔を施した延命地蔵である。病気になると堂の小さい木像を借りて枕元に立てて拝み、全快すると借りた木像と同じ像を刻んで納めるという風習が明治の初めまで続いた。そのため木像は数百体にもなったので、**千体地蔵堂**と呼ばれるようになった。

また、この境内には都内最大の高さ二八五センチの貞和《じょうわ》五年（一三四九）の板碑を納めた堂がある。

正福寺前を西に向かっているのは旧鎌倉街道の支道である。この道は、多摩湖の東北端から山口の中氷川神社東方・北野神社西・誓詞橋・西武線狭山ケ丘駅南を経て、入間宿に続いている。東の方への道は途中で切られているが、当時はここから久米川宿へ行けたのだろう。

正福寺東の十字路まで戻り北に行く。これから先は鎌倉街道の間道ともいうべき道である。突き当たって右折し、さらに左折すると舗装されていない道が後川の流域に下っている。往古は正福寺東側から直進したのであろう。後川に架かる板橋を渡ると、その先は一面田んぼが開け見晴らしが良く、その中に旧街道はあぜ道となって北に続いている。この道は低湿地を通るので、土壇の道だったようで、現在は西武園線で中断されてしまった。旧街道は、なお線路の先の民家の後から東へ、狭山丘陵ふもとを通っている。

正福寺北の東西に走る道まで戻り、さらに東の保生園に通じる道に出て北に行く。保生園正門前で左折する（Ⓑ路を逆行）。この道が前述した西武園線で中断された旧街道の続きである。丘陵のふもとを通る静かな山道で、右手には小さい御嶽神社がある。その西側には、丘陵上に通じている散歩道に続く山道もある。旧街道をさらに西に行くと民家が数軒あり、旧街道を中断した西武線とその南から見えた民家の裏側に来る。そこから西へは線路に沿った細道もある。

保生園正門まで戻り東に行く。まもなく白十字病院で保生園との境に丘陵上に上る切通しの山道がある（⑮図Ⓒ路）。これも鎌倉街道の間道ともいうべき道である。雑木林の中を通る静かな自然の山道で、散歩道である。

白十字病院前を東に行くと（⑮⑯図Ⓑ路）、前項で述べた徳蔵寺からの道と出会う。そこからなお丘陵のふもとを東北に行くと、左手に「**久米川古戦場跡**」の碑が立っている。この辺り一帯は、元弘三年五月、新田義貞と北条軍とが戦った久米川合戦の古戦場である。柳瀬川と後川流域の眺望が良い。左手丘陵は、アカマツの混じる雑木林で、クマザサに覆われている（⑯図Ⓑ路）。

丘陵東端には山に上る道があり、反対に東の方へは前項の精進場に行く道がある。山に上ると、頂上の一段高く土盛りした所に**将軍塚**の碑が立っている。新田義貞の

狭山丘陵の東端八国山（下）と
新田義貞が白旗を立てたという
八国山上の将軍塚（右）

鎌倉攻めの時、この塚を築いて白旗を立てた所という。この頂上は八国山といわれ標高九〇メートル余りで、秋晴れの日には関八州が見渡せるので名付けられた。この山は、鎌倉街道沿いで見晴らしが良いため、戦略に重要な場所となり、久米川合戦のほかにも、建武二年（一三三五）の中先代の乱、正平七年（一三五二）の武蔵野合戦など、たびたび戦場となった。

元弘三年の久米川合戦は、五月一二日の早朝、入間川で宿営した新田軍が、北条軍の宿営している久米川宿へ兵を進め、この地一帯で合戦が始まった。大軍が入り乱れて戦ったすえ新田軍の勝利となり、新田軍は久米川に宿営し、北条軍は分倍河原に退いた。八国山将軍塚は、この時新田義貞の指揮所だった。

将軍塚すぐ手前に、前項で述べた徳蔵寺板碑のもとあった場所を示す「元弘青石塔婆所在趾」の碑が立っている。もと八国山中腹にあった永春庵の境内だったからで、永春庵が廃寺となって徳蔵寺に移ると、板碑も移されたのであった（『江戸名所図会』『武蔵野話』に絵がある）。

将軍塚から西に行くと、前述した保生園と白十字病院との中間を通ってきた古道に出会う（⑯図Ⓒ路）。その古道を北に行くと、切通しとなっており、そこを下ると、視界が開けてくる。八国山の北側は、宅地造成が行われ、山の木は全部伐採され、殺風景になっている。

ほどなく散歩道と交差し、そのすぐ先右側は埼玉県指定の悲田処跡で白い標柱が立っている。そこは藤塚といわれてきた所で、付近には奈良時代から平安初期にかけての住居跡があり、平安中期の鏡が出土したという。八国山ろくには、今でもキキョウ・サルトリイバラ・センブリ・オトギリソウなどの薬草が繁茂しているのはおもしろい。九道の辻からここまでの道は、いかにも鎌倉街道らしい史跡があり、都市化されない周囲の風景は、絶好の散歩道である。九道の辻から所沢へは、久米川宿を経由するよりもこの道の方が短距離であるが、この道が公道にならなかったのは、柳瀬川・久米川の氾濫原を通るからであろう。

悲田処跡南の散歩道を東に行く。この散歩道は狭山丘陵の北を回っている道の一部である。東に行くと、丘陵東端を回ってくる旧街道（⑯図Ⓑ路）と出会う。そこから左折して北に行くと、一帯は荒野でその中を旧街道はあぜ道のように通っている。その先住宅の建っている所からは広い舗装道路となり、柳瀬川に架かる勢揃橋《せいぞろいばし》を渡る。元弘の合戦時、新田義貞がここで軍勢の勢揃いをさせた所と伝えられている。

橋を渡って北に行くと、次節で述べる鎌倉街道に出会う（⑯図Ⓐ路）。また、悲田処跡から北の旧街道（⑯図Ⓒ路）は、吾妻橋を渡って台地上の鎌倉街道に続いていたものと思われる。

四　入間川の宿へ

所沢市／狭山市

1　所沢宿の新光寺（所沢市）

所沢街道の柳瀬川を渡ると所沢市内となり、その先に左に入る細道の旧鎌倉街道を行く（⑮図Ⓐ路）。この道は、その先で北に曲がって丁字路となるが、古くは曲がらないで、この先長久寺前まで一直線になっていたものと思われる。

丁字路を左折して行くと、まもなく左折する道があり、その先が前節で述べた勢揃橋である。直進して西に行くと長久寺前に出る。**長久寺**は、火災にあい古い記録がないので、由緒が不明になっているが、戦国時代の正長年間（一四二八〜二九）の建立といわれている。藤沢市の時宗総本山清浄光寺（遊行寺）の末寺であるところからみて、古寺であるし、台地下だから泉地でもあったろう。前節で述べた将軍塚に近い所に元弘の板碑を建てたのは、この寺の開山玖阿上人であった。

ここから旧街道は、墓地に沿って斜めに凹道で台地に上る。所沢宿までは約一・七キロで、台地上の道である。旧街道は、その先四ツ角で消える。四ツ角を右に行き、西武線踏切を渡って線路沿いに左へ行くと、右前方に南小学校が見える。この道が旧街道である。

旧街道はバス道を斜めに越え、電電公社西側を通り、その北は切通しで東川低地に下る。この切通しは、人工的なものか、自然の谷合いを拡張した道かは分からないが、地形から判断して後者のようである。バス道への出口右側に、正平七年（一三五二）に建立したという武蔵野観音第九番霊場の実蔵院がある。またバス道出口には旧鎌倉街道の標柱が立っている。

この辺りは、所沢市元町で、旧街道に沿って古くから所沢宿のあった所である。古くは野老沢と表記されていた。前述の実蔵院の山号にも野老山《ところさん》とある。戦国時代の天正以後に所沢と表記されるようになった。旧鎌倉街道に沿った南北の宿場は、南の久米川宿に近いので宿駅ではなく、ほんの五〜六軒の家があっただけだったろうという。またここには、刀剣の鍛冶屋などもあったようである。

江戸時代になると、東西に並ぶ新しい所沢宿ができ、秩父・飯能方面から江戸に向かう江戸街道上の水のある所として発達した。地理的にみて、西は扇町屋あるいは入間川宿、東は田無宿へいずれも二里の道程であり、また村山・狭山の諸村との物資の交換場所として重要な位置にあった（『武蔵野話』に絵がある）。

旧鎌倉街道は、さらにこのバス道を越えて北に続くが、その前に西に行く。途中の商店街にはまだ店蔵《たなくら》造りの家が見られる。水が乏しく空っ風の強いこの地は、防火構造としての蔵造りが発達したが、現在では次第に少なくなった。二階以上は、商品の貯蔵所や店員の寝室に使用された、家族は別棟の普通の家屋に住むのが一般であった。

まもなく五差路に出る。そこを北に約五〇メートル行くと、東川のそばに**三ツ井戸**の遺跡がある。弘法大師が地方を回った時この地に来られ、水のないのを気の毒に思って、水の出る所を三ヶ所教えたので、そこを掘ってみると水が出てきたという。三つの井戸のうち、現在は中央の一つだけが残って保存されている。その近くに弘法大師を祀る六角堂や記念碑が立っている。井戸のすぐそばに東川が流れている。この辺りは低地であるから水源が通っていたのであろう。

もとの実蔵院まで戻って旧街道を北に行く。東川を渡ると、すぐ左手に遊石山観音院**新光寺**がある。建久四年（一一九三）、源頼朝が那須野に行く途中にここで昼食をとり、その時頼朝は幕舎の地を寺に寄進したという。しかし、その後戦乱でかすめとられてしまった。

新田義貞の鎌倉攻めの時ここで戦勝祈願をし、北条氏を敗ってから再び立ち寄り、取り戻した土地を寄進したという。

文明一八年（一四八六）の『廻国雑記』には次のよう

頼朝が休んだ新光寺

にある。

　ところ沢といへる所へ遊覧にまかりけるに、福泉といふ山伏、観音寺*にて竹筒をとり出しけるに、薯蕷といへる物、肴に有りけるを見て、俳諧。

　野遊のさかなに山の芋そへて
　　ほり求めたる野老沢かな

*観音院の誤記

　旧街道は新光寺前で消えるので、その前を東に行き、バス道を北に行くと、右側に広い境内のある産土神の神明神社がある。ここから北に坂を上って台地を越えるが、この台地越えが水のない地域である。

　旧街道は、そのままバス道に沿っているので、それを北に行くと、西武線新所沢駅東口入口に出る。新所沢駅入口の約五〇〇《メートル》手前に、バス道から右斜め前方に分かれる道がある。これは旧鎌倉街道の支道で、狭山市の堀兼に行く道である。そこを行くと右手にガスタンク、続いて所沢市青年の家があり、その先でこの道は消えてしまう。消えた先の細道を辿ると西武線新所沢駅となる。先に消えた旧街道は駅の西北に続いている。

2　堀兼井と逃水（狭山市）

　新所沢駅前を左に行くとバス道に出る。その先信号の所で北に向かう道を行く（⑯⑰図Ⓓ路）。これが旧鎌倉街道（堀兼道と呼ばれる支道）を拡張した道であり、その手前の続きはバス道南側に見える。

　旧街道沿線は畑地が多く、まだ都市化は進んでいない。茶畑が目立ち、これから北は狭山茶として名高い所である。北に向かうにつれて新田開発の面影を残す屋敷林に囲まれた農家が見られ、雑木林が多い（⑰図Ⓓ路）。約一・二《キロ》で丁字路となって旧街道が消えるのは、新田開発の新しい区画のためである。そこを左折して大きく回ると、十字路の先に旧街道は続く。西が北岩岡、東が下富の新田集落である。

　まもなく雑木林の道の先に突然文化住宅地のフラワーヒル住宅地が展開する。左に西友ストアーがあり、新所沢駅からバスも迂回して延びている。

　その先は狭山市内で、まだ新田風景が見られる。やがて土地が一段と低くなり、不老川《としとらずがわ》流域となる。その先にこんもりとした森が見えるのは、堀兼集落である。その森の中に堀兼神社と堀兼の井戸がある（『江戸名所図会』『武蔵野話』に絵がある）。

堀兼は、承応二年（一六五三）に牛久保金左衛門によって開かれた新田であるが、地名は古くからあった。堀兼神社は、小高い築山上に建てられた浅間神社で、慶長三年（一五九八）三月、松平信綱がその家臣長谷川源左衛門に命じて建てさせたものと伝えている。

境内の**堀兼の井**は、神社北側にあり、井戸の窪みは浅くなり、水は涸れ、周りを石柱で囲んでいる。ここまでは、所沢宿から約六キロあり、その北の不老川までは約七キロに近いのであるから、武蔵野横断はいかに水の乏しい道のりであったかが分かる。

堀兼の井とは、水を得るには容易なことではなかったということで名付けられたもので、まいまいず井戸とか七曲井《ななまがりのい》などといわれ、武蔵野の方々にあり、武蔵野の代名詞であった。

江戸時代の『**武蔵名所考**』には、すりばち型の井戸は堀兼に七、北入曽に三、同新田に二、南入曽に二、計一四箇所もあったとある。武蔵野全体ではこのほかにも数多くあったものと思われる。所沢からここへの道は古代の官道であったらしく、その後鎌倉街道になっても、不老川流域は唯一の窪地で、井戸を掘るにはこの窪地が適所であるから、古くから掘られたものであろう。それが旅行者にとっても好都合であった。

それで、この名は都にも聞こえて有名になったもので、特定の、ある井戸が有名だったということではない。しかし、ここの井戸も武蔵野横断の旅人にとっては命の綱と頼むオアシスであった。

武蔵野の堀兼の井は、清少納言の『**枕草子**』にも出ているし、紀貫之は

　はるばると思ひこそやれ武蔵野の
　　ほりかねの井に野寺あるてふ

と詠み、西行法師は、

　汲みてしる人もありけんおのずから
　　堀兼の井のそこのこころを

と詠んでいる。

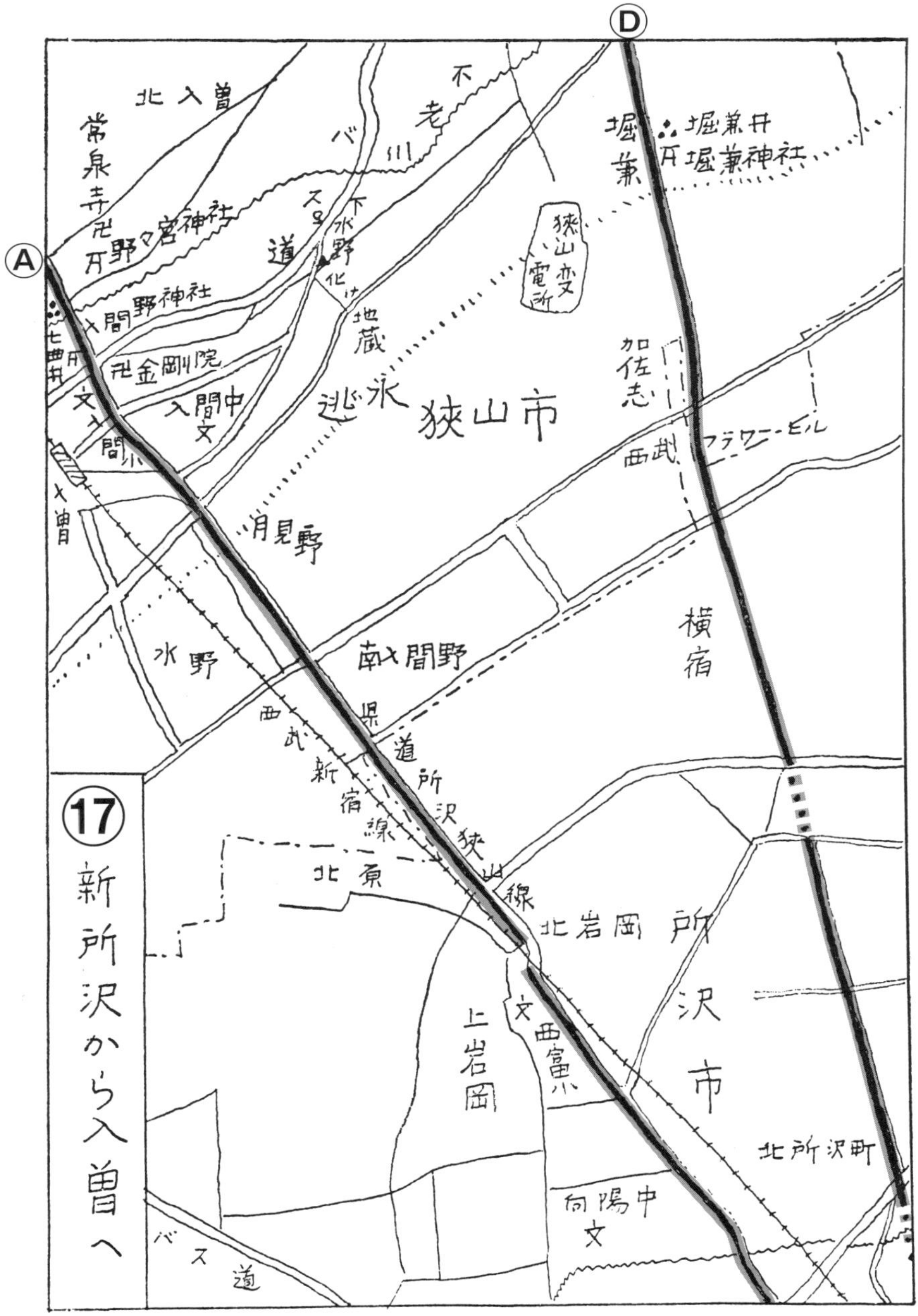

A
D
17
新所沢から入曽へ
北入曽
常泉寺
野々宮神社
入間野神社
金剛院
入間中
入間小
七曲井
入曽
不老川
下水野
道
地蔵
逃水
狭山市
狭山変電所
堀兼
堀兼井
堀兼神社
加佐志
西武
フラワーヒル
月見野
横宿
水野
南入間野
県道所沢狭山線
西武新宿線
北原
北岩岡
所沢市
上岩岡
西富小
向陽中
北所沢町
バス道

元弘の戦いで、新田軍が分倍河原から一時堀兼まで敗走したというが、その堀兼はここかどうかは分からない。思うに本道に沿った入曽の堀兼井の方ではなかろうか。その方がそれ以後の行動を考えるには都合のよい位置だからである。

堀兼の西南に逃水《にげみず》という地名がある。辺りは、堀兼の名主牛久保金左衛門の取立による新田の旧水野村である。寛文五年（一六六五）川越藩主松平輝綱が、鷹狩に出て堀兼神社で休息した時、案内を務めた金左衛門に、この付近に新田をつくるように命じた。水野という名は、藤原俊成の「武蔵野の堀兼の井もあるものをうれしく水の近づきにけり」という歌から、郡代の安松金左衛門が、名付けたという。最初は、入曽辺りから入植した者が多かったが、逃水の地名でも分かるように、水が乏しく開発に苦労し、生活難のために大部分の者が離散したということである（⑯図）。

堀兼の井から北も、畑の多い美しい眺めの農村風景で、まもなく不老川に架かる権現橋となる。橋を渡ると周囲は茶畑が多くなり、やがて県道の堀兼バス停に出る。ここで旧街道は消える。その北に続く道は、明治初年にできた新道である。

3　入曽の七曲井（所沢市・狭山市）

西武線新所沢駅入口の県道に戻り、西北に旧街道本道を行く（⑰図Ⓐ路）。緑町の市街地を過ぎると、沿道は次第に農村地帯となり、茶畑が多くなって、雑木林も見られる。道が西武線を越えると、まもなく狭山市の入曽となり、月見野の所で土地が一段と低くなり不老川流域となる。そのうち住宅が次第に混んでくるのは、西武線入曽駅が近いからである。

駅前通りとの交差点を越えると、その先でまたバス道（県道宮寺川越線）との交差点に出る。その右手に金剛院がある。この寺と交差点先左手にある入間野神社には無形文化財の獅子舞がある。この寺の境内と裏門には、彫りの素晴らしい、立派な庚申塔が立っている。

バス道を北に行くと、下水野バス停南には貞享二年（一六八五）建立の化け地蔵が立っている。それには、その当時の名主牛久保忠元と、村全部の戸数と思われる四五〇名の名が刻まれている。しかし、どうして化け地蔵といわれるようになったのかは分からない。今も信仰されているらしく、赤い前掛けがかけられている。

前の交差点に戻って県道を西北に行くと、左の広い境内の森の中に**入間野神社**がある。前の金剛院では一〇月一四日、この神社では同月一五日に舞われる無形文化財の獅子舞は、宝暦八年（一七五八）以前から伝わるもので、五穀豊穣・降雨のない時の雨乞いを祈って舞われたものという。

神社の先には不老川が流れている。この流域の地下は砂利層で、降雨量が少ないと流れが止まる。特に二月の節分頃になると川の水が涸れてしまい。流れが止まってしまうことから、歳をとらないという縁起をかついで名付けられたという。

まいまいず井の一つ県史跡「七曲井」

不老川の橋を渡ると、すぐ左には観音堂があり、その裏には県史跡の**七曲井**が残っている。それは、水の少ない武蔵野特有のまいまいず井戸である。形は大きく直径約一二メートル、深さ約七メートル、すりばち底には水が溜まっているが、底部に下る渦巻きの道は残っていない。上部の周りは石積みとなっている。すぐそばに不老川が流れているが、川は前述のように水の涸れる川であるから、井戸を必要としたのであろう。七曲井は、堀兼の井ともいわれ、地名も堀兼井である。前述したように堀兼という地名はこの東北にもある。そのどちらの井戸について書いたものか分からないが、嘉禄元年（一二二五）の頃、新生法師と称した塩谷朝業《ともなり》は、「ほりかねの井を見侍るに、昔にもかはらぬなり」と書いているのに、その六五年後の正応三年（一二九〇）に二条が書いた『とはずがたり』には、「ほりがねの井はあともなくて、ただ枯れたる木の、一のこりたるばかりなり」とある。この頃井戸は消滅したのか、二人の見た井戸は違う井戸であったろうか。所沢宿の東川から、この七曲井までは約一〇キロあり、しかも鎌倉と高崎との中間で、旅をする人馬にとっては疲れの出てくることであるから苦しいものであったろう。

七曲井の先、右側の細道を右折すると、**野々宮神社**がある。この神社に伝わる入曽ばやしは、江戸時代の文政年間（一八一八～三〇）、当時神田祭で笛の名人といわれた芸人を招き、当地の田口保明翁はじめ土地の有志が神田ばやし江戸徳丸流を伝授されたのが始まりという。

また、この神社に保存されている古代がめは、市の文化財である。ロクロを使わないで、粘土を手でこね、紐状にして積み上げてつくった弥生式のもので、酒を入れ神前に供える器で、奈良時代から平安時代初期のものである。

3　義高殺害の地（狭山市）

七曲井から県道を西北に行く（⑱図）。本田開発の手前で不老川流域の低地から台地に上る。十字路から先がバス道で、まもなく西武入間川駅前の十字路となり、小さな神社の横を下ると駅の東口に出る。旧街道は、この辺りからはっきりしない。

今までは、市役所西南の八幡神社の北か南で低地に下ったろうと考えられてきた。第一に神社はこの地方の領主で、新田義貞が元弘の戦い時に戦勝祈願をしている。そして本殿横には義貞駒繋松と伝える老樹があった。第二に、後述するが清水八幡が本富士見橋ふもとにあるということからのようである。高橋源一郎も『武蔵野歴史地理』には、「入間川背後の台地に於いては、その跡が明瞭ではないけれども、著者は八幡社の南方にある坂路（今は非常に深く坂を切り開いて旧跡は僅かに存するのみ）をその跡だと認める」と書いている。

しかし、旧街道は義貞史跡に近づけて想定する必要はないのであって、あくまでも当時の街道のありかたから想定すべきである。駅から八幡神社までの区間には、旧街道の遺跡も全然見当たらない。

そうすると、西武入間川駅から先の旧街道は、駅西口から北方へのバス道を下り、入間川を直角に渡り、対岸の影隠地蔵に向かったと想定する。その方が鎌倉街道らしい一直線状の道となる。

八幡神社の本殿と神社の獅子舞とさわりの壺は、市の文化財になっている。市役所近くの徳林寺は、新田義貞が入間川合戦時の宿泊所だったという。

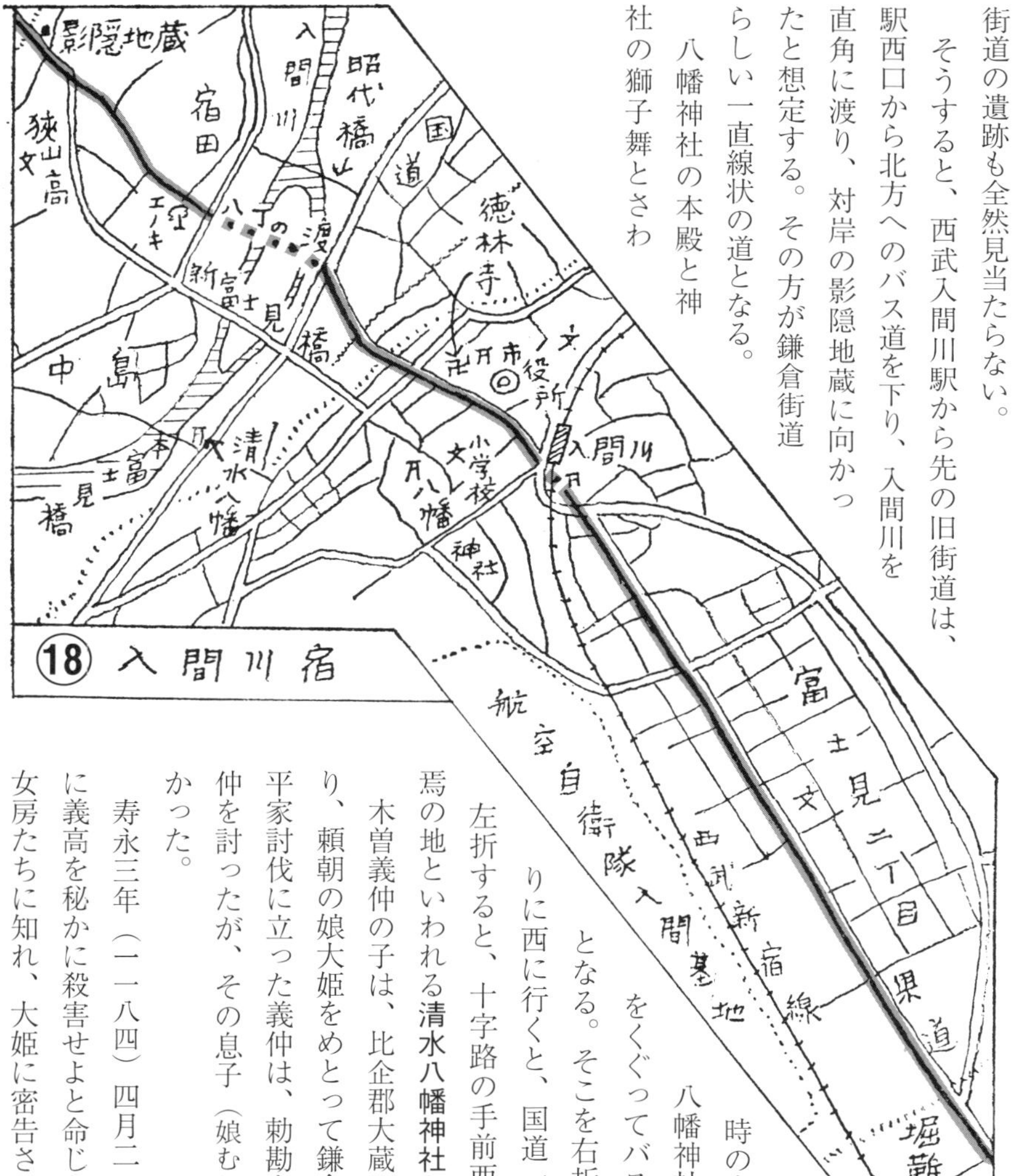

八幡神社下まで戻り、西の鳥居をくぐってバス道を左折すると十字路となる。そこを右折し、屈曲ある道を道なりに西に行くと、国道一六号線に出る。そこを左折すると、十字路の手前西側に、志水冠者義高終焉の地といわれる**清水八幡神社**がある。

木曽義仲の子は、比企郡大蔵で育ち、清水義高と名乗り、頼朝の娘大姫をめとって鎌倉にいた。頼朝とともに平家討伐に立った義仲は、勅勘を受けたので、頼朝は義仲を討ったが、その息子（娘むこ）の義高を放置できなかった。

寿永三年（一一八四）四月二一日、頼朝は腹心の部下に義高を秘かに殺害せよと命じた。しかし、このことが女房たちに知れ、大姫に密告されたので、義高は海野小太郎を身代わりに仕立て、自らは女房の姿に変装し、夜明けに鎌倉を脱出し、鎌倉街道を北に、故郷の大蔵に向かった。その晩になって逃亡したことを知った頼朝は、軍兵を各地の道に放って追わせた。そして、一二歳の義高は、この入間川原で、藤内光澄のために討たれたのである。

　藤内は二六日に鎌倉に帰って報告すると、大姫は悲嘆にくれるばかりなので、母の北条政子は妻にも内密にやった頼朝の仕打ちを怒り、義高を直接手にかけた藤内光澄を討ち取ってさらし首にした。

　義高は入間川原に葬られ、政子は神社を作らせ、自分もここに来て供養し、神田を寄付した。神社は今では殺風景であるが、当時は朱の玉垣をめぐらした壮麗な建物であった。

　国道一六号線を北に行く。富士見橋との交差点を過ぎると、ほどなく入間川駅から下ってくる旧街道に交差する。当時の入間川の状態はどうなっていたか不明だが、この辺りから川を渡ったのであろう。渡しは**八丁の渡**といわれていたので、当時の川幅は現在よりも広かったことになる（一丁は約一〇九メートル、八丁は約八七二メートル）。

入間川宿は、入間川の渡し場にできた宿場で、古代の官道の頃は小さな宿場であったろうが、鎌倉時代になると北関東・信越地方との往来が繁くなり、交通上はもちろん軍事上でも重要な宿場となった。それは、府中宿が古多摩川の渡頭で重要だったのと同じであり、武蔵国最前線の防御線だったのである。

　元弘の戦では、北条勢は入間川で新田軍を食い止めようとしたし、中先代の乱、武蔵野合戦など、みな入間川を攻略することを先決としている。室町時代となり、康正元年（一四五五）に足利成氏が鎌倉を去って下総古河に移ってからは、次第に鎌倉街道の往来は閑散となり、江戸時代には八王子・青梅・川越を結ぶ宿場として余命を保った。

　久米川宿から入間川宿までの様子は、『宴曲抄』に次のようによんでいる。

　　武蔵野は限りも知らず終もなし。千種の花の色々移ろひやすき露の下に　弱るが虫の声に　草の原より出づる月の　尾花が末に入るまでに　ほのかに残

る晨明の　光も細き暁　尋ねても見ばや堀難の　出で難かりし瑞籬の　久しき跡や是ならむ。あだながら結ぶ契の名残をも　深くや思い入間河。

五　女影の宿へ

狭山市／日高町

1　女影ヶ原古戦場（狭山市・日高町）

入間川に架かる富士見橋を渡り、十字路に出てバス道を北に行くと、西に向かう舗装道と丁字路となる（⑲図）。この西への道が旧街道を拡張した道で、地元の人は奥州道《おうしゅうどう》と呼んでいる。東は八丁の渡で四節で述べた入間川宿へ行く。この道筋は、水富、柏原両旧村の村境となっている。

カブラエノキの大樹前に広場があるが、その西側の家の所が船着場だったと古老は話してくれた。

水田と工場が混じる旧街道を西に行くと、台地下で旧街道と出会い、一直線に台地に上る。その上り口の右に、影隠地蔵と石橋供養碑がある。影隠地蔵は、前述した志水冠者義高が追手の目を逃れるために隠れた地蔵というが、隠れることができるほどの大きさではないから、土地の人たちが義高の死を哀れんで立てた供養の地蔵であろう。もとはもっと東の方にあったものである。

石橋供養碑の由来は分からないが、安永三年（一七七四）のもので「南江戸道・北小川道・西八わうじ道」と刻んである。もと道路の西側にあったものというが、この道標があることで、旧街道は江戸時代にも盛んに利用されていたことが分かる。この碑のそばには、小さな地蔵様も立っている。

坂の下には、霞ヶ関という関所があったといい、地元では坂道を信濃坂、道を信濃街道ともいっていた。霞ヶ関というのは、武蔵野の処々にあって関の代名詞のような語となり、特に関戸が有名である。このことについて、前述の高橋源一郎の著書に「坂の西側に、少しく地を平めて小屋でも建てて置いたらしい遺跡がある（注・現在は一部に家が建っている）。街道が田野より逢う人稀なる山中に入らんとする処であるから、番屋か或は悲田処の様な休憩所でもあったかと察せられる」と書いている。同書にはまた、大正一三年七月ここを通ったが、旧街道の跡が歴然として残っていたし、この先女影《おなかげ》までは一人の通行人にも出会わなかったとある。今は拡張されて自動車の往来がひどい。

その先拓富集落で十字路になり、その右側から直進してくる道は、上宿からの鎌倉支道かもしれない（⑲図）。十字路を過ぎると、左側は日高町となり、その右側の狭山市と日高町との境には狭山市の智光山自然公園野鳥の森がある。

これから先は純農村地帯で、雑木林と畑地が展開し、処々に茶畑が散在する。飯能と川越とを結ぶ広い道路を越えると、大谷沢を流れる小川の流域で、田んぼが開けて視界がきき、西の方遠くに飯能の山々が見えてくる。小川を渡ると道は大きく左に曲がって大谷沢の台地に凹道で上り、上ると右側はゴルフ場である。

入間市と坂戸とを結ぶ南北の広い道までは、舗装された道で、その十字路から先は一帯の雑木林の中を通る昔のままの旧街道である。道は凹形をして、その先北中沢の小川の流れている流域に下る所は、谷の深い凹道である。谷の深さは道の歴史の長さを示している。所沢からここまでの旧街道では、昔のままの道はここだけであり、野鳥が鳴き、往時を偲ぶにも散策するにも良い道で

志水冠者義高を供養した影隠地蔵

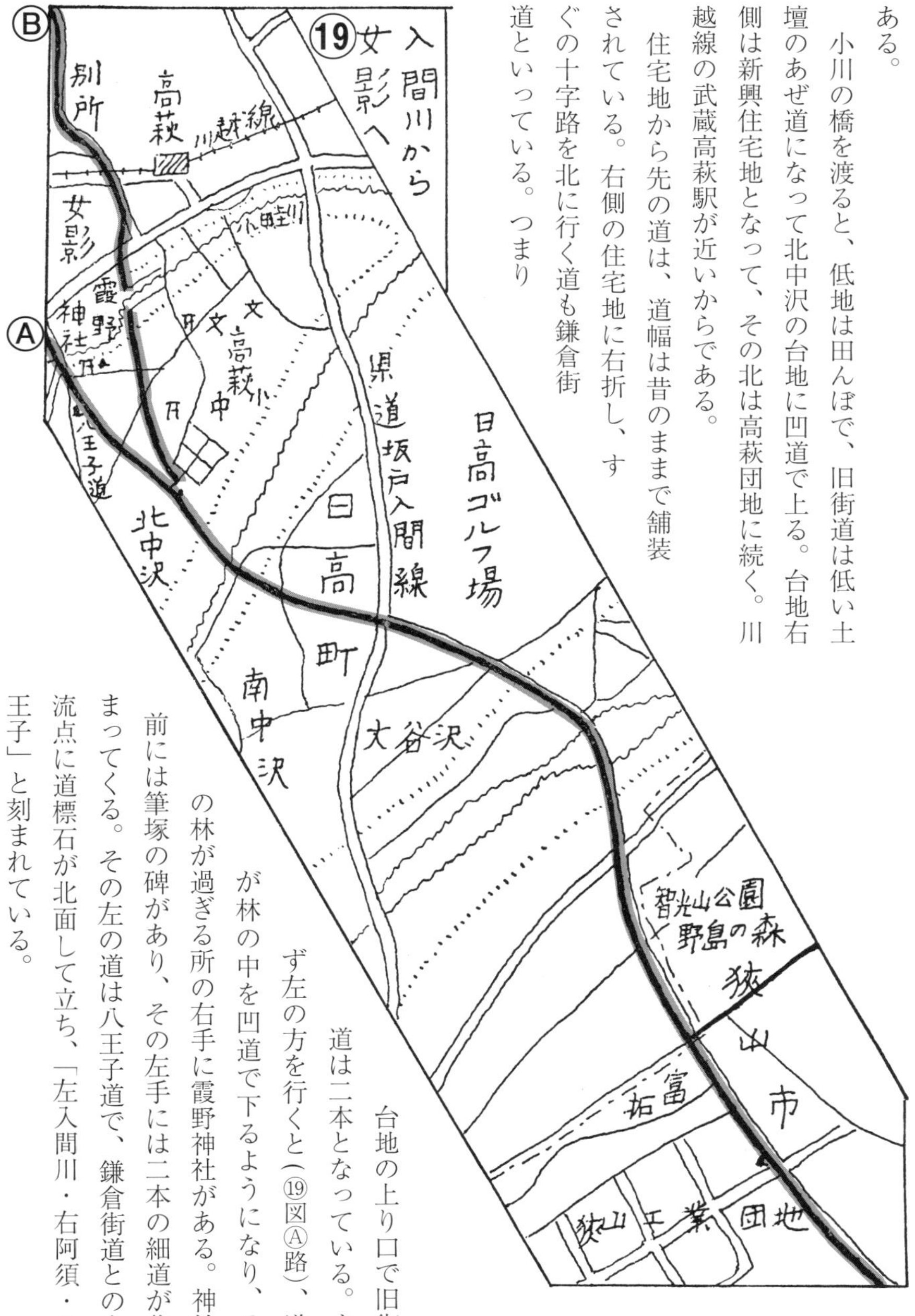

ある。

小川の橋を渡ると、低地は田んぼで、旧街道は低い土壇のあぜ道になって北中沢の台地に凹道で上る。台地右側は新興住宅地となって、その北は高萩団地に続く。川越線の武蔵高萩駅が近いからである。

住宅地から先の道は、道幅は昔のままで舗装されている。右側の住宅地に右折し、すぐの十字路を北に行く道も鎌倉街道といっている。つまり台地の上り口で旧街道は二本となっている。まず左の方を行くと（⑲図Ⓐ路）、道が林の中を凹道で下るようになり、その林が過ぎる所の右手に霞野神社がある。神社前には筆塚の碑があり、その左手には二本の細道が集まってくる。その左の道は八王子道で、鎌倉街道との合流点に道標石が北面して立ち、「左入間川・右阿須・八王子」と刻まれている。

まず霞野神社に向かう。この地は女影で、神社は旧女影村一帯の神社を合祀して新たに建てた神社である。この本殿右に、県指定史跡女影ヶ原古戦場跡の碑がある。

中先代の乱に、北条高行はこの地一帯の平坦地に陣地を張った。幕府は足利直義と渋川治部大輔義季・岩松兵部経家などを大将にして向かったが、高行軍はこれを討

女影の街道

県指定史跡「女影ヶ原古戦場跡」碑

ち、さらに小手指原・府中と戦い、井手の沢へと向かったのである。

2　女影氏館跡（日高町）

旧街道から離れ、霞野神社から西南の上ノ条《うえのじょう》への道を行く（⑳図）。細道はすぐに最近拡張された新道（舗装されてない）となる。新道を約八〇〇メートル行くと上ノ条集落となり、ここは女影氏館跡といわれている。

女影氏は、武蔵武士の一党で、女影太郎・同四郎の名が『東（吾妻）鏡』の承久の乱の条に出ている。両名は宇治橋の戦時、付近の民家をこわし、その材木でいかだ

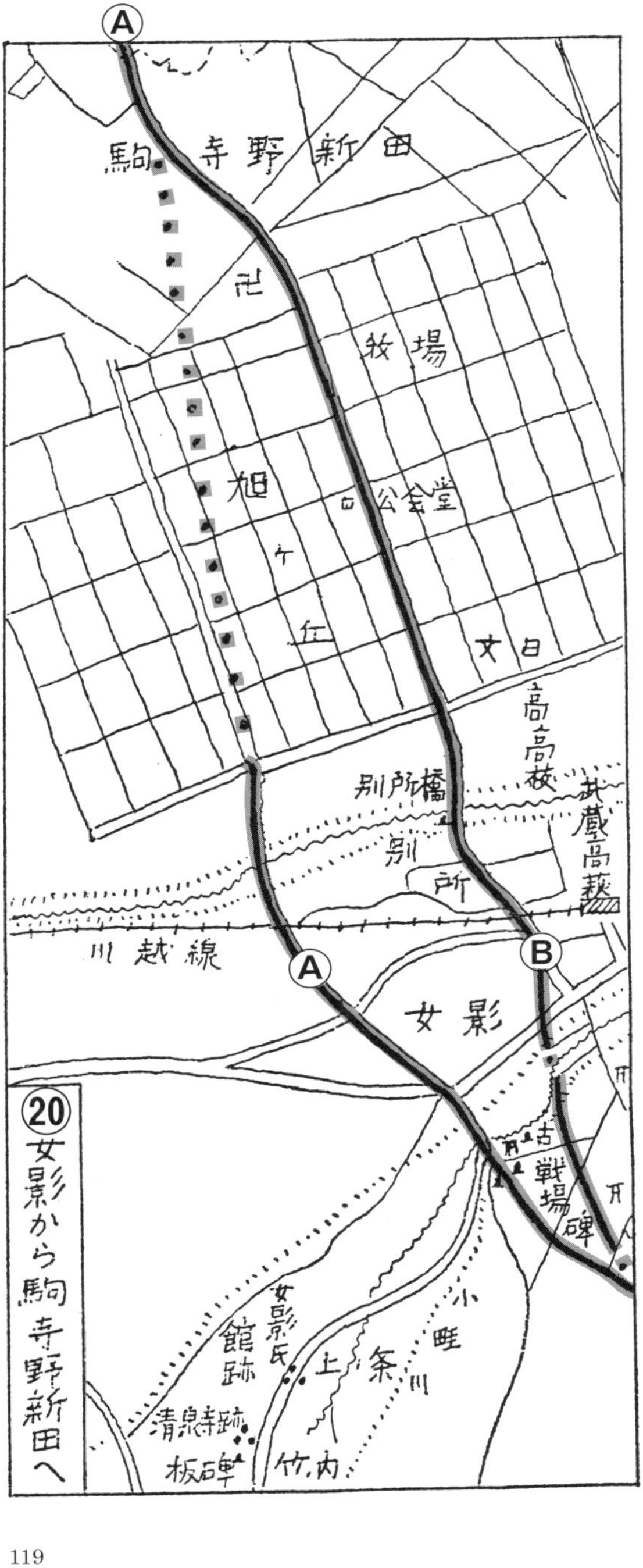

⑳女影から駒寺野新田へ

を組み、軍兵を渡して進軍したので、それを見た鎌倉軍は勢いを得て川を渡って進出した。

　飯塚家宅地の北西は空濠と土塁で囲まれ、東部は小畦川に臨んでいる。空濠と土塁は道路西側の金子家宅にも続き、土塁の全体形は台地上にほぼ長方形をしている。飯塚・金子は、ともに武蔵七党の姓氏でもある。そこで女影氏も武蔵七党の一族から出たもので、ここを館としていたものだろう。地名の上ノ条は、「上ノ城」が転化したものではないかといわれている。後述する竹ノ内に対する上館の意味である。また、飯塚家宅裏の屋敷神には、二枚の板碑が保存されている。女影氏滅亡後、供養のために建てられたものだろうという。

　そこから西南約四〇〇メートル、竹ノ内には白鬚神社があったが、前述の霞野神社に合祀された。また、そこには清水山清泉寺という真言宗の寺院があった。今は墓地だけ残り、その手前に寺の庭園だった池がある。池はすっかり草で覆われている。

　その草地中へ小径を見つけて行く。池中の小島らしい所に近隣では珍しい高さ二メートルの板碑がある。もとは道路のそばに立っていたが、子供たちがいたずらをするので草地の中に移されたのである。惜しいことに表面は摩滅して分からない。この板碑は、女影氏が建立したものだろうといい、一時橋材に使用されたが、奇怪なことが起こったのでもとへ戻された。また白鬚神社と清泉寺も女影氏関係のもので、地名の竹ノ内は「館ノ内」から転化したものではないかという。

　霞野神社に戻り、小畦川を渡り、北の台地に上る。この辺りに女影宿があったのであろう（⑳図Ⓑ路）。女影宿は、南の入間川宿と北の苦林《にがばやし》宿との間に伝馬継立てをした。この宿は、鎌倉に幕府ができてから繁昌し、康平元年（一〇五八）に足利氏が古河に移ると次第に衰え、天正の頃（一五七三～九二）高萩宿ができるとすっかり寂れ果てたようである。坂を上って大通りの十字路を右折して行くと川越線の武蔵高萩駅が近い。

　女影宿跡から十字路を北に行くと、拡張された平坦な道が北に続き川越線を越え、小川を渡ると畑地の中を進んで旭ヶ丘地区の東西に走る道と交差し、ここで旧街道は消える。この道は早くから消えたようである。

六　苦林の宿へ

鶴ヶ島町／坂戸市／毛呂山町／鳩山村

1　延喜式国謂地祇神社（鶴ヶ島町・坂戸市・鳩山村）

もう一本の女影ヶ原古戦場跡を通って高萩駅西の踏切に出る旧街道を北に行く（⑳図Ⓑ路）。

古戦場跡の碑前を東に行くと十字路となり、この南北の道が前述したもう一本の旧鎌倉街道である。神社東方一帯の平坦地が女影ヶ原古戦場で、旗塚という塚がたくさんあったが、住宅地化が進んで今はなくなっている。十字路から北の旧街道を進み、住宅地の中を通り、小畦川に沿うと途中で橋がなく中断される。しかし、対岸にその続きの砂利道が見えるので、東方の橋を渡ってからその続きを北に上るとバス道となる。旧街道はさらに北に続き、川越線武蔵高橋駅西の踏切に出る。その踏切は鎌倉街道踏切という。

踏切を渡ると別所で、集落の左側には庚申塔が立って古道らしさを示している。別所橋を渡ると、茶畑の多い一面の畑地で、まもなく旭ヶ丘地区の東西に走る道路と交差する。旭ヶ丘地区は、戦時中陸軍の飛行場が建設された所であるが、戦後民間に払い下げられ、縦横に整然と区画された土地で、一見武蔵野台地の新田集落を思わせる風景である。右手に日高高校、続いて左手に公会堂があり、牧場なども見られる。西の方遠くには、秩父連山が見られる。旭ヶ丘を過ぎると駒寺野新田で、左手に無住の寺院がある。その先で、前に述べた西側の消えた旧街道（⑳図Ⓐ路）は、一緒になっていたのであろう。東側の道は、室町期のものだろう。

鶴ヶ島地域に入ると道は砂利道となり、桑畑が多くなる（㉑図）。やがて道は二又となり、左の細道が旧街道である。貨物線の踏切を越えると、道は農道のようになって続き、やがて舗装道路で丁字路となって消える。その左手を北に行く細道を行くと大通りに出て、その東に東武線の西大家駅があり、坂戸市となる。

駅前を東に向かうとすぐ左に、延喜式内社の古社であ

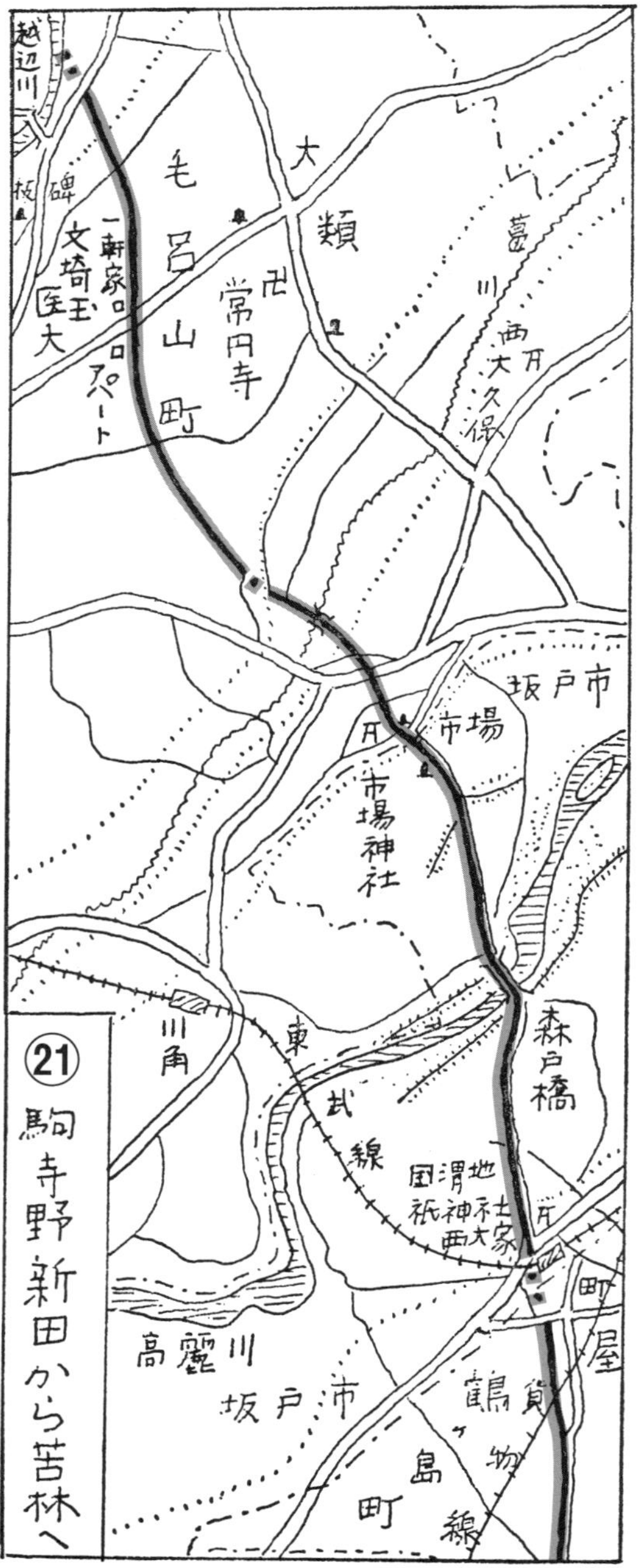

る国謂地祇《くにいちぎ》神社がある。菱沼勇著『武蔵の古社』によると、国謂とは国井であり、大昔からその土地にある湧泉を意味するものと思われるという。また地祇は国ツ神で、以前からその土地に結びついた神のことである。だからこの神社は、そこから流れ出る水を利用して農耕を営んでいた人たちが祀った神社ということになり、この土地の古社である。神社の北は低地の水田で、神社は低地に臨む台地の端にあり、西側を通っている旧街道に向かっている。

この神社では毎年一〇月一五日に行われる「森戸のしし舞」は、坂戸市の無形文化財となっている。

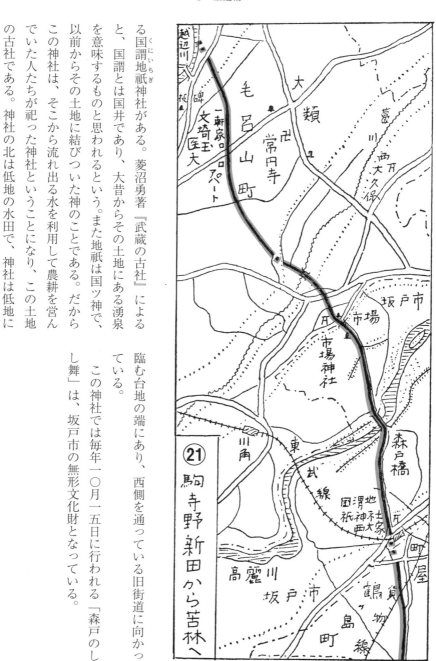

昔のままの凹道で残る越辺川近くの旧街道

2　苦林古戦場（毛呂山町・鳩山村）

国謂地祇神社西の広い道を北に行く（㉑図）。この道は旧街道を拡張した道で、駅南で消えた旧街道はここに続いていた。北は高麗川に臨む低地で、一面のススキの原である。

森戸橋を渡ると砂利道となる。北進すると、道端の畑中にぽつんと庚申塔が立っている。毛呂山町市場の集落で道が二又となって台地に上がり、左が旧街道で、台地上左方には市場神社がある。直進すると凹道で村中を通っている。

大通りに出て、なお村落の中を行くと、村外れは水田となり、葛川を渡ると旧街道は水田の中のあぜ道となる。このあぜ道は茶畑で消える。カヤ原と茶畑の境を西北に行く雑木林の中を行くと、凹道らしい旧街道跡が見られるが通り抜けは困難である。林とサカキ畑の境に沿って西に出ると砂利道に出る。この砂利道を左折し南に行くと広い道路に出て、さらに南に行くと東武線川角《かわかど》駅に行く。

この砂利道が、南の道路に出る所を土地の人は鎌倉街道入口といっている。入口から北に戻って行くと、道が少し右に曲がる所がある。その右手に、旧街道が凹道で続いていたので、それらしい地形が分かる。そこから北が旧街道である。

旧街道は、雑木林の中を幅広い凹道で北に続く。平坦地で長い区間の旧街道が残っているのは、開発の遅れた林地のためである。林を出ると桑畑の中を通って広い道に出、その先一軒家の横をさらに北に続く。旧街道は、また桑畑の中を通り、すぐ雑木林（おすわ山といっている）に入り、幅広い凹形で北に続く。林の右手に「私立埼玉医大」のビルが見える。林の北は、桑畑の中を通り、道は高い土壇になっている。広い道路に出ると旧街道は消える。旧街道はさらに北に続いて越辺川《おっぺがわ》を渡っていたので、その旧街道脇に生えていたと思われる幹の太いケヤキがある。ここまでの旧街道は、爽やかな散歩道で、早春と紅葉の秋が良い。

越辺川近くに立つ延慶の板碑

広い道を左折して南に行く。埼玉医大手前右側に、斜め右前方へ森の中に行く山道があるので進むと、すぐ右側に高さ約四メートルの板碑がある。延慶三年（一三一〇）の銘であるので延慶の板碑といわれている。この辺りでは珍しい大きなもので有名である。道を戻って越辺川に架かる橋を渡って西に行く（㉒図）。ゴミ処理場横を北進し、その先を右折し、越辺川西岸に沿って北に行く。ここに、前に消えた旧街道が続いている。この旧街道は少し広げられたようである。まもなく馬場（馬の調練場）で旧街道は消える。川岸を遠回りして馬場の西側に出る。

旧街道は少し西側に曲がりながら北に続く。右手にある池は、越辺川の旧流路跡である。その北は鳩山村地域で水田が多く、往時とは地形がすっかり変わってしまったようである。左側に小川が流れている所から北は仮宿《かりやど》という字名である。仮宿とは、往時の**苦林宿**のあった所で、河岸段丘下をうまく利用した宿場であった。苦林宿は、越辺川の川岸にできた宿場で、南の女影宿との間に

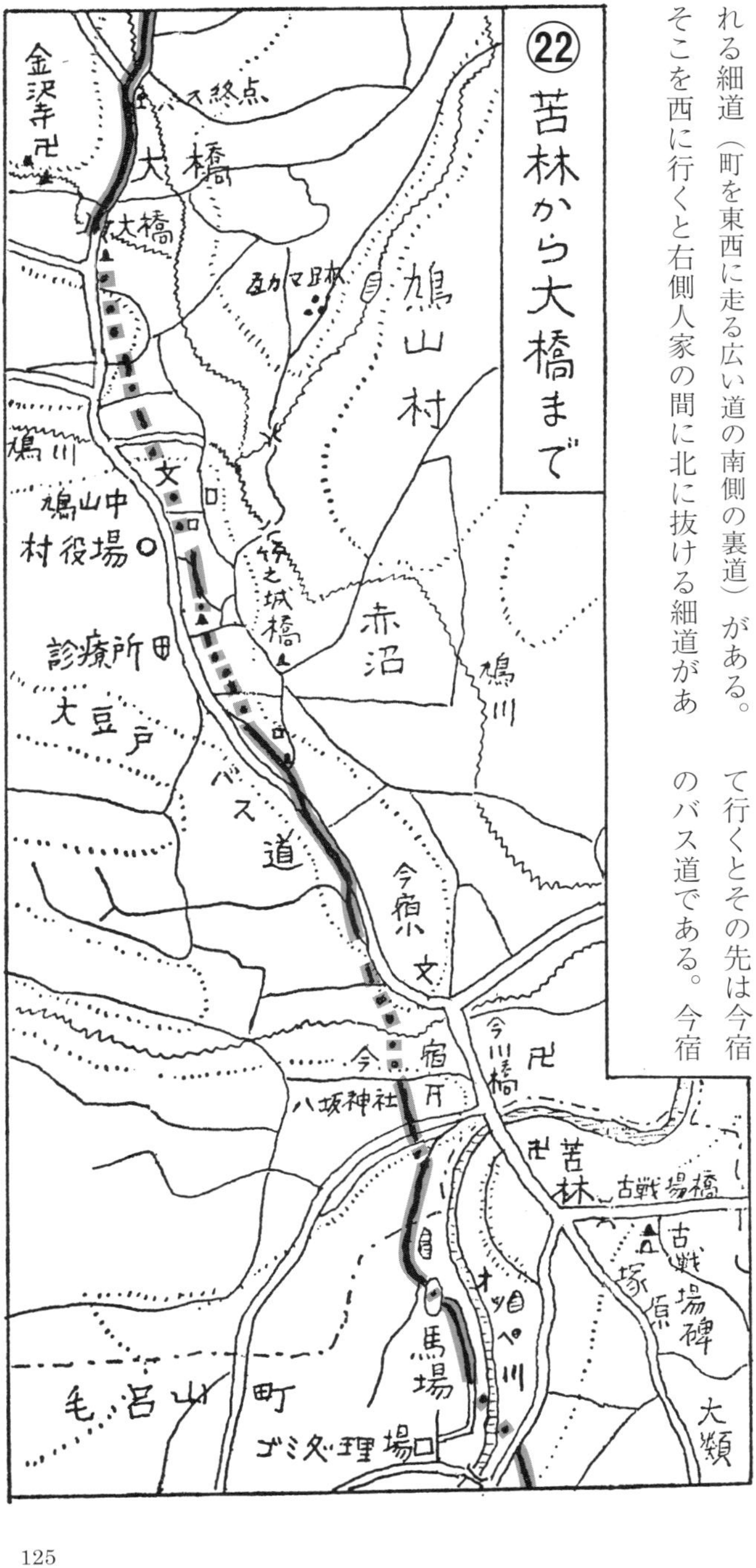

伝馬継立てをした。苦林宿を北に行くと丘陵となり、笛吹峠となるのである。ここから北の今宿の東西に走る道までの間に宿場の人家が建っていたと思われる（『武蔵野話』に絵がある）。

道が右に曲がって今宿の道と出会う手前で、西に分かれる細道（町を東西に走る広い道の南側の裏道）がある。そこを西に行くと右側人家の間に北に抜ける細道がある。この細道が旧街道跡で、旧街道はここから南に続いていたと思われる。

細道は北に抜けると広い道に出て、左角は商店である。旧街道は広い道を越えてさらに北に続き、丁字路で旧街道は消える。丁字路を右折し、右側に八坂神社を見て行くとその先は今宿のバス道である。今宿とは、昔の苦林宿に対して新しい宿場という意味であり、小田原時代から江戸時代になって開けた所である。

現在の苦林という集落は、今宿から越辺川に架かる今川橋を渡った南側にある。苦林宿を中心とした地域では、しばしば戦いがあったので、この集落から東に行くバス道に架かる小さな橋は、古戦場橋と呼ばれている。

バス道をなお東に行く、右手の山林を越えた所一帯を俗名塚原といっている。かつては古墳の多い原野であったが、今では相当崩されてしまっている。また、ここは苦林野とも呼ばれている。バス道から右折する道を行くと、道路右側の古墳上に**苦林野古戦場碑**が立っている。古墳は、前方後円墳で町の文化財指定となっている。

貞治四年（一三六五）、関東の最強武士だった宇都宮氏の家臣、越後守護芳賀禅可入道高名は、一方的に守護職を免職された不満から、この地で関東管領足利基氏と渡り合い、激戦となった。芳賀軍は一族の多くを失い、大敗した。古戦場碑は、この合戦のことを刻んでいる。なお私事にわたるが、芳賀禅可入道高名は、私の遠い先祖に当たるので、特に深い感動を覚える。

苦林野が古戦場になっているところからみて、旧鎌倉街道は、今宿から南方の大類を通って市場へ通じていたとするものがあるが、その方面には旧街道の遺跡はない。たとえ道があったにしてもそれは本道ではないはずである。

芳賀禅可入道高名の戦った
「苦林野古戦場碑」

要約

多摩川を渡って府中から苦林宿まで、武蔵野台地をはじめ多くの台地を通ってきたが、その間の道は狭山丘陵を避けて、台地の原野をひたすら北上した道である。その道筋と沿道の様子は次の通りである。

一、台地上はまったく一直線である。無人の原野だったから地形を考慮する必要がなかったためである。

二、入間川・越辺川など、中級河川は当時の流路がはっきりしないので、正確な渡河地点を判断することは難しい。

三、川の両岸などの湿地帯または冠水の危険のある所は土壇の道となっている所が多い。

四、台地と低地との境は凹道で通る。

五、旧村界を通る所が処々にある。

六、宿場は、段丘下・清水の小川のある所・渡河地点にある。

七、主要交通路になった所が多く、大部分拡張・改修され、舗装部分も多く、昔のままの道は一部分になっている。特に、国分寺市黒鐘公園北、東村山市八国山越えの道、日高町南中沢北、同町女影、所沢市北岩岡、狭山市三ツ木原、所沢市山口の中氷川神社西、毛呂山町の越辺川近くなどに残る雑木林の中を通る旧街道の遺跡と風景は、武蔵野独特のものであり、いつまでも残しておきたい所である。

八、工場敷地・学校・集落密集地などで、旧街道が消滅した所がいくつかある。

九、都市化が比較的なされていないから、周囲の風景がよく、好適の散歩道が多い。

5 苫林から藤岡へ〈比企・児玉両丘陵を通る道〉

上道編

一　大蔵へ

鳩山村／嵐山町

1　国分寺屋根瓦窯跡（鳩山村）

苦林から北の笛吹峠までの旧鎌倉街道は、『埼玉史談』（第一九巻四号）に「鳩山村内の旧鎌倉街道踏査記」があるので、それを参考にして北に行く（㉒図）。大橋までの旧街道は新道開通でほとんどなくなっている。

まず今宿のバス道を北に行く。今宿小学校前を通り、大きく北に曲がる所から西に向かう道がある。そこを行くと右手のバス道の西側下にある細道が旧街道の名残りと思われる。この道の南は水田地帯に下り、小川を渡って南の八坂神社西の旧街道に続いていた。細道の北は、現在とぎれて住宅地になっているが、往時は凹道か切通しで上ったのであろう。

この細道一帯をコークミ（語源・当字とも不明）といい、わらじ脱ぎ場だったという。これは南への川越えを意味するのか、北への山越えに対する用意を意味するのかは分からない。

バス道に戻って北に行くと、旧街道の一部が左側にある。旧街道はこれに続いていたと思われる。バス道を北に行くと、それから右に分かれる旧道があり、これが旧街道跡である。右側の赤沼への入口角に村指定鎌倉街道跡の標柱が立ち、赤沼供養塔と称する三基の石碑がある。中央の**日本回国四国七遍供養塔**の右下部に「右ひきのいはどのみち、中すがやのはらみち、左おがわちちぶみち」とある。「すがやのはらみち」というのは旧鎌倉街道のことである。

旧街道を北に行くと再びバス道に出るが、その途中で旧街道は北に向かっていた。バス道に出てすぐ右折する道を下ると、左側の栗林の東端に、旧街道跡のあぜ道がある。旧街道はこのあぜ道に続くが、その北で消える。

バス道をさらに北に行き、診療所前で右折して坂を下ると、右手の畑中に旧街道跡のあぜ道がある。その北側は小峯家の納屋裏であるが、その一段下の低い所に旧街道が通っている。小峯家納屋裏を北に行く、小径なりに右折して下ると、旧鎌倉街道の標柱が立っている。そこには**街道杉**と呼ばれる朽ちた大スギと若いスギが一本生えている。朽ちた大スギの根株は、旧街道筋の目印であった。そばの小高い土盛りには、由緒ありげな小さい石祠が立っている。周囲は小峯家の墓地で、そこから北に向かうわずかな道跡らしい地面がある。墓地東側に道があるが、旧街道はその道の北に続いている。

この近くで、武蔵国分寺の屋根瓦を焼いていた窯跡を見学することができる。まず小峯墓地東側の道を南に行き、丁字路を左折、次の丁字路をさらに左折して北に行く。周辺は景色が良い。右手前方の竹之城橋を渡って北に行き、また小橋を渡ると道は丘陵を上る。丘陵上に住宅が見える所で右へ行くと、すぐ左側丘陵斜面に小屋が見える。その中に古代の窯が保存されている。

笛吹峠を中心として比企丘陵には、鎌倉街道の両側に須恵器・布目瓦・瓦塔などを焼いた古代の窯跡が散在しているが、ここもその一つである。いずれもなだらかな傾斜面を利用して造られたもので、その形式がよく分かる。武蔵国分寺跡で発見されたものと同じ古瓦が出土し

国分寺屋根瓦を焼いた窯跡

ている。

国分寺から恋ケ窪・久米川・女影・苦林などを経て鳩山村に来た鎌倉街道は、奈良時代の国分寺造営時には、屋根瓦を運搬する人馬で賑わったであろう。付近の風景から、その当時の様子が想像できる。

前述の街道杉の東側細道まで戻って北に行く（㉒図）。旧街道はしばらくして畑中に消えるので途中でバス道に上る。

バス道を北に行くと、右手には幼稚園・公民館・鳩山中学校が見える。中学北の運動場東側に鎌倉街道の標柱が立っている。北から来た旧街道は、ここで凹道になって学校台地に上っていたという。今も校舎下には、コンクリートの壁と支柱で土台を支えて保存されている旧街道の凹道を見ることができる。

中学北は、運動場ができたり、その北の鳩川が改修されて道路になったりして、旧街道の様子は見られなくなった。前述の『踏査記』は、北方から鳩川を越えて中学に出るように書かれているが、それには次のようにある。

……鳩川に出たのである。……対岸を見て「石積みされているのではないか」というのを見れば、幅四米内外の鳩川の南の岸に、明らかに人工に依って石積されたと思われる箇所が水に洗われた木の根や藤つる等の下方に見える。幅五～六米、高さ〇・七～〇・八米で二～三段に積重ねてあるが、良く見ると砂岩の大きなのが川中に露出しているものを直に欠き取り、無い所へ重ねて橋台の様に両端を積重ねてあり、北岸にはないが架橋したかに見受けられる。

鳩川北岸に行く。前記の運動場東端にある標柱北側に来ると、落差一メートル余のあぜ道が北に延びる。これが旧街道跡で、あぜ道は土壇の道である。

バス道に戻って北に行く。左折する広い道路北の細い東西の道との交差点を右折して行くと、また右側に旧街道跡のあぜ道があって標柱が立っている。旧街道の南方は藪になっていて通れない。道路北側にも旧街道跡があるが、その先ですぐ消える。その北は大橋付近に続いていたのである。

バス道に戻って北に行くと小川に架かる大橋に出る。

その手前右側に大橋家の墓地があり、その中には小さい二基の板碑が見られる。前述の消えた旧街道は、この墓地前に続いていたようである。

大橋は、村名にまでなった有名な大きな橋で、鎌倉時代にすでに堅固な橋ができていたようである。橋を渡って左折し、丘陵下の金沢寺に行くと、石段横にきれいな一基の板碑が見られる。

大橋から北の旧街道は、バス道に沿って続いていたと思われ、北に行くと左の玉川に行く県道と右の笛吹峠に行く道の分岐点で、東武線坂戸駅からのバス終点である。

今宿から大橋までの旧鎌倉街道筋は、鳩川流域の谷間で、丘陵裾野をほぼ一直線に、あまり高低のない平坦地を通っている。

2　笛吹峠と大蔵館跡（鳩山村・嵐山町）

大橋バス終点から、新橋を渡って北の笛吹峠へ行く(㉓図)。この道は、鎌倉街道を拡張・改修した道で、右は丘陵左は広々とした田園風景が続いている。それらを見ながら行くと、左側は低地に分かれる砂利道の旧道が見えてくる。

そこを行くと、右手奥田からの合流する所に、丘陵を背にして羽黒堂《はぐれどう》が建ち、中に地蔵尊がある。昔、お歯黒をつけた大将の首を埋めたので羽黒となったとか、家来にはぐれたために射られた大将の首を埋めたので「はぐれ」となったとかの二説がある。いずれにしても鎌倉街道にふさわしい地蔵である。

そのすぐ先、西に分かれる道の所に石の道標があり、「左将軍沢ヲ経テ鬼鎮神社ニ至ル」とある。そこから先は旧街道時代そのままの道である。その先右側に、破損した板碑が立って旧街道を偲ばせる。

いよいよ丘陵の斜面を緩やかに上りかけると、左下に用水池が見えてくる。これを街道端沼と呼んでいる。また、農家が右手にあり、この辺りの小字名は街道端という。いずれも旧街道にゆかりのある名前が付いている(羽黒堂から北の将軍沢までの道は拡幅舗装された)。

丘陵の道は、緩やかな凹道の上り坂で、雑木林を頂上に行くと**笛吹峠**で史跡笛吹峠の碑が立っている。ここは新田義貞の遺子義宗と宗良親王の連合軍が、足利尊氏軍との最後の決戦場で、いわゆる武蔵野合戦で大敗して、

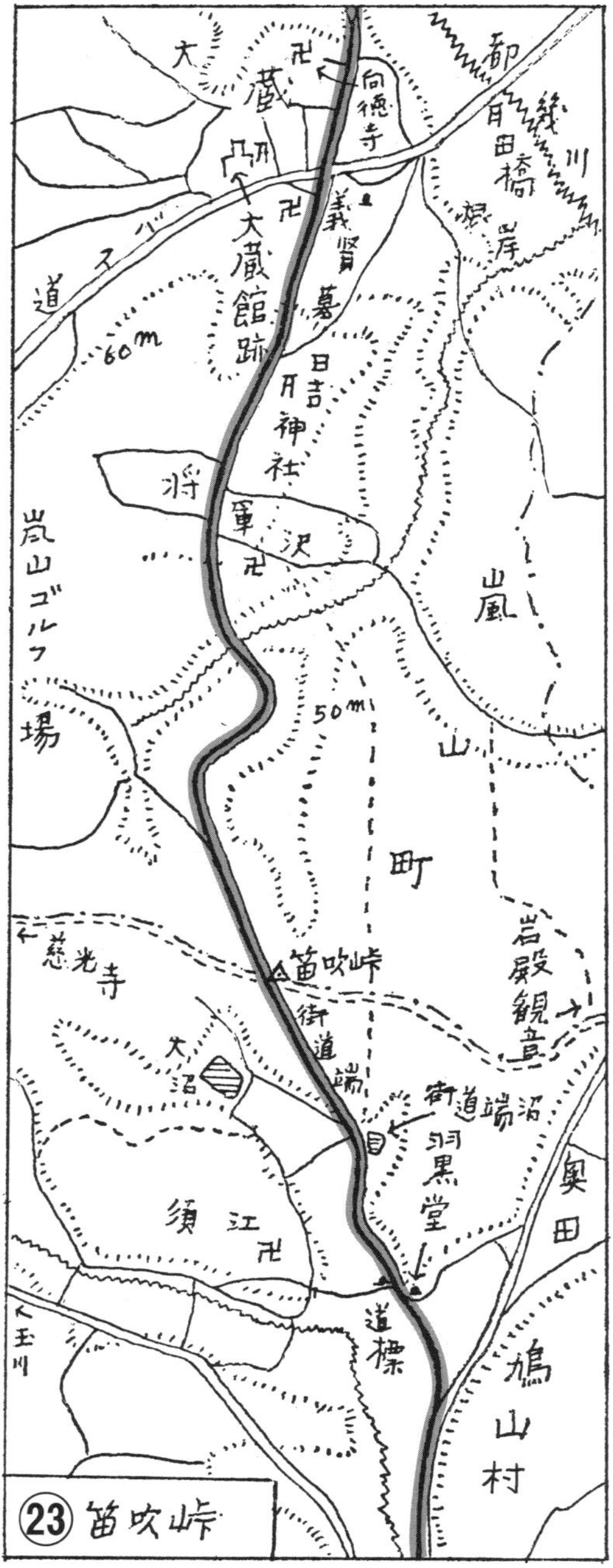

㉓ 笛吹峠

最後の陣を張った所である。しかし、ここでは合戦はなかったようである。もはや天下は足利氏のものとなっていた。

この時、宗良親王は、月明かりに誘われて笛を吹いて敗戦の心の乱れを慰めたことから、笛吹峠と呼ばれるようになったという。しかし、それは地名から起こった伝説である。というのは笛吹とは峠のことを指す言葉で、この地名は各地にある。多摩川以北高崎までの間で、「旧街道沿いの笛吹峠」といえばこの峠のことである。

碑の北側に東西の山道がある。かつては、東は岩殿観音・西は慈光寺観音への巡礼路であった。この道から北側は嵐山町で、碑の西側の方には小さな古墳が二基ある。丘陵一帯は、比企丘陵自然公園となっている。

笛吹峠から北進すると、道の両側はやや改修されたよ

家来にはぐれて射られた大将を供養する「羽黒堂」（上右）
南朝の敗北が決定的となった笛吹峠に立つ碑（上左）
笛吹峠への旧街道（下）

笛吹峠に残る凹道の旧街道

うであるが、丘陵の尾根を通る緩やかな凹道の下り坂である。しばらくして、狭いが谷の深い小川を渡るが、往時は土壇の道で川辺に下り、さらに北の丘陵へ凹道で上ったのであろう。今では改修されて広くなっている。この小川を渡るにあたっては、直角に谷間を越えるよう、笛吹峠からの下り道は大きく東に回ってから川に向かっている。ここまでの丘陵上の旧街道は、早春と晩秋の紅葉時に歩くのが良い。

その先は将軍沢で、静かな山村風景である（『武蔵野話』に絵がある）。集落の外れ右手に、老杉の並木のある長い参道の続く日吉神社がある。老杉は社の古さを物語っている。参道が突き当たる所に立つ将軍神社は、征夷大将軍坂上田村麻呂を祀ったものという。田村麻呂は、東北地方遠征の時、ここで一夜を過ごした。その時陣営を示す旗を立てた塚に、この神社を祀ったという。将軍沢という地名もそれから名付けられたという。ここは宿駅でもあった。

丘陵から下りると視界が開ける。道は桑畑の中を坦々と北に続く。

この先道がバス道と交差する手前の火の見やぐらわきを右に行くと、農家の裏庭にあたる畑中に、**源義賢《みなもとのよしかた》の墓**である大きな五輪塔がある。

義賢は、源為義の二男で、平治の乱で兵士に敗れた源義朝の弟である。また、義賢の子は木曽義仲であり、入間川で殺害された義高は、その義仲の子で、この地で育ったのであった。義賢は、京都に上って東宮帯刀《たてわき》の長を務めたので、帯刀先生《せんじょう》と称した。官を辞して大蔵の地に移っ

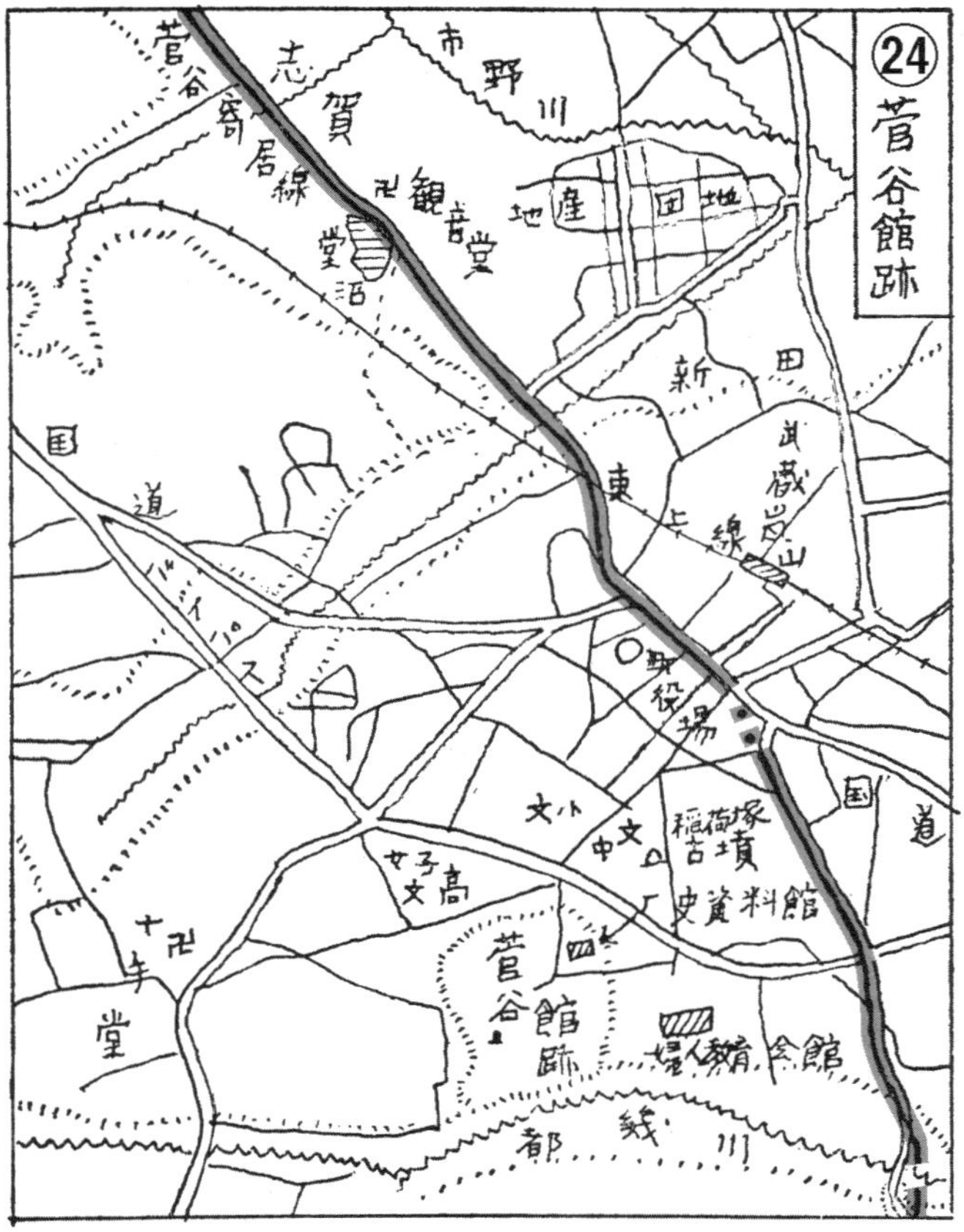

てきた。すでに大蔵には、村岡五郎良文の子孫大蔵九郎大夫が住んでいた。その隣り合わせに住んだ義賢は、九郎大夫の娘を妻として木曽義仲を生んだのである。

義賢は、久寿二年（一一五五）、義朝の子義平のために突然殺害された。義朝は、鎌倉を拠点として南関東に勢力を伸ばしていたが、義賢は北武蔵の豪族秩父氏と組んでやはり勢力を延ばしていたので、義朝は源氏本流争いのもとになる義賢の存在を除くため、義平に殺させたのである。しかし、義賢殺害の武蔵大蔵はこの地ではなく、南多摩郡大蔵村（現・町田市大蔵町）であるとの説もある。そして、この地の墓は義賢夫人の墓だろうという（『武蔵野』四八巻二・三号、下村栄安）。

十字路から、バス道を西に行くと、右側に義賢が住んだ**大蔵館跡**がある。当時の西側の土塁だった一部が残っており、館跡には大蔵神社が建っている。

当時の館は、ここから東方にかけて広い地域にわたっていた。

この辺りの旧街道は、従来将軍沢から大蔵館跡に出て、その先は畠山重忠の菅谷館跡西側へ通じたと考えられていた。ところが昭和五八年三月に、菅谷館跡にある埼玉県立歴史資料館などが館跡西側の旧街道を発掘調査してみるとそれは掘割であったことが判明した。

　では実際の旧街道はどこを通っていたのかということになるが、土地の古老たちの話を総合してみると、国立婦人教育会館の敷地内を通ったのではないかと考えられている。

源義賢が住んだ大蔵館跡

　しかし、将軍沢から北の大蔵までの間で、大蔵館跡へ向かった旧街道跡と思われる遺跡を見出すことができないので、現在の南北に走る道路を武蔵嵐山駅に向かって北進したものと考える（㉔図）。

　入間川から大蔵館跡までを、『宴曲抄』に次のようにある。

　あの里にいざ又止まらば　誰にか早敷妙の　枕
ならべんと思へども　婦にそはずの**もりと***しも　落
つる涙のしがらみは　げに大蔵に**槻川****の　流れも早

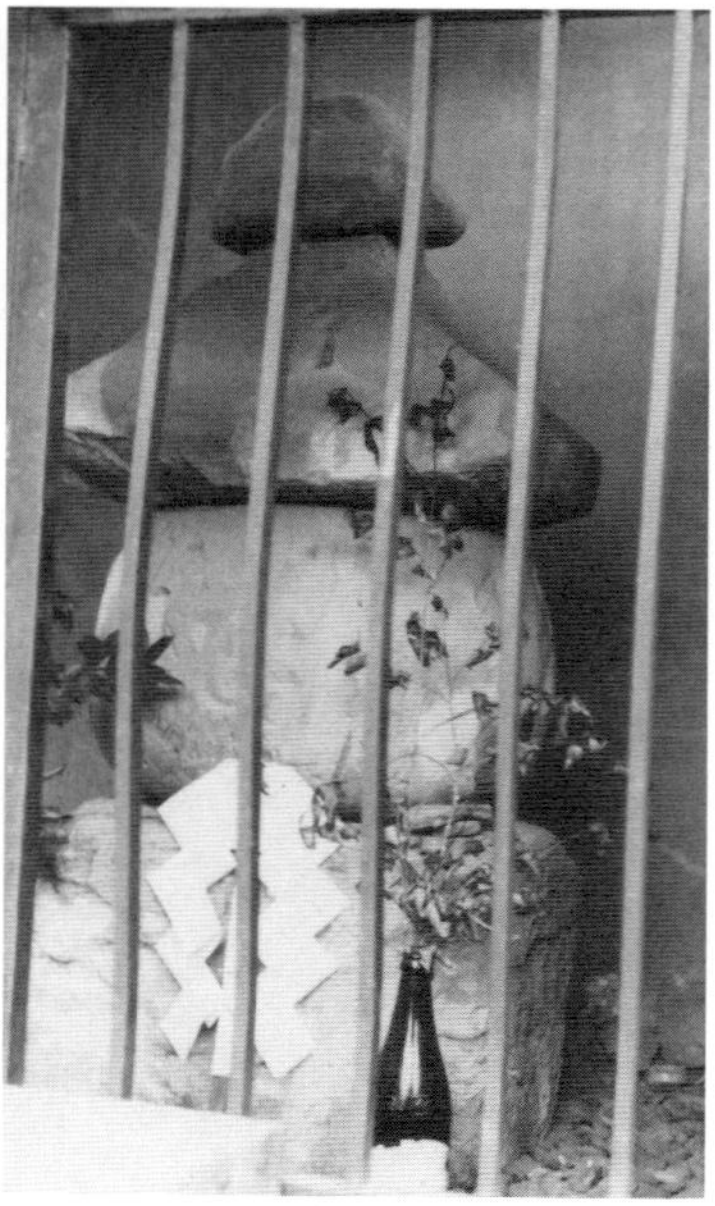

源義賢の墓

く比企ヶ原。秋風はげし吹上の　梢も寂しくならぬまし。

＊森戸　＊＊都幾川

二　赤浜へ
嵐山町・小川町・寄居町・川本村

1　畠山重忠の菅谷館跡（嵐山町）

大蔵十字路から現鎌倉街道を北進すると西側に**向徳寺**がある。寺は鎌倉時代の創建で、本尊の宝治三年（一二四九）鋳造の善光寺式阿弥陀如来と両脇侍立像は、国宝に指定されている。また、境内には鎌倉・室町時代の板碑一四基もある。

都幾川の渡河地点は、現在の橋の東側両岸に残っている旧道を結ぶ所であろう。

都幾川に架かる橋を渡って台地に上る。左手一帯に建っている巨大な建物は、国立婦人教育会館である。左折する道を行きバイパスを西に行くと、左側一帯が前述の婦人教育会館である。西の正門前から北へ、菅谷中学校に向かって行くと、途中左側に**稲荷塚古墳**がある。横穴のある円墳で、横穴の玄室とせん道の続く状態がよく分かり、入口の蓋に使った緑泥片岩の板石が入口に立てかけてある。

婦人教育会館正門前まで戻り、そこから砂利道を西に行くと、一帯は国指定史跡の**菅谷館跡**であり、右側の白い建物は県立歴史資料館である。

菅谷館は、はじめ鎌倉幕府の重鎮**畠山重忠**が築いたもので規模は小さかったが、室町時代・戦国時代を経て次第に拡張された。郭・土塁・空堀などが当時のまま残っていて、都幾川を南の守りとした、戦国の城郭の構造がよく分かる。しかし、畠山重忠は、川本村の畠山館跡から、いつここに移ってきたかははっきりしない。

館跡中央土塁に上ると畠山重忠の銅像が立っている。畠山重忠は、元久二年（一二〇五）三月二二日、北条氏の謀略によって鎌倉におびき出され、鎌倉に向かう途中で鶴ヶ峰で待ち伏せをしていた北条軍によって、一族郎党全員最期を遂げたのである。

畠山重忠は、典型的な鎌倉武士であった。源平合戦時

菅谷館跡に立つ畠山重忠像

のひよどり越えでは、愛馬を背負って下ったり、曽我兄弟を助けたり、静御前の舞に銅拍子《どうびょうし》を打つなど、人間味豊かな武将であった。北条氏の犠牲となったのは、時に四二歳、男盛りであった。銅像の前を西の土塁に上って西へ、土塁上の細道を辿ると、畠山氏初期の館だった所に畠山重忠館跡の小さい碑がある。その先の忠魂碑下でロッジ前に出る。ロッジ正門を出て館跡の空堀に沿って都幾川べりに下ると、公衆便所がある。

菅谷館跡から北入口へ出て、中学校横を北進すると東上線武蔵嵐山駅へ出る。

菅谷館跡西に残る散策路

国立婦人教育会館敷地内を通った旧街道は、現在の南北に続く道を武蔵嵐山駅方面に向かい、国道に交差し、さらに県道菅谷・寄居線を北西進したと推定される。国道との交差点は、現在直角交差をしている。もともと当初から直角交差した道だったたか、直進していたのが消え

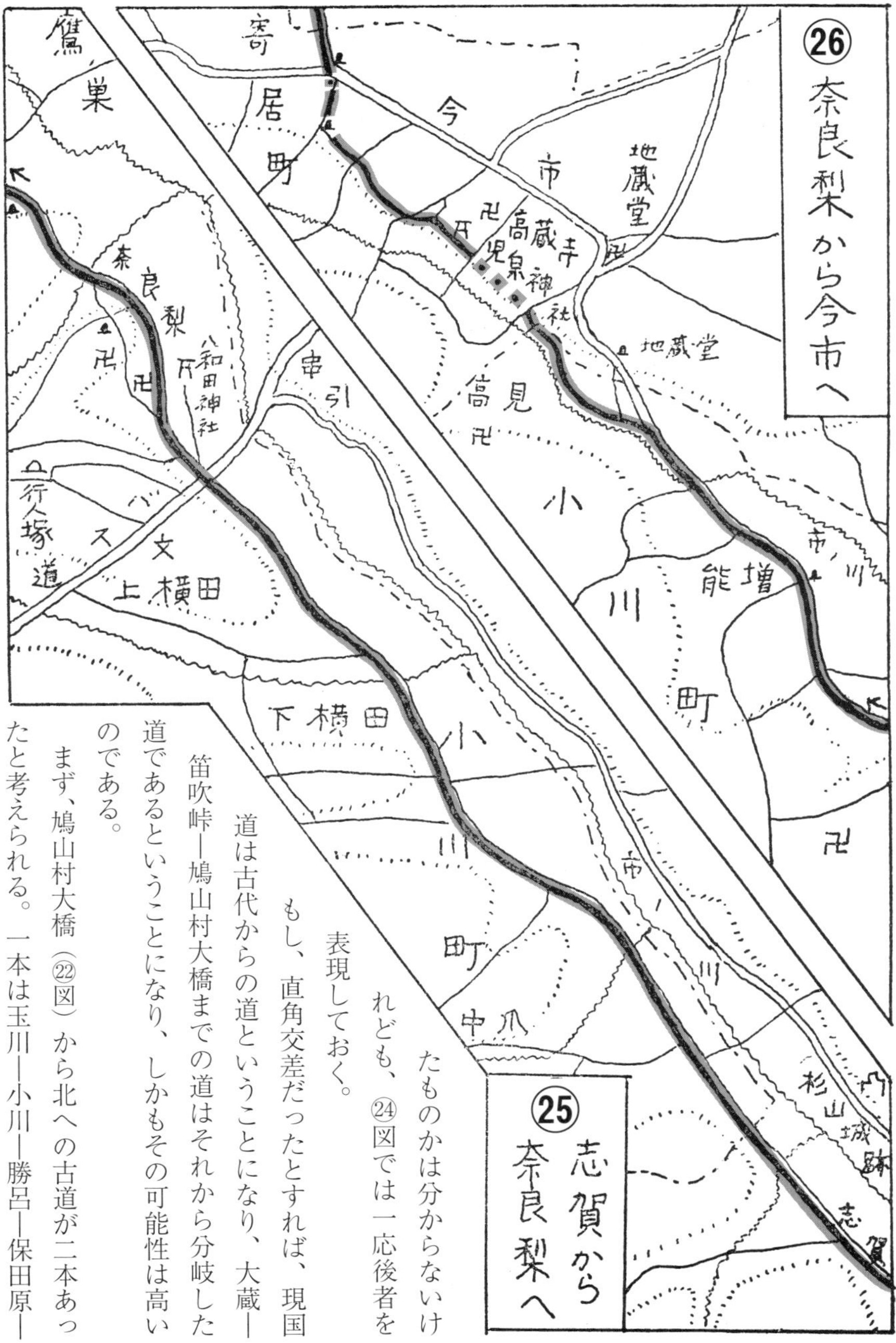

たものかは分からないけれども、㉔図では一応後者を表現しておく。

もし、直角交差だったとすれば、現国道は古代からの道ということになり、大蔵―笛吹峠―鳩山村大橋までの道はそれから分岐した道であるということになり、しかもその可能性は高いのである。

まず、鳩山村大橋（㉒図）から北への古道が二本あったと考えられる。一本は玉川―小川―勝呂―保田原―

花園村お茶々井戸（㉗図）で、もう一本は大橋—鎌形—千手堂—平沢—志賀（㉔図）である。後者沿道の鎌形には木曽義仲関係の鎌形八幡や班渓寺などがある。以上の古道は、西に片寄りすぎるから、市野川と都幾川沿いの古道である現国道の菅谷から、大橋までの丘陵越えの直線的道路を新たに開通させたと考えられるのである。

2　荒川の赤浜の渡し（小川町・寄居町）

志賀から西北への旧鎌倉街道は、改修・拡張されて坦々とした自動車道になっている。道筋は市野川に沿った谷間の平地であるが、高原を通っているような感じである。右手に見える小高い山が**杉山城跡**である（㉕図）。杉山城は、カリが飛んでいるような形をしているので別名初雁城とも呼ばれている。

志賀の観音堂から約三・五キロぐらいで、東上線小川駅前から来るバス道との交差点となる。交差点の北、旧街道の東側に**八和田《やわた》神社**の参道が続き、その奥に神社がある。境内にはスギの大木がある。神木である。

交差点からバス道を西に行き、坂を上る手前の理容店の西横から右折して山林の道を行くと、その奥に**行人塚《ぎょうにんづか》**という県指定史跡の古墳（円墳）が丘陵上にある。

バス道に戻ってバス道をさらに西に行くと、上横田に**輪禅寺**がある。武田信玄の弟武田信実が、天正三年（一五七五）の長篠の戦で戦死したが、その子信俊はこの地に落ちのびて住んだ。寺はその武田氏の館跡になっている。この地を支配し、江戸時代には旗本として五〇〇〇石を領した。武田氏は、この地方の丘陵地に、枝状に伸びてくる多くの小さな谷間を利用して、水田用の用水溜を造って善政を敷いた。寺の墓地には武田一族の墓石が並んでいる。

旧街道の交差点に戻って北に行く。奈良梨の農家がとびとびに散在し、能増《のうます》に来ると左手に高い山が見えてくる。この山頂には四津山《よつやま》神社がある。頂上は、太田道灌の頃、山内上杉氏の被官と思われる増田重富の城がある。

広い道路は、能増の北で市野川を越えて東の台地に上って今市に行くが、旧街道はさらに市野川に沿って田んぼの中を西北に続く。左側は高見で、室町時代に山内・扇谷両上杉氏が、運命をかけて二度も戦った**高見原古戦場跡**である。まもなく丁字路となって旧街道はいったん

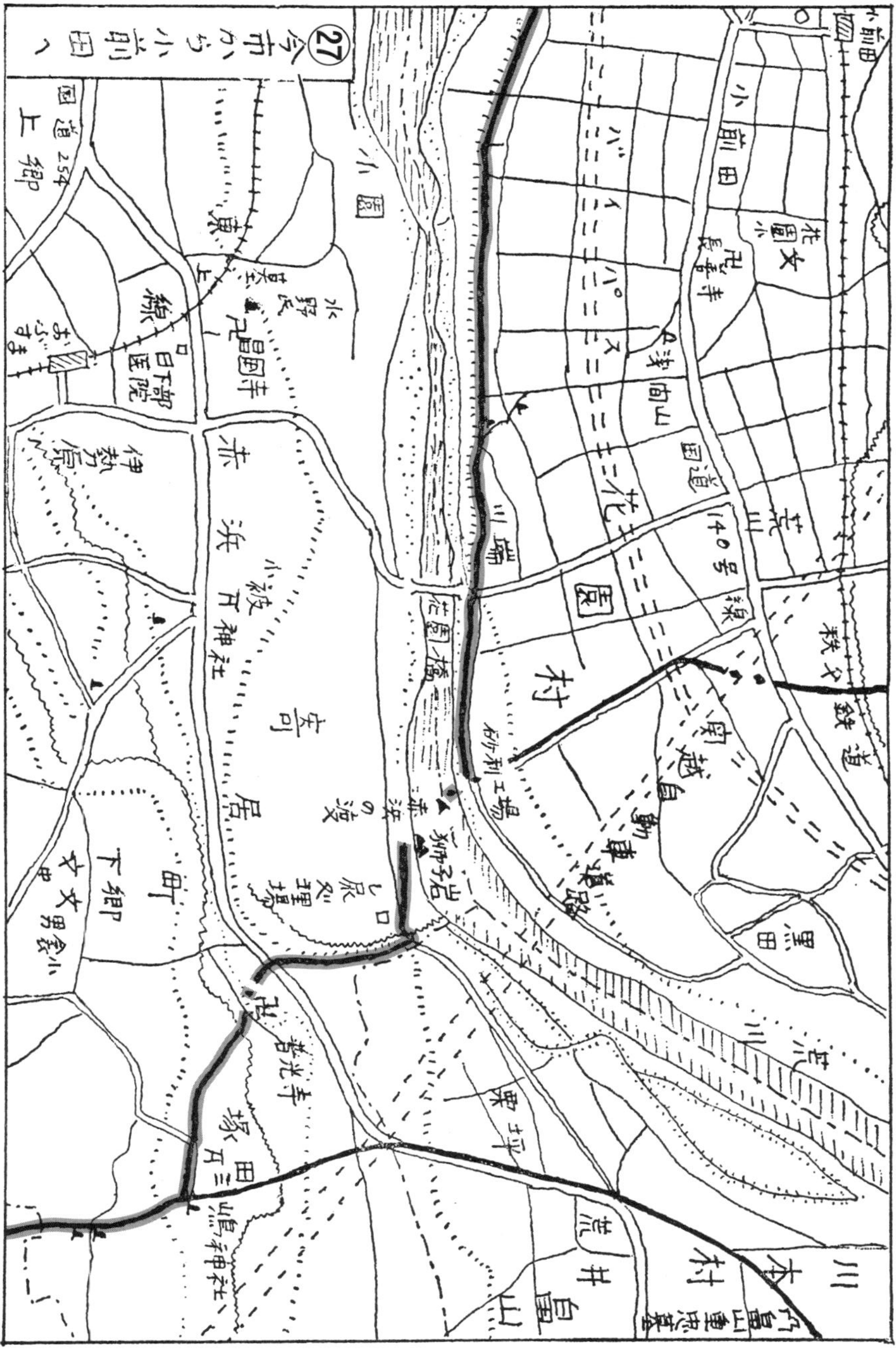
27
今市から小前田へ
国道254
上郷
赤浜
寄居町
下郷
赤浜の渡
普光寺
花園橋
荒川
花園村
国道140号線
小前田
秩父鉄道
関越自動車道路

塚田に残る旧街道の代表的な凹道

塚田の新光寺にある板碑群

消えるが、再びその北側の桑畑の先にある河岸段丘上に続くのである。

丁字路を右折し、今市に入る。今市は江戸時代の宿場町で、市が開かれた所であるから、どこの家も屋号が付いている。まもなく左手に高蔵寺がある。境内を西に、墓地裏の畑中道を南に行くと**児泉神社**がある。神社はこの地の古社で、森の中のいかにも古めかしい神社であるが、今市の集落からは離れていて淋しい所に建っている。それもそのはずで、神社西側の細道が前に消えた旧鎌倉街道の続きなのである。

神社西の旧街道を西北に行く。河岸段丘の端を通る。一帯は桑畑で、道は細々と続いて丁字路となる。その角の畑中に文政時代（一八一八〜三〇）の庚申塔が二基転がっている。その時代まで、旧街道は主要道としての役目を果たしていたことが分かる。ここから旧街道は市野川流域から分かれて北に向かう。それは、ここからなお市野川に沿って西に行っても荒川を越える適当な渡河点がないからである。往時の旧街道は直角ではなく大きく北に曲がっていたのであろう。

丁字路を北に行くと今市の街道に出る。突き当たりに石仏群があり、その西側に北に続く旧街道がある。この交差点辺りは、今は食い違っているが、往時はまっすぐに北に続いていたのであろう。

そこから旧街道を北に、路傍の石仏を見ながら行くと塚田集落がある（㉗図）。農家の前を西に行くと、**三嶋神社**が右手にあり、ここの鰐口は寄居町の文化財に指定されている。この辺りに往時宿駅があった。

そこから西への直角に曲がる道は旧街道で、畑中に続

荒川に下る切通しの旧街道

荒川の河岸にある獅子岩

く昔ながらの凹道で、貴重な遺跡である。細流（吉野川）を小橋で渡ると**普光寺**がある。スギの森を背景にした古寺で、本堂左手前には板碑四六基・五輪塔三基が一群になって立ち、往時を偲ばせてくれる。

寺の西側は墓地で旧街道は消えるが、墓地の西側にその続きがあって県道に出る。県道の北に舗装されない道が続いている。それが旧街道で、左側は荒川に臨む崖である。荒川岸に下る所は切通しで下って、左折すると川岸に出る。

川岸を上流に向かうと大きな岩がある。俗に**獅子岩**と呼んでいるが、獅子が伏している姿を想像して名付けられたものであろうか。付近は良い釣り場で釣人が多い。

この岩場の所が往時の**赤浜の渡し**であった。対岸にも大きな岩があり、二つの岩の間は浅瀬で、今でも楽に対岸に渡れ、最適の渡河点である。今市から北に向かったのも、ここにくるためであった。渡河点の獅子岩は、水量の目安にもされ、その岩の一定の高さまで川面が上がると川止めされたので、この大岩は川越岩とも呼ばれている。大岩のある所を渡河点に選ぶのは、鏑川も烏川も同じである。

壮大な水野十郎左衛門の墓

赤浜の渡しから荒川上流に向かい、花園橋から南の台地に上ると、赤浜集落の十字路に出る。東へ行くと延喜式内の古社小被《おぶすま》神社がある。しかしこの神社は、この南西の塚越という所から移ったものである。西に行くと昌国寺がある。ここは、旗本水野十郎左衛門の菩提寺で、水野家の陣屋跡でもある。墓地には十郎左衛門の珍しく高い宝篋印塔の墓があり、門前の古木コウヤマキは寄居町の天然記念物である。

また、寺の南の日下部医院には、国宝『男衾《おぶすま》三郎絵詞』の写本が所蔵されている。男衾とは、この地方の古い地名であるが、現在では、公共施設にしか使われていない。

もとの十字路に戻って南へ行くと、東上線男衾駅がある。

三　藤岡へ

花園村・寄居町・美里村・児玉町・神川町

1　美女お茶々のいた茶屋跡（花園村）

赤浜の対岸の砂利工場から西に続いている旧街道を行く（㉗図）。この旧街道は、荒川の河岸段丘の端を走っている。花園橋手前から西は川端集落で、村外れから西は舗装されない道である。遠くは秩父方面の山々を、近くは右下に荒川の流れを見ながらかなり歩くと、荒川岸に下る道の所で丁字路となる。

川岸に左折すると、すぐ左手草むらの中に円形のコンクリート枠が見えるが、これは**お茶々の井戸**である。井戸のそばには茶屋があり、そこには茶々という美しい娘が働いていたので、ここで休む旅人が多く、大変繁昌していたという。ここで一休みして川越えの準備をしたのであろう。井戸の中は、草が生えているが、水が浅く淀んでいる。この井戸は、どんな旱天続きでも水枯れがなく、旱魃に苦しむ年には雨乞いのために村人総出で水をかえて干したという。

井戸前から川岸に下り、荒川を渡って南に行く旧街道は、小川町に通じる支道である。井戸前から反対に北に行く。この道は、旧街道の特色の一つである村境を通っている。西側は寄居町で、東側は花園村である。

お茶々が働いていた茶屋のそばにあった井戸

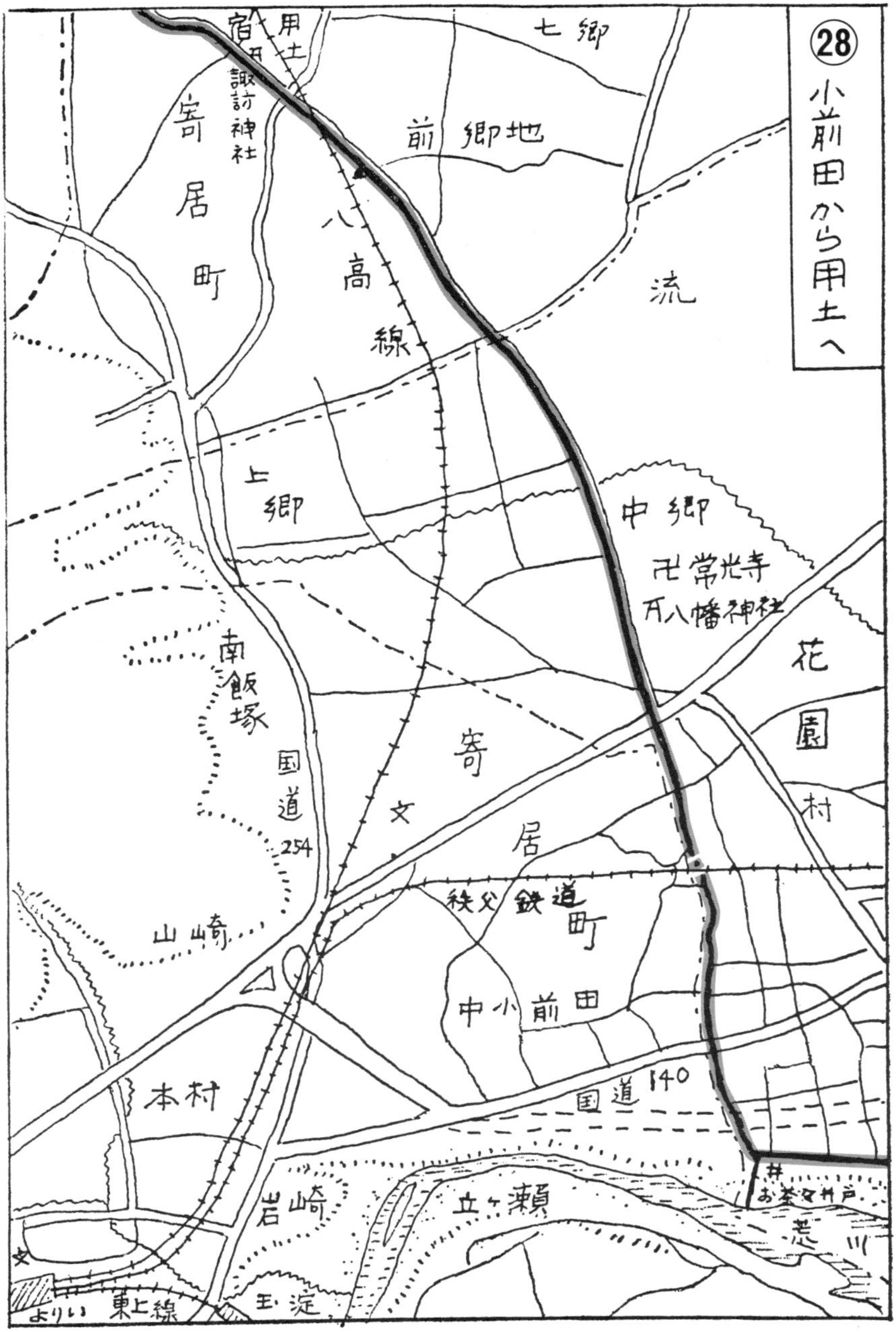
㉘
小前田から用土へ
七郷
用土
諏訪神社
寄居町
前郷地
八高線
流
上郷
中郷
常光寺
八幡神社
花園村
南飯塚
国道254
寄居町
文
秩父鉄道
山崎
中小前田
国道140
本村
岩崎
立ヶ瀬
お茶々井戸
荒川
玉淀
よりい
東上線

日蓮が佐渡に配流された時は、この道を通ったという伝承がある。

道の両側は古墳地帯で、大小さまざまな古墳が散在している。戦前は二〇〇以上あったというが、整地されて少なくなった。関越自動車道路と、それに関連した国道バイパスの建設工事が進行中なので、また多くの古墳が崩されるのではなかろうか。

北の国道に出て、さらに北に進むと、旧街道は桑畑の中の農道となるが、秩父鉄道で消えてしまう。そこで少し戻り、桑畑の中の細いあぜ道を西に行くと細道に出会う。そこを右折する。すぐ線路の踏切を渡り東北に行くと前に消えた旧街道の続きに出会う。

旧街道は、桑畑の中を突き抜けて県道に出る（㉘図）。そこから北は、武蔵野台地を思わせる坦々とした一直線の拡張された道である。遠くには赤城山や日光の男体山の山々が連なっている。その静かな美しい農村風景の中を行くと、八高線の踏切となる。その先、十字路を越えてさらに行くと、右手に諏訪神社がある。ここの獅子舞は無形文化財となっている。その先右手の道を行くと、八高線の用土駅である。

2　万葉の里の曝井遺跡（寄居町・美里村）

八高線用土駅前から西北へ旧街道を行く（㉙図）。農村の中を通る平坦で拡張された舗装道路である。普門寺前を過ぎると十字路で、左から来て西北に直進する道は国道である。国道を南へ猪俣まで行くと、武蔵七党の猪俣党の本拠地で、猪俣範綱の墓や館跡がある。

野中村落で右折する細道は、八高線松久駅を通って本庄から伊勢崎へ通ずる鎌倉街道（支道）である。村外れに天神川があり、前方遠くに妙義山が見えてくる。橋を渡ると、すぐ国道から左へ分かれる砂利道が旧街道である。その道は村落の中を通り、十字路を越えると桑畑が多くなり、緩やかな上り坂となる。

右側に雷電宮があり、その先には浅間山があり、塚の頂上に浅間大神の碑が立つ。その先は大正六年（一九一七）に改修されたやや広い舗装道路となり、道の途中で右に分かれる砂利道が旧街道である。

旧街道に沿っては阿弥陀仏と刻んだ碑や石仏が立っている。まもなく新道に出るが、直進すると十字路となり、その角に道標と六道能化地蔵尊と刻んだ碑が立って

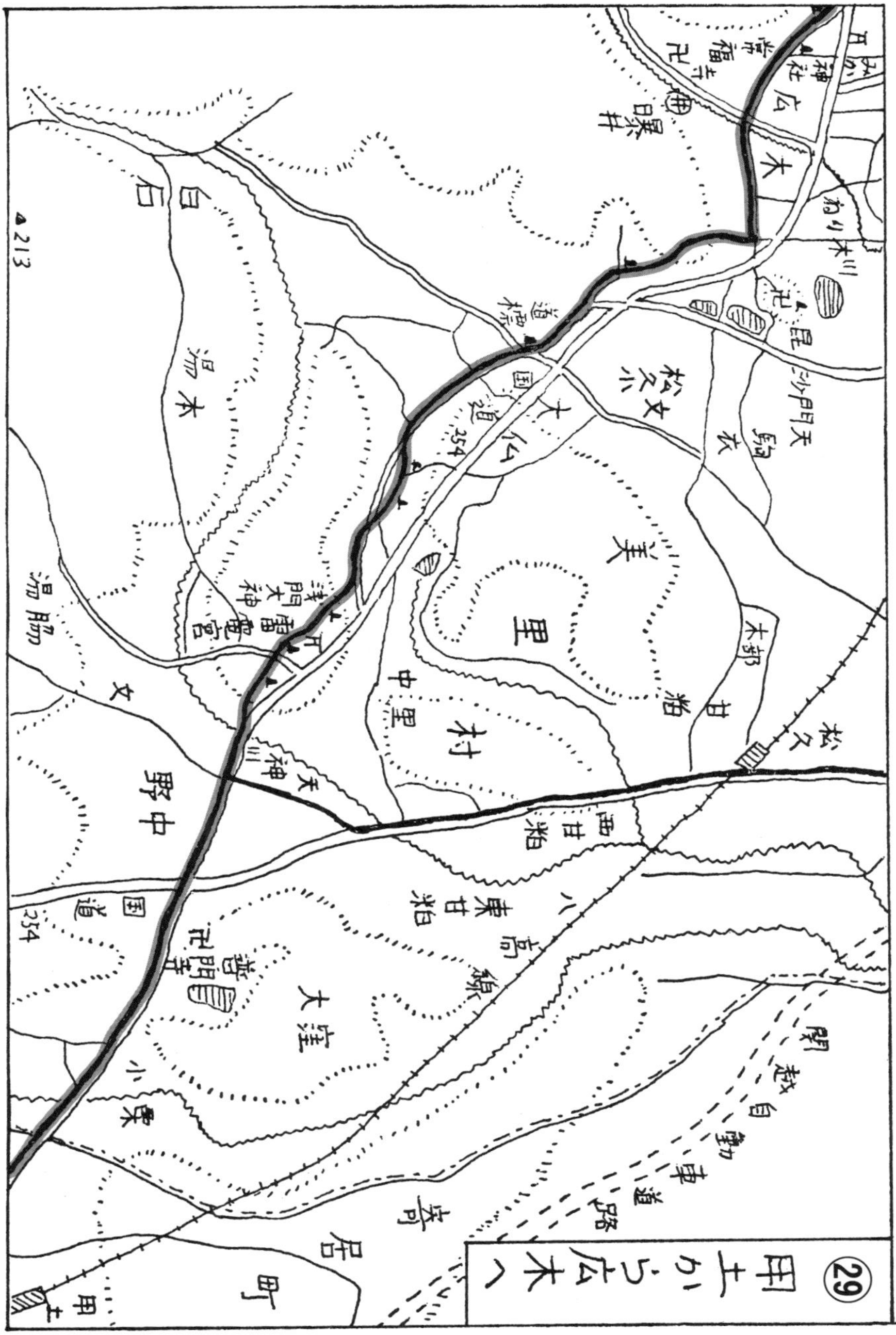
㉙
用土から広木へ
関越自動車道
八高線
国道
254
寄居町
用土

いる。さらに行くと新道は国道と一緒になり、西北に直進すると右側に俗称馬頭観音塚があり、庚申塔や石仏などが多く立っている。その前を北に向かう農道が旧街道で、道は緩やかに上り、また北に下って**広木**へ出る。

広木の東西の道を越えて北への草道を行き、さらに国道を越えて北に向かっている道が、古道だったのではないかと思われる。というのは、その北の沼上に、後述するが鎌倉時代の瓦窯跡があるからである。

まず、旧街道から反対方向の広木から東へ、国道を越えて東方に見える小山の森へ行く。山上には毘沙門天を祀る寺（無住）があり、この山の北端に、皇太子殿下御野立記念碑がある。明治四一年（一九〇八）一一月一四日、この北方の水田地帯で展開された近衛師団の機動演習を、当時皇太子殿下だった大正天皇が、ご覧になった所である。今でも北方の眺望は素晴らしく、妙義・赤城・日光の山々が見える。

広木村落に戻って舗装・拡張された旧街道を西に行くと、枌《ねり》木川に架かる橋に出る。橋を渡って左へ行くと、県の旧跡**曝井**《さらしい》**の遺跡**がある。『万葉集』第九に

万葉集に歌われて、今でも清水が流れ出ている曝井の遺跡

みつ栗の那珂の国なる曝井の
絶えず通はむそこに妻もが

とある井戸跡である。古代には、近隣の女たちが、この井戸に来て、衣類を洗ってさらしたのである。

沼上の水田に残る鎌倉時代の瓦窯跡

河川が改修されて、井戸の景観は変わったが、清水の湧き出る井戸が川岸に残っていて、そばには江戸時代の国学者橘守部《たちばなもりべ》撰文の碑が立っている。

旧街道に戻って西に行くと、右側に瓺䓘《みか》神社入口の碑がある（㉚図）。その参道を北へ行き、国道を越えるとこんもりした杉林の中に、延喜式内の神社がある。瓺䓘とは、酒つくりに使う大形のかめのことである。例祭には濁酒二かめ作って奉納していた。近くの宮司私宅庭先の畑から多くの土器が発掘されているし、窯跡も見つかっているので、古代にはこの辺りに瓺䓘つくりの人たちが住み、氏神としてこの神社を祀ったものだろうという。国道工事の時、神社南からは、古墳時代から平安時代にかけての、二九の住居跡が発見された。

曝井遺跡・古代住居跡・式内神社などのある広木は、『和名抄』の弘紀郷の本郷だろうといわれるから、万葉の里といってもよい古い集落である。『万葉集』第二〇の防人歌の作者の一人那珂郡檜前舎人石前之妻大伴真足女《おおとものまたりめ》もこの地の人といわれている。この地方は、帰化人の住んだ所だろうという。広木の東隣の駒衣集落も、高麗井の当て字とみられる。

瓺蕤神社前から森の中を北に行く。すぐ北に「摩珂の池」があるが、摩珂とは印度のサンスクリットでは「大きい」という意味である。古代の池は今より何十倍もの大きい池であった。

池の西方に二子塚という前方後円の古墳がある。前述の古代住居跡に住んだ人たちのものであろう。この辺りは古墳が多く、一〇基ぐらいある。そこから八高線を越え、沼上集落に行くと、村外れ北の水田中に、国指定史蹟**水殿《すえどの》瓦窯跡**があり、碑と小さい建物がある。鎌倉時代に瓦を焼いた窯跡で、建物の中に長さ三・二メートル、幅一メートル、深さ一・二メートルの窯跡が保存されている。

今もこの辺りから児玉町にかけては、瓦生産が盛んである。この北方に見える生野《なまの》山丘陵東端には古墳群がある。広木・沼上一帯を歩いていると、土地の様子は奈良盆地を歩いているような錯覚を覚える。

もとの旧街道に戻って西に行くと、国道と合流する。その先の村落は児玉町の陣街道といい、旧街道にふさわしい地名である。国道わきの大木は、樹齢三〇〇年以上の**一里塚榎**で、ここは一里塚の跡だといっている。

陣街道に残る一里塚榎

そこから左に分かれる道が旧街道で、西の風洞へ続くが、途中で身馴川に向かって消える。川の渡し場は、河

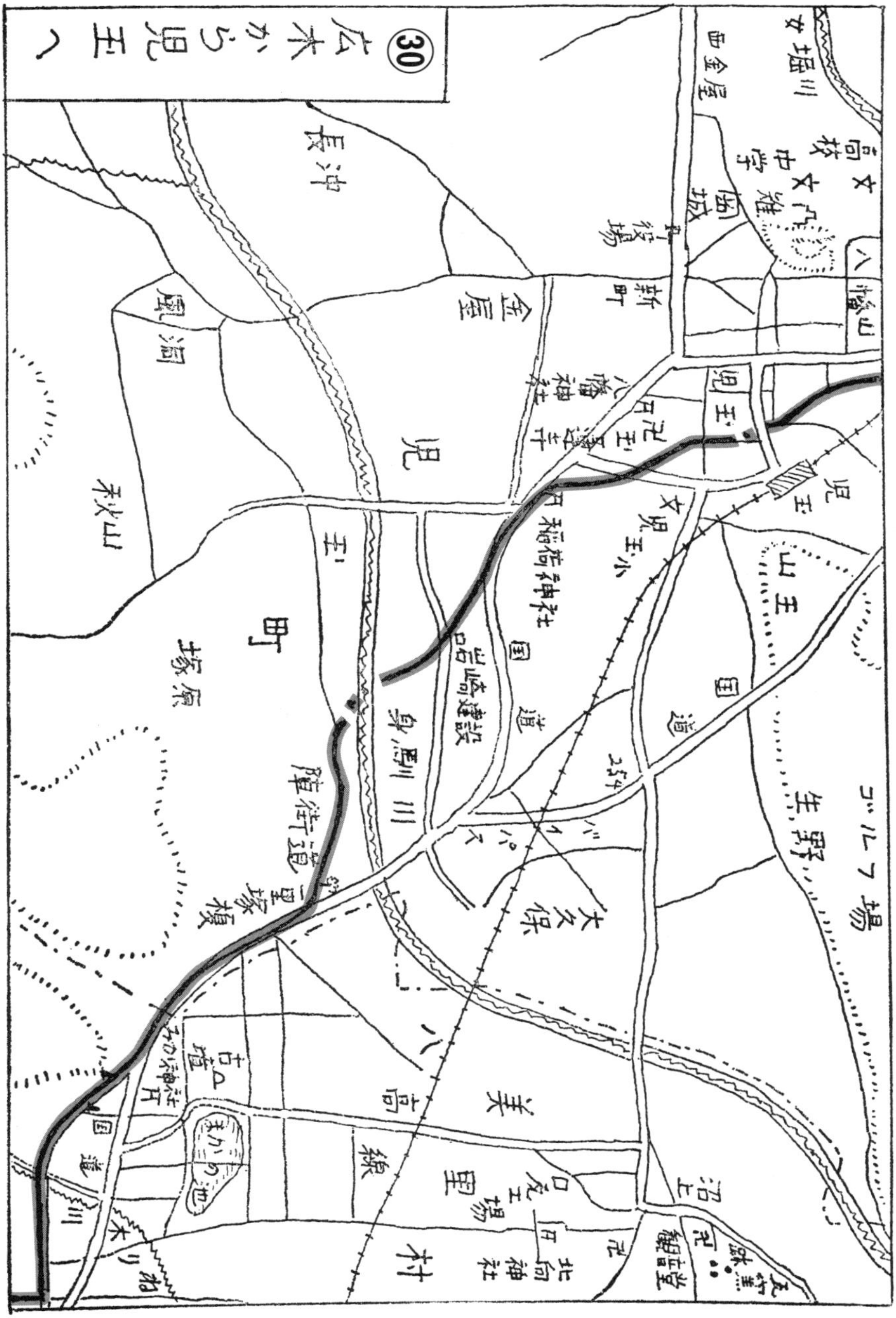
㉚広木から児玉へ
長沖
金屋
新町
八幡山
児玉
八幡神社
児玉町
秋山
塚原
身馴川
山王
生野
ゴルフ場
国道254
大久保
八高線
美里村
北向神社
沼上

川改修と工場設置で分からなくなった。
『宴曲抄』には、菅谷以北身馴川までを次のように詠んでいる。

打渡す早瀬に駒やなづむらん　たぎりて落つる
浪の荒河*行過ぎて　下に流る身馴河　見なれぬ渡を
辿るらし　　*荒川

3　雉岡城跡（児玉町）

陣街道の一里塚榎に戻り、国道二五四号線の身馴橋を渡って西北に行き、左折する(㉚図)。左側にはコンクリート工場が続き、まもなく右側に岩崎建設工業会社がある。その横を右折する砂利道が旧街道である。南側にも旧街道があって、前に消えた身馴川岸から続いている。

道は桑畑の中を通って国道と一緒になり、その先は児玉町である。町並みの右側、稲荷神社の横を通る細道が旧街道である。その前に、町並みを西に行き、**東石清水**《ひがしいわしみず》**八幡神社**に詣でる。当地の古社で、境内西鳥居そばに江戸時代の高札場跡がある。形式は府中の高札場と似てい

日蓮が宿泊した所に建つ玉蓮寺

る。

神社東隣は名刹**玉蓮寺**である。長い参道で、途中右手民家の奥に日蓮上人御洗足の井戸がある。寺は、文永八年（一二七一）、日蓮が佐渡に配流された時、この地で宿を供した児玉時国が開基した。時国は日蓮に帰依し、その入寂後日蓮の像を刻んで拝し、ついに邸宅を廃して寺院にしたものがこの玉蓮寺である。墓地には、時国供養の板碑がある。

もとの稲荷神社に戻って旧街道を北に行くと、右手に八高線児玉駅がある。駅前通りに出る所の旧街道は駅ができ、駅前通りができた時消えた。駅前通りを西に行くと、右手に旧街道の続きが見られる。

まず駅前通りを西に行く。突き当たりが埼玉県史跡**雉《きじ》岡《おか》城跡**入口である。雉岡城は、中世の山内上杉氏の居城として築かれたものだが、地形が狭いのでこの西北方の群馬県平井の城に移った。その後、夏目豊後守が居城し、永禄年間（一五五八〜七〇）に北条氏のために落城した。北条氏は、横地忠春をここにおいたが、小田原城落城とともに亡んだ。

城跡は、現在公園になっていて、堀・本丸・二の丸が残っ

雉岡城跡公園の入口

ている。中学・高校などの敷地も以前は高台の本丸跡である。中学校裏に当たる本丸跡の金刀比羅神社手前左側の傾斜地に、**芭蕉の句碑**（むざんやな甲の下のきりぎりす）が古くから立っている。

また、公園内には、江戸時代の盲学者**塙保己一《はなわほきいち》記念館**がある。

4　盲学者塙保己一生家（児玉町・神川村）

八高線児玉駅から西北へ旧街道を行く（㉛図）。駅前通りを西に行くと、右折する道がある。この道からすぐ左斜め前方に分かれる道が昔ながらの細い旧街道である。旧街道は西北に向かっており、やがて町外れの水田地帯を砂利道となって北に続いている。八高線の土手に上ってさらに北へ行くと、県道に突き当たって旧街道は消える。

県道の北側に、西に行く細道が旧街道だと地元の人はいう。この道を行くと右側に長福寺がある。寺前から国道に出て右折し、旧ボーリング場（現パチンコ店）の裏を西に向かう。その砂利道が旧街道である。前の県道の所で消えた旧街道は、長福寺の東を通ってここに続いていたと思われる。

砂利道を行くと、女堀川に架かる雀の宮橋に出る。この辺りは低地のため、道は高い土壇となっている。左遠方には児玉丘陵から秩父山地が続き、正面遠くには妙義山と一段高い浅間山、右手の赤城山などが見えて風景が良い。旧街道は八高線に沿って続いている。この辺りは

穢土時代の盲学・塙保己一の生家

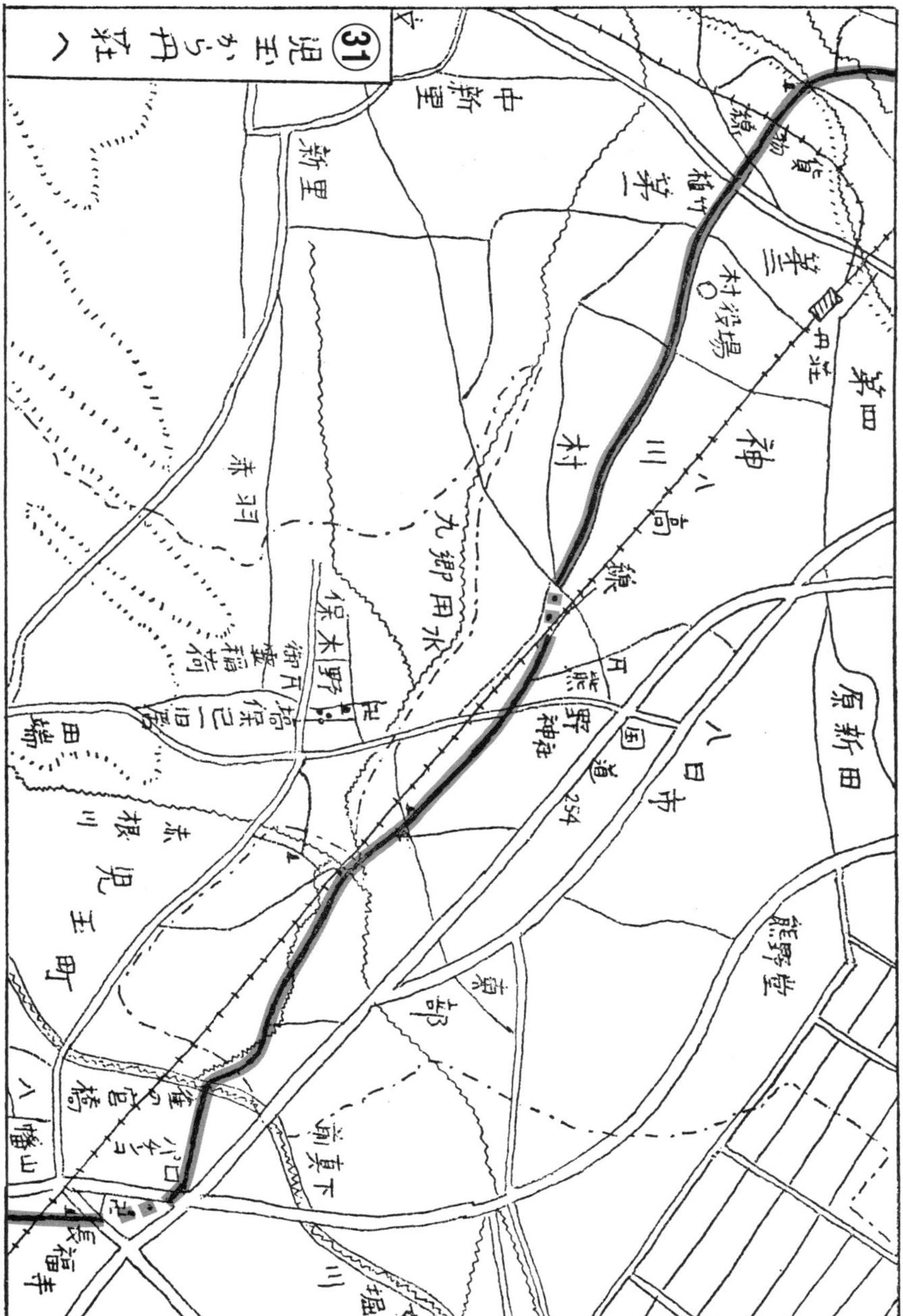
31 児玉から丹荘へ
中新里
新里
赤羽
九郷用水
保木野
神川村
八高線
村役場
丹荘
原新田
八日市
国道254
児玉町
熊野堂
長福寺

すでに神川村内である。

ここで線路を越えて児玉町内の保木野に行く。赤根川に沿って南に行くと、左手桑畑のそばに道標があり、そこを右折して行くと舗装道路に出る。そこを西に、十字路を直進し、鎮守の御霊稲荷神社手前を右折すると、右手農家が、国指定史跡の江戸時代の盲学者塙保己一の生家である。

保己一は七歳の時失明、一三歳で江戸に出て勉強し、天明三年（一七八三）に検校となり、幕府に願って和学講談所を設けた。そして、宇多天皇以来の資料四五〇巻を編集し、『群書類従』一二七〇種・五三〇巻、『続群書類従』二一〇三種・一一五〇巻を編集した。その版木は、現在東京都渋谷区氷川町の温故学会に残されている。墓は新宿区若葉二ノ八の愛染院にある。

そこから北に行き、さらに東に行っても旧街道に行けるが、もとの道に戻り、八高線踏切から西北に旧街道を行く。八日市へ行く分岐点に道標が立ち、さらに保木野からくる道との交差点にも道標がある。そこから先は桑畑の中を通る砂利道で、八高線に接近した所で旧街道は線路のために消える。しかし線路に沿ってさらに行き、

中肥土に残る土壇のある旧街道

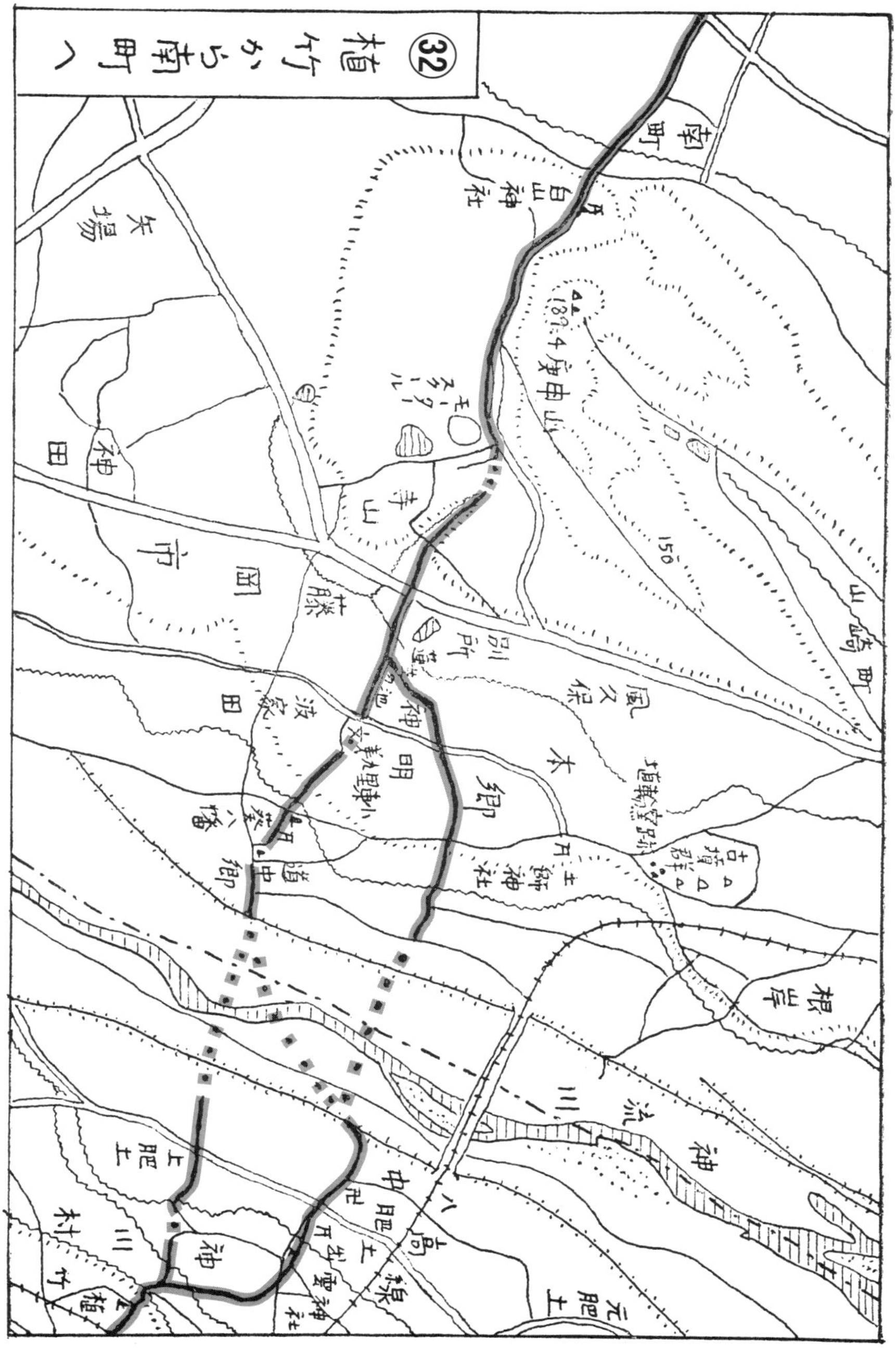
32 植竹から南町へ
南町
白山神社
矢場
庚申山
山崎町
風久保
別所
本郷
土師神社
藤岡市
根岸
神流川
元肥土
中肥土
上肥土
八島
神川
植竹

踏切を越えてすぐ右への、やや広い舗装道路に旧街道は続き、西に行く。

前方に見える畑中の鉄筋のビルは神川村役場で、その辺りから梨畑が多くなる。神川村は梨畑の育成に努力している。その西、県道を越えるとまた砂利道の細い旧街道となる。貨物線を越え、低地に下ると一面はビニール栽培の多い畑作地帯である。

低地に下ると、旧街道は北に大きく曲がって中肥土集落に行く。その先の旧街道は、群馬県側の道中郷に続くのであるから、中肥土に行ったのでは北に回り過ぎる形となるが、中肥土は古い集落で出雲神社があり、その前を旧街道は通るのである。しかし、上肥土に向かうあぜ道があるので、その道も使われたのではないかと思われる。むしろこの方が古い街道かもしれない。神社南に、土壇のある細い旧街道が残っている。

荒れ果てた神社の南の旧街道を西へ、さらに十字路を越えると、俗称「お堂」と呼ばれている建物の南を通り、桑畑を抜けて神流川《かんながわ》の土手に出る。しかしその川のどの辺りを旧街道は通っていたのか分からない。その先は斜左前方の群馬県藤岡市内の道中郷集落に続く。眺望が良く、前方のなだらかな山は庚申山で、旧街道はその山を越えて西に続いている。

川には橋がないので、土手上の道を北に行き、八高線の鉄橋を渡って対岸に行く。鉄橋は、人はもちろん自転車・オートバイも通れるようになっている。

要約

苫林から藤岡までの道は、比企・児玉両丘陵地ふもとをなるべく平坦地を選んで直線的に進んでいる道である。その道筋と沿道の様子は次の通りである。

一、南北または西北に向かう谷間をうまく利用している。

二、なるべく平坦地を選び、直線的に続いている。

三、川の近い所では河岸段丘上を通り、川は直角に渡るようになっている。渡河地点の様子は、荒川のほかは流路変更・河川改修などのため不明である。

四、低湿地は土壇の道にしている。その典型的なものが神流川沿いの中肥土の出雲神社前に残っている。

五、消滅した所の最大地域は、鳩山村の赤沼から大橋までの区間で、将軍沢から大蔵館西までがそれにつぎ、そのほかは少ない。いずれも新道開通による。

六、舗装されない昔ながらの道がかなりある。笛吹峠の南北（鳩山村・嵐山町）、菅谷館跡西から志賀（嵐山町）、今市から赤浜の渡（寄居町）、荒川沿い（花園町）、中里から広木東（美里村）、八幡山から八高線沿いの北側（児玉町・神川村）、神流川沿い（神川村）などであるが、そのうち、笛吹峠の南北・菅谷館跡西部・荒川へ下る所では、雑木林の中に凹道や切通しを残している。武蔵野の独特な風景の一つとしてあげられるこれらの雑木林の中を通る美しい道の風景は、北の方では群馬県の鏑川低地に下る所だけである。また、塚田西の耕地の中に残る凹道も貴重な遺跡である。

　昔のままの道筋には、庚申塔・馬頭観音碑・道標などの碑類が多く見られる。

七、この区間では、宿駅がどこにあったかは、はっきりしない。

八、花園村内に、お茶々の井戸が残っていること（茶屋があったことの伝承）は珍しい。

九、沿道は農村地帯で、都市化されていないから風景が良い。

一〇、笛吹峠を中心とした窯跡、美里村の甂䍃神社を中心とした古代のかめつくりの人たち、曝井遺跡などからみて、この旧街道は古代からの官道ではないが、武蔵国の政治・経済・文化の重要な役割を果たしてきた道と思われる。

一一、この区間の旧街道は、明治の頃まで主要道として使用されていたようで、土地の年輩の人はたいてい鎌倉街道の道筋を知っている。

6 藤岡から高崎へ〈利根川上流地域を通る道〉

上道編

一　鮎川へ

藤岡市

1　物見山＝庚申山からの眺め（藤岡市）

神流川を渡って本郷（八高線群馬藤岡駅南方二・五キロ）から西へ旧街道を行く（㉜図）。八高線鉄橋を渡ると群馬県藤岡市となる。まず神流川堤防上を南に向かい、鉄橋から約八〇〇メートルほどで道中郷集落の東端になる。対岸は前述の上・中肥土で、旧街道は神流川を渡ってこの地に来た。

堤防を下り道中郷集落に入る。砂利道を進むと右側に道祖神が立っている。この道が旧街道である。道祖神の先を右折する。旧街道は、道祖神の立つ所から直線に西に行っていたものだろうが、現在は少し曲がっている。なお、道中郷北部に東西に走る古道があり、この道は、神流川東岸の中肥土から続く道だったかもしれない。

木曽義仲の愛妾葵御前を祀った葵八幡

右折した旧街道の右手の畑中に小さい祠が見えるのが**葵八幡**である。木曽義仲の愛妾葵御前を祀ったといわれるが、どうしてここに祀ったかは不詳である。祠左右に大きな板碑が立ち、応長元年（一三一一）の銘がある。この神社は、いつのまにか「あおいさま」と呼ばれ、由来は不明だがハシカの神様として崇められ、近隣からの参拝者が多かったという。

旧街道は舗装道路を越え、凹道で台地上に上ると、神明の美九里東小学校裏門に突き当たって旧街道は消える。校庭の大木は旧街道筋にあったものという。

小学校正面前から舗装道路を西に行くと、県道に出る。その北側の池は、昔は大きな池で旧街道の近くまで広がっていて、**蓮生の池**《れんじょう》といわれ、馬の足洗場だったという。

県道を越えると昔ながらの砂利道となり、、その先は庚申山に刻む谷間に向かって行く。西の一軒家先の十字路を越えると、旧街道は草が生えて廃道のようになっている。その先は笹藪になって通れなくなるが、旧街道の土壇は藪の中にまだ残っているのが分かる。

そこで、藪の手前にある左手の畑を上ると竹林の所で

庚申山からの眺め

農道に出る。そこを右折して行くと、前に消えた旧街道の続きに出て、その先は庚申山中腹を東西に走る広い舗装道路に出る。

その西、左下は自動車教習所であるが、道路左下に旧街道の名残り（帯状の空地）が続いている。左手集落を過ぎた辺りの右手に、**庚申山**への上り口がある。山に上ると、頂上は平坦で見晴らしが良く、物見山《ものみやま》といわれる通りである。ここは安政七年（一八六〇）に建てられた大きな庚申塔をはじめ、北の山崎町に下る道の両側にもたくさんの庚申塔が並んでいる。これらのことからこの山は庚申山と呼ばれるようになった。

鮎川近くの平地に残る旧街道の凹道

旧街道を西へ、右手の白山神社前を過ぎ、凹道で下ると南町で、水田地帯となる（㉜図）。県道を越えると畑中の狭い農道となり、鮎川集落の近くで凹道となる。火の見やぐらの所で北に行くのが旧街道であるが、南に行くと光厳寺で、境内には嘉元三年（一三〇五）の板碑、応永二六年（一四一九）の宝塔がある。西北へ、旧街道を行くと水田地帯の土壇の道となり、鮎川の堤防を越えて川に下る。川は水量が増えさえしなければ小石伝いに対岸に渡れる。

二　山名へ

藤岡市／吉井町／高崎市

1　吉良上野介の陣屋跡（藤岡市・吉井町・高崎市）

鮎川を渡ると左手には男女一組の道祖神があって珍しい。その先の集落は緑埜《みどの》で、その三差路左手に藤岡市文化財で高さ八〇センチの**千部供養塔**がある。

碑は、天明三年（一七八三）七月八日の浅間山大爆発（浅間山火山史上最大）のあった九年後の寛政四年（一七九二）三月に、緑埜の斉藤八十右衛門雅朝が立てたものである。碑には、爆発当時の模様や、爆発の降灰による凶作のため物価が暴騰した状況などが刻まれている。

三差路から西北へ、舗装道路を行くとまた三差路となる。右への道も旧鎌倉街道で、それは次項で述べる。

左の旧街道を行く（㉜図Ⓐ路）。県道に出るが、南へ行くと西平井にある**平井城跡**へ行ける。直進すると旧街道は砂利道となり、白井集落で国道を越えると、広い舗装道路となって、台地に上る。十字路の右手の柿の木畑が、**吉良上野介陣屋跡**、手前右側がその井戸跡で、古井戸が道端に残っている。

吉良氏は、延宝二年（一六七四）から元禄一五年（一七〇二）まで、この地八四〇石を領し、家臣の長船氏に治めさせていた。ここはその陣屋があった所である。

言い伝えによると、吉良若狭守の妻は流産の癖があるので伊香保温泉に湯治に行ったが、この邸に立ち寄って

緑埜の千部供養塔

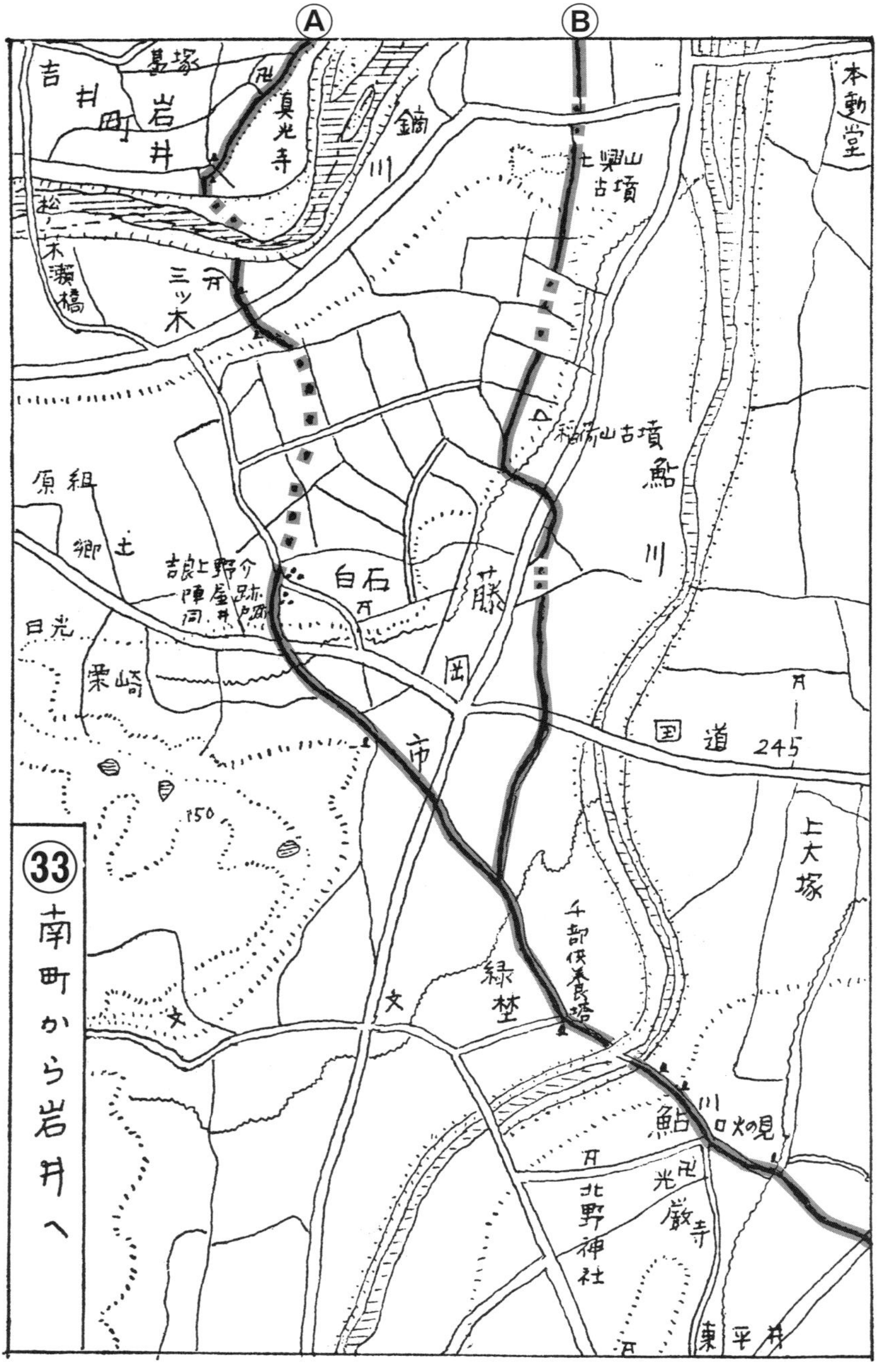
A
B
33
南町から岩井へ
墓塚
吉井町
岩井
真光寺
鏑川
松ノ木瀬橋
三ッ木
本動堂
七輿山古墳
稲荷山古墳
鮎川
原組
郷土
白石
藤岡市
日光
栗崎
国道245
150
上大塚
千部供養塔
緑埜
文
鮎川
川口
火の見
北野神社
光厳寺
東平井

上野介を生んだという。その産湯を流した所に祠があり、そこに上野桜という名樹があったという。こうしたことから見ても、旧街道は江戸時代まで使用されていたことが分かる。

ここから北の旧街道は、耕地整理をされて消えた。そこで新道を北に行き、鏑川《かぶらがわ》低地に下る坂となるが、その手前を右折する。台地端は雑木林で、その先に低地に下る切通しの旧街道がある。下ると三ツ木集落で、牛の牧場横を通って県道に出、さらに行くと鏑川に下る道がある。

この下った川岸が渡し場で、舟で渡ったものであろう。鏑川は両岸とも絶壁であるのに、ここだけが幸いに両岸とも緩傾斜で、いい渡河点になっている。

県道に戻って西に行き、松ノ木瀬橋を渡って吉井町に入る。橋を渡ってすぐ右折し、岩井への砂利道を行くと、北へ抜ける舗装道路と交差する。その一つ手前の細道を川岸に向かうと、ひとむらの竹林がある。そこが古くから渡し場の小屋があった所という。対岸の地形がここから見るとよく分かる。

竹林の北側の狭い平坦地を東に行く。これが旧街道の

鏑川低地に下る旧街道の切通し

名残である。その先も河岸段丘上は廃道のようなあぜ道である。右手に馬頭観音が立ち、その先は墓地となっている。さらにその先は自動車修理工場となり、その前に石仏が並んでいる。

旧街道はその東側、河岸段丘上を東北に廃道となって続いているが、この地一帯の道の右側は丸い玉石で積み上げて道を保護している。石積みは鎌倉時代からのものかは分からないが、相当古くからのものという。この道は、新田の真光寺東を通って台地に上っている。

道は八軒家で広い道と一緒になる（Ⓒ路）。その先の一つは北に続き、上信電鉄入野駅東側を通る舗装道路と一緒になるが、この道については次項で述べる。もう一つは広い道を東北に続いていたと思われる（㉝図Ⓐ路）。その道は、福言寺で左側の桑畑に分かれる道を北に向かい、右側に古墳群を見ながら行くが、途中で道は消える。消えた辺りで、次項に述べる鏑川東側から来る旧街道（Ⓑ路）と一緒になり、北の山名八幡前に向かっていたようである。

2　悲話を秘める七輿山古墳（藤岡市・高崎市）

前項の緑埜から北への旧街道を行く（㉝図Ⓑ路）。水田地帯を北に行き、国道を越えると丁字路となって道は消える。左折して県道に出て北に行くと、右に分かれる道があるのでそこを行くと、前に消えた旧街道の続きに出る。道は県道を越えて西に向かい、小川を渡って台地に上る。桑畑を北に行くと右手の小高い丘が、藤岡市指定史跡**稲荷山古墳**である。北に行って十字路を右折し、坂を下る所の右側に古墳への上り口があり、頂上に碑が立っている。

古墳は前方後円墳で、全長九二・五メートル、後円部の高さ一二メートル、前方部三メートルと、その差の大きい規模で、東側の石室は長さ八・二メートル、幅九〇センチ、自然石を不規則に積み上げてある。西室の長さは五・二メートル、自然石で棺の周囲を不規則に囲い、その上を粘土で覆っていた。出土品は埴輪の家・倉庫・短甲《たんこう》・内行花文鏡《ないこうかもんきょう》・乳文鏡《にゅうもんきょう》・玉類・石製箕・くつ・きね・鎌・石枕など珍しいものが多くあり、すべて東京国立博物館に所蔵されている。

北側から見た稲荷山古墳

古墳から下りて、県道に出ると全景が分かる。県道をそのまま北進して西の落合集落に入り、右折して北進する。しばらくすると、左側の農家の間から国史跡の**七輿山古墳**《ななこしやま》入口の柵が見えてくる。古墳に上ると、前方部分に五百羅漢が並んでいる。全部首がかけていて異様である。

全景は、北の県道から見なければ分からないがその規模はこの地方では最大で、全長一四〇メートル、前方部の高さ一八メートル、幅一〇〇メートル、後円部は削られて変形しているが高さ一八メートルで二子山形式である。山にはマツ・スギなどの大木が疎らに生えていて、きれいに手入れされ、周りの堀も一部残っている。頂上からの眺望が良い。また、この古墳も未発掘のままである。

七輿山という名称の由来は、吉井町の八束《やつか》城にいた**羊大夫**が、官軍に攻められた時、四散した一族が、ここで落ち合い、そのうち女臈七人がここで自害し、乗ってきた輿とともに葬られたからだという。古墳の東の宗永寺には、付近で発掘された石棺などの出土品が保存されている。

前の松並木のある旧街道に戻って北に行き、県道に出て古墳の雄大な全体形を見る。旧街道は県道に出ると消えるが、県道を東に少し行くと左の水田地帯に北進する旧街道が見えてくる。

七輿山古墳の前方部にある五百羅漢

そこは土壇らしい道であるが、そこを北進し、上落合集落に行くと左手に県史跡の**伊勢塚古墳**がある（㉞図Ⓑ路）。円墳で保存状態がよく、南側の横穴式石室はよく見られ、自然石の細長いものを小口に積み、大石を模様のように配して、日本でも珍しい石室の一つとされている。

旧街道沿いで、このように特色ある大古墳を見ながら通れるのはこの地方だけである。旧街道を北に行くと鏑川の堤防に出る。川岸に大きい岩があり、**猫岩**という。その岩の所が渡河地点で、そこを舟で渡った。荒川の赤浜の渡しや烏川の渡し場にもあるように、大きな岩の所が渡河地点になっていて、岩は川の水量を知るうえに大切な働きをしていたのである。

堤防上を東に、県道に出て鏑川橋を渡り、川の北岸に沿って西に行くと、前の猫岩が三角形に見える。右側の新興住宅地の西端から北の舗装された道に出る。舗装道を横切って北へ桑畑中のあぜ道を行くと辺りは小さな古墳が多く散在している古墳群地帯で、その一つの小さな古墳に突き当たって旧街道は消える。古墳前で左折し、その西の古墳前で右折して北に行くと、前項で述べた吉

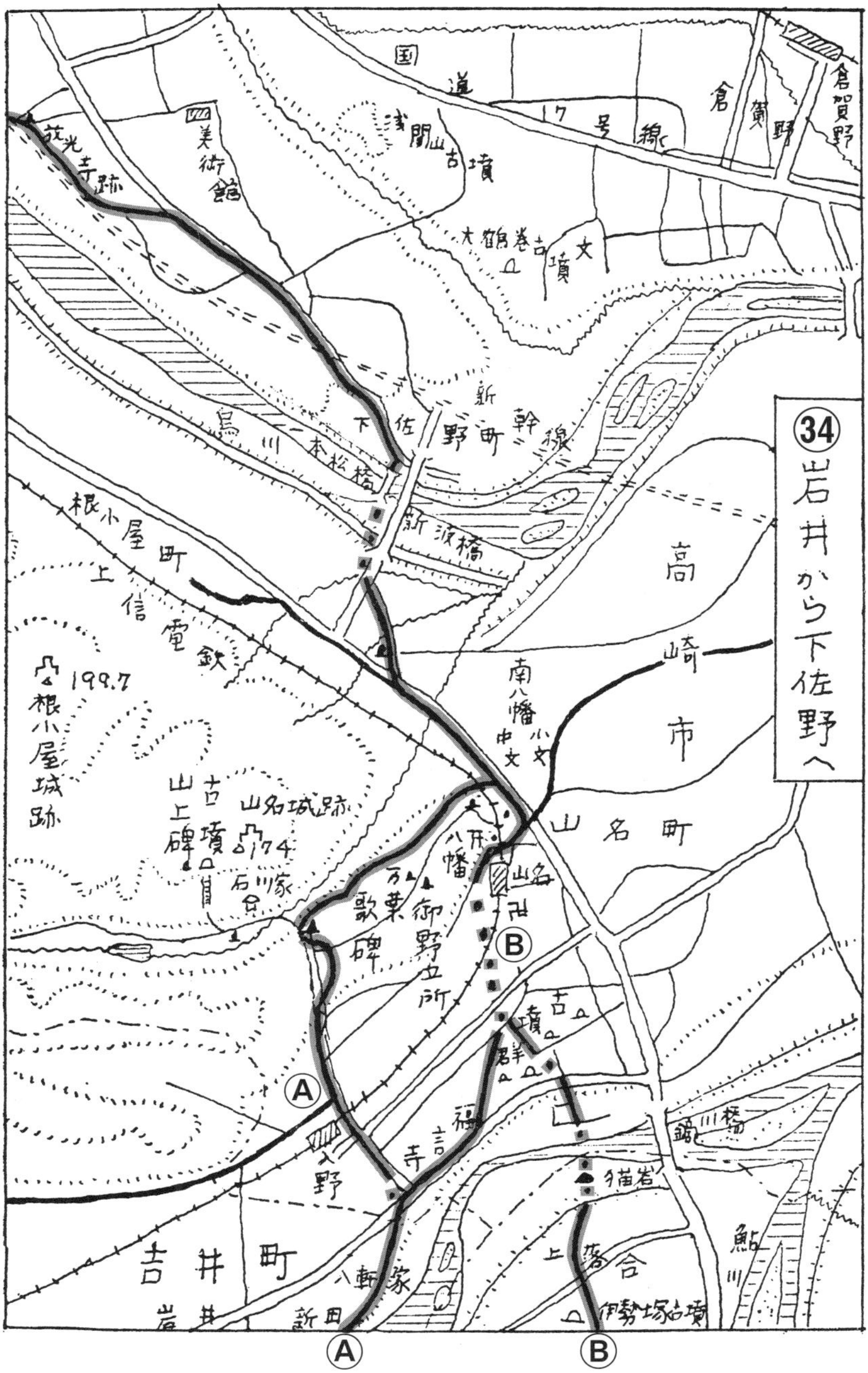

34
岩井から下佐野へ
国道17号線
倉賀野
美術館
浅間山古墳
大鶴巻古墳
文
新幹線
下佐野町
烏川
本松橋
根小屋町
上信電鉄
199.7
根小屋城跡
山上碑
古墳
山名城跡
174
石川家
万葉歌碑
御野立所
八幡
山名
南八幡小
中
高崎市
山名町
古墳群
吉井町
入野
八軒家
岩井
新田
猫岩
上落合
伊勢塚古墳
鮎川
A
B

鏑川の渡河点・中央の林の所に猫岩がある

井町経由の旧街道と一緒になって北の山名八幡前に向かっていたようである。

畑中のあぜ道を東に行って県道に出、北進すると左側に上信電鉄山名駅への通路があり、さらに北進すると山名八幡への道がある。そこを行くと線路のため八幡宮への道は中断されているが、左の線路踏切を渡って八幡に行く。踏切から西南に行く道は、旧街道の名残かと思われ、前に古墳群の北で消えた旧街道は、この道に続いていたのではないかと思われる。なおその道はさらに西南へ続いて下仁田方面に抜ける旧街道ではなかったろうか。

山名八幡は、丘陵の東端の中腹にあり、宇佐八幡を勧請したものというが創建は不明である。文治年間（一一八五〜九〇）に、寺尾館の新田義重の三男、山名城主義範が社殿を造営したものという。本殿の彫刻は素晴らしい。またこの本殿の建築が普通の神社と変わっているのは、本殿裏側からも参拝できるように建てられていることである。それは、本殿裏の通路が旧鎌倉街道であったからだという。その道は丘陵中腹を西に続いている。

神社裏の道は鎌倉街道の本道だったとは思えない。神社本殿の特異な建築様式は、別の意味があるのではなかろうか。あるいは、その道は古代の道路だったかもしれない。本殿裏から右へ出て自然遊歩道を八幡の裏山へと登ると、眺望がよく万葉歌碑と今上天皇（昭和天皇）の御野立所跡の碑が立っている。万葉歌碑には、

佐野山に打つや斧音の遠かども
　寝もとが児らが面に見えつる

遠くの佐野山（烏川の対岸）で、夫の働いている斧の音が聞こえてくる。その音はかすかでも、傍で寝ている子供たちが目を覚まさないかと、そっとのぞき込んだ、という意味である。

御野立所跡碑は、昭和九年一一月、今上陛下（昭和天皇）がこの地に展開された陸軍特別大演習をご覧になった記念のものである。

なおそれから、丘陵上の自然道は、次項で述べる山上碑へと続いている。

山名八幡宮

しかし、今まで調べてきた鎌倉街道は、平坦地を直進してきているのである。山名八幡は由緒深い神社であるにせよ、丘陵東端にあるから、わざわざ丘陵中腹まで上って神社裏側から参拝し、それから丘陵を越える必要があるだろうか。南方の平地から鎌倉街道を進んできたら、堂々と正面下から参拝、そのあと少し東に小回りして北進すれば烏川の渡し場に行けるのである。それで、

3　古代を語る山上碑と古墳（高崎市）

丘陵上に立つ御野立所跡碑

上信電鉄入野駅前から北の鎌倉街道といわれる道を行く（㉞図Ⓐ路）。この道は、吉井町の八軒家から北に向かっていたという。入野駅東側の舗装道路を北に行くと、丘陵南を西に行く舗装道路がある。西方の下仁田に向かう鎌倉街道だという。東の山名八幡下へも古道はあったものと思われる。

なおそこから北の丘陵へ行くのも鎌倉街道ではないかという人があるが、古道としては考えられるが、上信越と鎌倉を結ぶ鎌倉街道の本道ではなかろう。平地を山名に行けるのに、わざわざ丘陵を越えて山中に向かうことは考えられないからである。

丘陵を深い切通しで越える。古道だったらしい道が切通し東にある。比較的低い鞍部を凹道で越えている。山ノ上村落に下ると、右側に地蔵堂がある。小川を渡って西に行くと、右手山の頂上に山上碑と古墳があり、そこへ上る高い石段がある。

石段を上ると正面が山上古墳である。凝灰岩きり石積みの精巧な構造の両袖型横穴式石室が見える山寄せ式古墳である。古墳東側の建物の中に山上碑が保存されている。

碑は、この西北にある金井沢碑《かないざわひ》と、西南方にある多胡碑《たごひ》とともに上野三碑《こうずけさんぴ》といわれる古代の碑の一つで、いずれも国の特別史跡になっている。安山岩で、高さ一・二メートル、幅約五〇センチで、白雉三二年（六八一）に佐野の放

山ノ上碑（建物の中にある）と古墳（建物後方の山）

光寺の僧長利が建立したもので、前記古墳をつくった時の墓誌に相当するものであり珍しいものである。

古墳前右側と古墳奥の方には万葉歌碑が立ち、自然道が峰の方に続いている。古墳東方の山頂には山名城跡がある。

古墳から下の道に戻る。山ノ上村落を通る東西の道は鎌倉街道といわれている。この道は佐野の渡しから根小屋にきて金井沢に入り、山ノ上に上ってこの東西の道を東に、山名に向かったという。丘陵東端は、雨が降ると濁水で通行不能になるので、やむなく遠回りしてこのような山道を通ったのであろうという。

それを裏付けるものとして、道を東に戻ると、左側道端には小さな宝篋印塔が立っているし、左手段上にある石川家は山元の宿といわれ、鎌倉街道の宿屋だったといっている。だからといって、この道が鎌倉街道の本道といってよいだろうか。古代の古道で、鎌倉時代にも使われた鎌倉街道の支道ということであろう。

前述の地蔵堂前を東に行く。段丘上を通り、山名団地前を通って山名の県道に出る。この県道は、山名八幡からくる鎌倉街道が拡張された道である。

三　高崎へ

高崎市

1　佐野源左衛門常世の屋敷跡（高崎市）

上信電鉄山名駅から北へ旧街道を行く（㉞図Ⓑ路）。はじめ山名八幡前から丘陵下を北に向かっていたこの道は、線路の出現とともに、消えてしまったのではないかと思われる。しかし、線路の東側を北に進んで県道に出る道も旧街道のように思われる。

鎌倉末期の『宴曲抄』によると、旧街道は山名から倉賀野への道を通っているから（後述する）、県道の東へも続き、烏川を越えて倉賀野に通ずる道もあったろう。しかしそれは遠回りなので、本道ではあるまい。

県道を西北に行く。古道は烏川南を西北にも続いているが、高崎への道を行く。県道から右に分かれる舗装道路がある。それが旧街道で、その先は烏川に新橋（新波橋）を建設している。新橋の西側に細い一本松橋がある。ここが旧渡し場で、舟で対岸に渡ったという。

一本松橋は手前右側に神籠石《こうごいし》という岩がある。橋上から上流を見ると、北岸には赤石（真砂石）という岩が見

烏川の渡し場だった所に架かる一本松橋

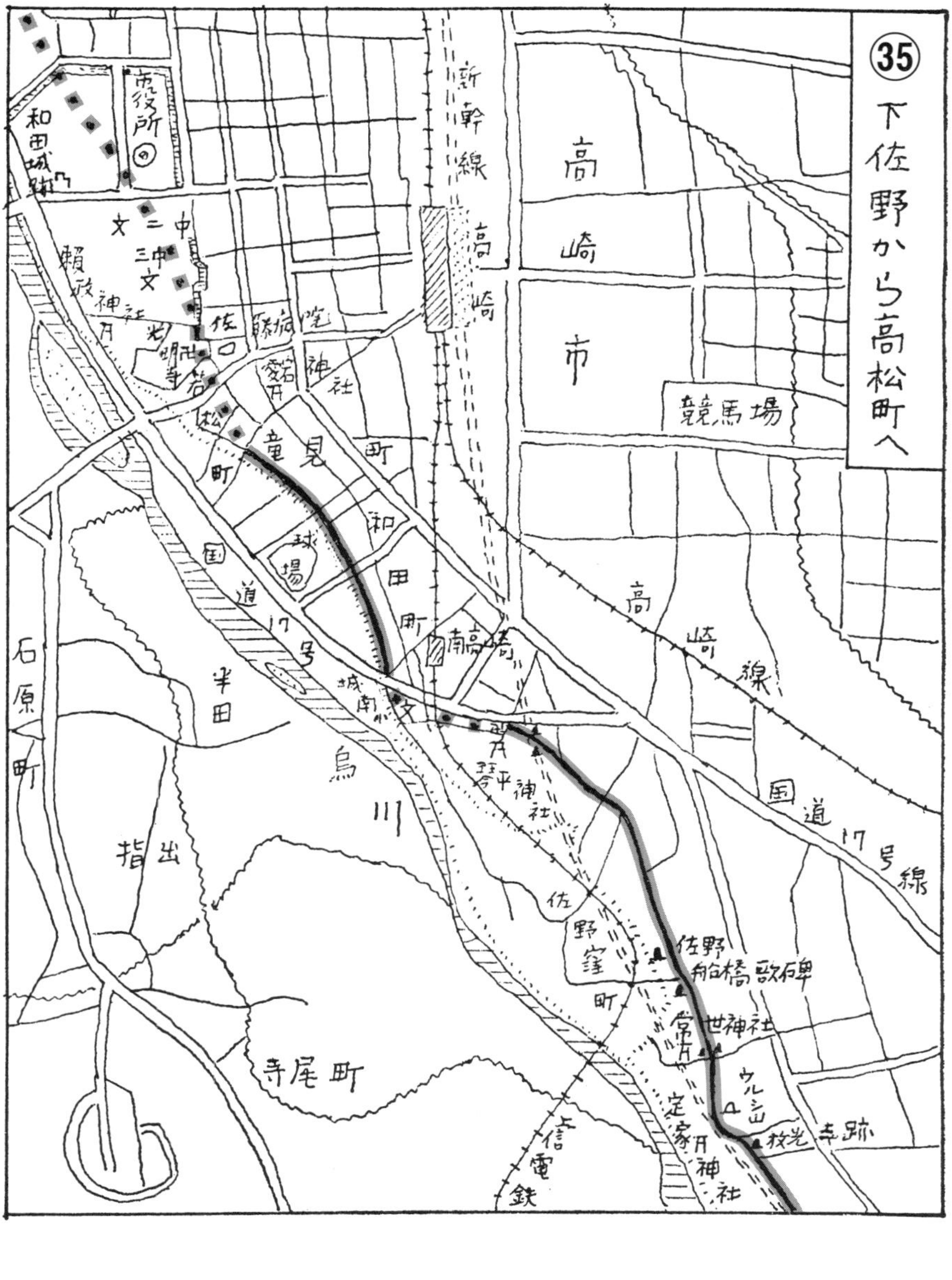
35
下佐野から高松町へ
新幹線
高崎
高崎市
競馬場
市役所
和田城跡
二中
三中
頼政神社
光明寺
佐藤病院
若松町
愛宕神社
竜見町
和田町
球場
国道17号
南高崎
高崎線
城南小
国道17号線
烏川
半田
石原町
指出
寺尾町
佐野窪町
佐野舟橋歌碑
常世神社
ウルシ山
定家神社
放光寺跡
上信電鉄

え、さらに上流には聖石という岩もある。これらの岩は**烏川の三名石**といわれている。これらは、荒川の獅子岩や鏑川の猫岩と同じように渡河点にある岩で、水量を知る目印のものである。

ここから高崎市内への旧街道は、高崎観光協会刊『**高崎の散歩道**』に詳述されている。まず、橋を渡ると広い舗装道路に出る。この道は旧藤岡街道といわれるが、旧街道を拡張した道である。段丘を上るとまばらな住宅の間から、右手遠くに下佐野古墳群の大鶴巻・小鶴巻・大山・浅間山などの大古墳が見られる。

旧街道は左に分かれて、昔ながらの細い道となる（㉞㉟図）。そこを行くと、左手は上越新幹線の基礎工事が行われている。まもなく右手の下佐野上組公民館傍に大きなマツの木があり、その下に史跡、**放光寺跡**の碑が立っている。公民館前には放光明神もある。放光寺は、前述の山上碑を建てた僧の長利がいた寺であり、佐野の屯倉の氏神であった。

この左手の新幹線敷地内で、古代の住居跡が発見されてその発掘をやっている。その北に行くと定家神社がある。江戸時代中頃の創建で、和歌の名人藤原定家を祭神としている。神社には県の文化財の縁起の巻物が秘蔵されている。

境内には古墳が二個あり、一つは森の中、もう一つは境内南にあって、その前に芭蕉の句碑（松杉をほめてやかぜのかほる音）が立っている。また山名八幡裏山にある万葉歌碑と同じ歌碑がある。佐野山というのはどの辺りかは分からないが、佐野という地名はこの辺りである。歌碑左手の小屋中に仁王像が保存されている。

神社北に行くと右側に**漆山古墳**があり、南側に石室の狭い入口がある。石室内は、土砂で半分以上埋まっている。ここからの出土品は古墳南の堀口家に保存されている。

その北、住宅地で十字路となる右角に佐野源左衛門常世神社入口と刻んだ高い石柱がある。左折して行くと、右側に鳥居があり、その奥の古墳上に小さな常世神社がある。神殿前には、歌碑などが立っている。

ここは常世の遺跡で、常世は冬の夜に碓氷峠を越えて、鎌倉に帰る旅僧（実は執権北条時頼）を泊め、秘蔵の盆栽であるウメ・マツ・サクラの三本を炉にたいて暖をとらせたという話で有名な所である。この付近からは、お

佐野源左衛門常世居住地に建つ常世神社

びただしい古銭や、唐金の茶釜が出土したという。付近には源左衛門屋敷とか長者屋敷とか、北条時頼が洗面した流れとか、伝説の地名が残っている。

佐野源左衛門常世は、栃木県佐野市の唐沢山城の城主である。高崎市の上佐野には、この人の何代か後の一族が住んでいたことが系図に出ている。

2　愛の強さを示した佐野の船橋（高崎市）

常世神社から東の十字路に戻って北へ行く。しばらくすると、左側に高崎市文化財の万葉歌碑が立っている。碑の上部に「舟木観音」が、円光形と忿怒型の像を彫刻し、その下に万葉の歌が二行に刻まれている碑のある所は「佐野の渡し場」であった。

かみつけの佐野の船はしとりはなし
　親はさくれどわはさかるがへ

裏面に、「古道佐野の渡　文政一〇年（一八二七）孟冬（一〇月）良翁建立」とある。良翁とは、高崎市新町にある延養寺の僧のことである。この碑は万葉歌碑としては古いものである。

昔烏川を挟んで両岸に、朝日長者と夕日長者がいた。両長者の娘と息子は恋仲となったが、親の反対で結ばれない。二人は親が反対しても、私たちの中は裂けないだろうとついに心中をして果てた。この物語を詠んだ歌で、渡し舟は恋の舟橋とも呼ばれていた。碑の東にある西光寺は、朝日長者の屋敷跡とも伝えられる。

古くは烏川がもっと北寄りを流れていて、ここが鎌倉街道となる以前の古道時代の渡し場だったという。ここから対岸の根小屋に渡ったが、その後碑西岸の一段低い段丘下の佐野窪が陸地化すると、そこから南に行き、一本松橋の所から烏川を渡るようになったという。

ここから北へ行くと、高崎市街地に近くなり、すっかり住宅地となる。北に行くと左側に一《メートル》ほどの道標を兼ねた馬頭尊の碑があり、低い台石の正面に「左ふじおか、ちちぶ」、左側に「右高崎」と刻んである。

その北へ行くと、この地方では珍しい男女僧形の道祖神がある。天保四年（一八三三）のもので、当時は天災・飢饉続きであったから、豊作と幸福を祈ったものであろう。

その先で旧街道は丁字路となって消えている。突き当たりは荘厳寺で、左折すると**琴平神社**である。この辺りは古くは古墳群地帯で、弥生・古墳時代の土器が散在していた。琴平神社も大きな古墳の上に建っている。神社東側の石段を上がると、突き当たりに大きな宝篋印塔が立っている。境内では毎月一〇日に露店が出て、植木市などが開かれて賑わう。

寺と神社の間を西に行き、上信電鉄線路を渡り、城南小学校前で左折し、さらに学校南を西に行くと、台地端を北に行く道がある。烏川流域と西方の美しい丘陵を眺めながら国道を越える。

前述の『高崎の散歩道』（記述は北から小学校に向かうように書かれている）には、「現在では、国道を渡りますが、昔は小さい流れのどぶ川を越えると旧い避病院の建物が、木立の間に見える淋しいところ。現在、城南児童遊園地になっているところは、キリスト教徒の人々の墓地が、古墳の一部かと思われる小高い山の周囲に、ひっそりと十字架の墓地が建っていた」とある。

国道を越えて北に行く。台地端の道で、前に消えた旧街道の続きである。住宅が並ぶが、その間にとぎれとぎれに、西方烏川をへだてて観音山丘陵の美しい眺めが展開する。龍見町は江戸時代には武家屋敷、明治以後は軍人の町であった。

旧街道筋は、若松町辺りで消えて、同町の光明寺と佐藤病院の中間を北に向かっていた。曲がりくねって北の佐藤病院横に行く。病院の庭に大きな化け石（またはぼけ石）といわれる石がある。旧街道筋にあって、馬に蹴られたから馬蹴り石ともいわれている。

高崎市台地端を通る旧街道

旧街道は光明寺北を通り、**旧高崎城跡**の三の丸濠東南隅に出る。濠から西の一帯が旧高崎城内である。この辺りははじめ和田といっていたので、今でも町名にその名が残っている。戦国時代に、和田義信の嫡男信忠が初めて**和田城**を築き、慶長三年（一五九八）に**井伊直政**が和田城に移ってから、和田の地を高崎と改めたのである。和田城は、高崎城の四分の一ぐらいの広さだった。

音楽センター辺りから南は**馬上宿**《ばじょうのしゅく》といい、市役所辺りを**金井宿**といい、旧街道はその両宿を通って北に続いていた。その先は、歌川町を通って安中・松井田・横川を経て碓氷峠に行くのであるが、この道は江戸時代の中山道のもとになる道でもある。

『宴曲抄』には、身馴川以北碓氷峠までを次のように詠んでいる。

朝市の里どよむまで　立ちさわぐ是やは児玉玉
鉾の　道行人に言問わん　武士の弓影にさわぐ**雉が**
岡　矢並に見ゆる**鏑河**　今宵はさても**山名**越ぞ　い

高崎城跡入口

ざ**倉賀野**に止まらん。夕陽西に回りて　嵐も寒き**衣沢**　末野を過ぎて指出や　**豊岡**かけて見わたせば　踏みとどろかす乱橋の　しどろに違う**板鼻**　誰**松井田**にとまるらん。

要約

藤岡から高崎までの道は、利根川上流の鮎川・鏑川・烏川を越えて、台地上の金井宿へなるべく直線的に進んだ道である。その道筋と沿道の様子は次の通りである。

一、山名町を通る旧街道筋がはっきりしない。土地の人たちは、山ノ上碑下を通る鎌倉街道というものにとらわれすぎ、山名八幡本殿裏の鎌倉街道と称する道を意識しすぎて、多くを語ってくれないような印象を受けた。

二、良い渡河地点を選んでいる。鮎川では浅瀬、鏑川では西は川岸の絶壁のない所、東は猫岩のある所、烏川では神籠石・赤石などの岩のある所である。岩は渡河地点を示すばかりでなく、水量が分かるのである。

三、川沿いでは河岸段丘を通っている。

四、沿道に古墳が多く、落合の稲荷山・七輿山・伊勢塚の古墳などは、上州の代表的古墳である。
五、鏑川北岸、岩井の河岸段丘を通る道に石積みが見られるが、当時のものかどうか確かな証拠は得られなかった。
六、都市部や耕地整理実施地域では、旧街道の消えた所が多い。
七、改修されない昔ながらの道は少ない。旧街道の遺跡ともいうべき凹道は、神流川西岸の道中郷から台地に上る所、鮎川の東部で見られるぐらいであり、武蔵野特有の雑木林のきれいな旧街道は、白石から三ツ木に下る所の一箇所だけである。
八、沿道には、庚申塔・道祖神・道標などから、いろいろな史蹟があるばかりでなく、風景がよく散歩道として好適な所が多い。

山ノ道編

はじめのことば

旧鎌倉街道山ノ道は、最近幻の道・夢の道・ひどくは謎の道などとさえいわれはじめるようになってきた。消えた所が次第に広がってきたり、歩きにくくなってきたからのようである。

このような歴史の道は何とか世に書き遺しておきたいものだと思い数年前から全行程の実態調査をしていたが、今回完了することができた。本書は、その道筋を地図に復元し、合わせて沿道の歴史・地理を簡略に述べて紹介したものである。そして最近活発になってきた歩く会などの人たちのための案内に役立てばと念願したものでもある。この道筋を詳細に述べたものはまだ発表されていないので、おそらく本書が最初のものと思われる。どうぞよろしくご指導いただけますようお願いしたい。

『旧鎌倉街道山ノ道』の「旧鎌倉街道」とは鎌倉時代につくられた街道のことをいったのであり、「山ノ道」とは関東地方西部丘陵地帯を南北に通っている。一部は古代から使われていたが戦国時代まで盛んに利用された主要幹線道路で今は「強者共の夢の跡」となったが、ロマン溢れる道であった。

幕末には一部シルクロードとして使われ、群馬県では上州道、秩父地方では秩父道、奥武蔵・奥多摩では山根道などとも呼ばれてきた。この道は、旧鎌倉街道上ノ道から町田で分かれ、町田・八王子両市西部・日の出町・青梅市内を通り、埼玉県に入って名栗村・横瀬村・秩父市・皆野町・児玉町・神泉村と北上し、群馬県に入って鬼石町・藤岡市と通り、なお西北して碓氷峠から信州へ通じていた。

この道を調査しての全体の感想は、沿道は新緑・紅葉等の渓谷美に恵まれた自然で、ぜひ歩いてほしい道だと思うことである。

旧鎌倉街道は、鎌倉時代以前の古道をうまくつなぎ合わせてつくった道といわれている。上・中・下のいずれの道もそれは実証できるが、山ノ道もその感が強い。

著者は、武蔵国内における旧鎌倉街道といわれる道を調査し、歩き回って一五年間になろうとしている。その調査研究は『旧鎌倉街道探索の旅』上・中・下各道編計三冊、古代の道を主とした『武蔵古道ロマンの旅』一冊、万葉歌周辺の古代の道のみを集めた『武蔵野の万葉を歩く』一冊、計五冊を発表した。長い街道の調査は、他に類似の本が少ないため、調査と発表の仕方に不充分な点が多々あった。

しかし、お蔭様で前四冊は日本図書館協会選定図書として、最後のものは全国学校図書館協会選定図書としてご指定をいただくことができ、光栄の至りに思っている。

私の趣味と健康を兼ねた古道研究は、山ノ道を残すのみになっていた。その調査も一応終了したので、既刊のものの続編として今回出版したのである。これで、武蔵国を主とした旧鎌倉街道は不充分ながら完了することができた。

そこで本書の最後章に、総まとめとして「武蔵国を主とした旧鎌倉街道」を設けて結びとした。

いつものことであるが、多くのご指導・ご協力いただいた方々には、ご満足いただけるような内容にならないのでご不満だろうと思う。その上独断的な点もあろうと思うので、お詫び申し上げるとともに厚く御礼を申し上げる。また読者各位のご批判とご指導もお願いしたい次第である。

最後に、私の古道研究調査に対して、いつもあたたかいご指導とお励ましをいただき、全六巻にわたって出版して下さったさきたま出版会社長星野和央様には、心から深く感謝の意を表したい。

昭和六二年一月

著者　芳賀善次郎

1 藤岡から皆野へ

〈埴輪運搬路・貢馬運搬路・シルクロード
上州からの交通路・上州武士の交通路〉

山ノ道編

上州からの交通路

藤岡市／鬼石町／神泉村／児玉町／皆野町

大和朝廷の勢力が武蔵に及んだのは、大和朝廷の前進基地であった上野国を通してであった。だから武蔵国の成立当初は上野国が所属していた東山道行政圏に所属していたのは当然のことであった。

武蔵国で上野国に接していたのは秩父地方であるから、そこが上野国へ対する入口であった。そしてその通路は、碓氷峠―高崎―藤岡―鬼石《おにし》―皆野である。この道は、奈良時代に秩父に和銅が発見された時は和銅を、秩父に官営牧場が設けられた時は貢馬を、それぞれ都に輸送する道であったろう。

中世になると鎌倉街道の役割を受け持ち、近世には秩父生糸や織物の輸送路となった。この道は上州街道と呼ばれることもある。

1　埴輪造り集団と野見宿禰（藤岡市）

旧街道を藤岡から鬼石へ行くと（①②図）、藤岡市街の郊外に諏訪神社がある。神社は、少し変形したが巨大な前方後円墳上に建ち、後円部には横穴式石室が開口して、截石《きりいし》切り組み積み式の内部が見られる。墳丘全長五八メートル、後円部径三七メートル、高さは前方部、後円部ともに約四メートルで、部分的ではあるが周濠の跡が残っている。古くは陪塚《ばいづか》が二個あったが、現在は神社東北方の一個のみが残っている。

国史跡の埴輪製造窯跡（後方の建物は保存館）

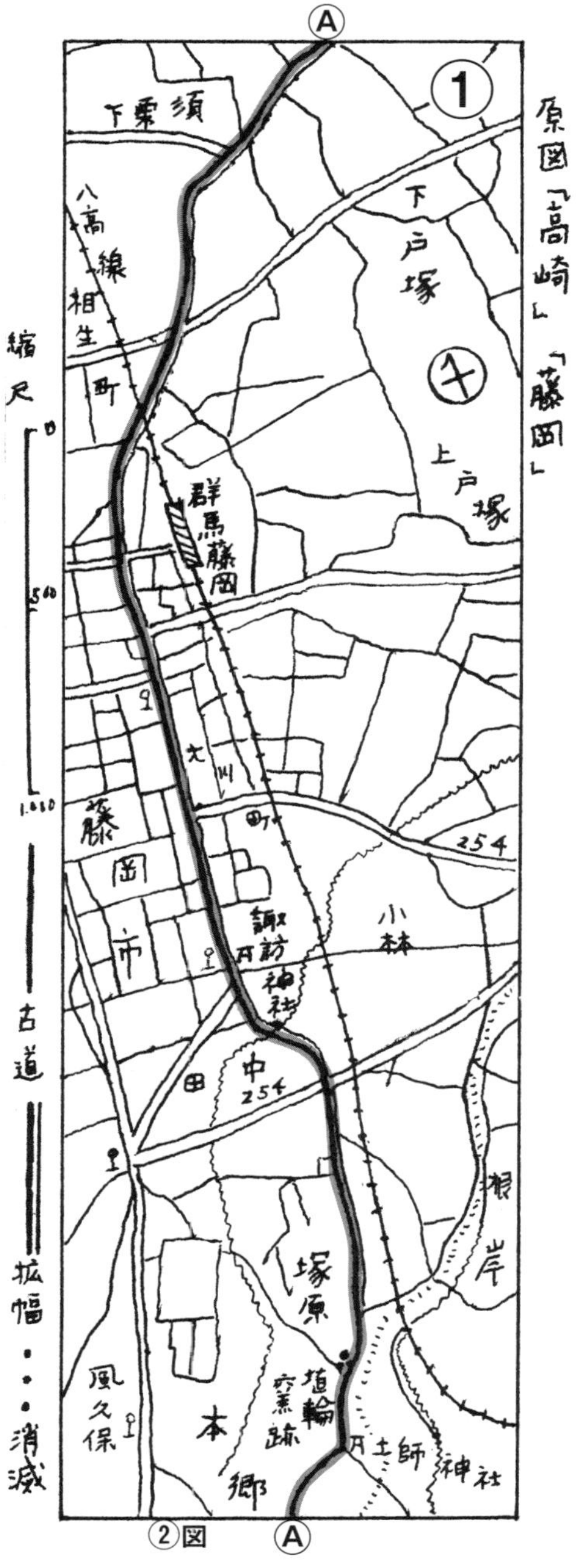

群馬の古墳形式は、自然石の乱石積みから截石切り組み積みへ変化したが、形態は前方後円墳から円墳に移り、埴輪は姿を消していった。こうした時代の推移からみると、ここの古墳は前方後円墳で截石切り組み積み式の立派な石室を持ち、しかも埴輪も使っているのであるから、群馬における前方後円墳最終末期のものといえよう。

神社の東南方の小林、南方の塚原には、以前たくさんの小古墳があったが、住宅地化が進んで崩され、現在では八高線東側に少し見られるだけになった。諏訪神社の前方後円墳は、これらを含めこの地方の古墳群での最大のものである。

この地方の地名は本郷であるが、古代には『和名抄』記載地方名の土師郷《はじのごう》で古墳時代には埴輪つくりを職業にしている土師部《はじべ》の居住地域であった。この地方には、土師《どし》神社を中心にして土師部たちが埴輪製造をしていた窯跡が十数基発見された。藤岡市本郷の国指定史跡・本

郷埴輪窯跡は、旧街道に向かった傾斜地を利用した登り窯式で、建物の中に保存されている。釜の前部は長さ六メートル、幅二メートル、傾斜は約一〇度、ラッパ状に開いている。後部が埴輪を焼いた所で、長さ二メートル、幅一・五メートルのほぼ円筒状で、三〇度の傾斜をもっている。この接合部が焚き口である。

この辺りには、三、四〇基の窯が等間隔に並んでいたが、これはこの地方に密集していた一大埴輪製造工場地だったと考えられている。

この辺りの窯跡群の発掘で分かったことは、窯ごとに仕事の分担があって人物を焼く窯・馬を焼く窯・円筒を焼く窯等々に分かれていたこと、製品は上野国西部地域に供給していたということである。上野国東部地域への供給地は太田にあった。生産活動は六世紀後半から七世紀にわたっていたものとみられている。それで、この地から北方の道、またこの地南方の鎌倉街道はその頃からの古道で、埴輪運搬路になっていたのであろう。この台地に上ると、小さい古墳がまだ多く見られる。

窯跡から旧街道を南下すると、森の中に土師神社がある。神社には土師部の人たちが奉祀していたもので祭神

土師神社の相撲壇

は土師部の先祖野見宿禰《のみのすくね》である。野見宿禰については、『日本書紀』には次のようにある。

垂仁天皇の時、当麻蹶速《たいまのけはや》と力比べをするため出雲国から召し出された者で、見事に蹶速を打ち負かした。

倭彦命《やまとひこのみこと》が死んだ時には、墓で巡視をした者が生き埋めになり、うめき泣く声が聞こえ、死ぬと犬や鳥が寄ってきてその肉を突っ突いて食べる。こういう状況を聞かれて心を痛めた天皇は、皇后日葉酢媛《ひばすひめ》がなくなった時には、臣下に殉死に代わる良い方法がないかと問われた。その時野見宿禰は出雲国から土師部壱佰人《ひとももひと》を呼び、土で人形を作らせて古墳の上に立てさせ、それを埴輪と呼ばせたとある。

土師部の人たちは、先祖の野見宿禰の手柄話を語り継ぎ、神として祀り、埴輪づくりに専念してきた。宿禰と蹶速との力比べとは今の相撲のことで、当地はわが国相撲発祥の地としている。

土師神社境内中央には、土を丸く大きく築いた相撲壇(辻ともいう)がある。相撲発祥の地にちなんで造られたもので、出世力士の披露の土俵に当てたり、勧進相撲にも使われた。この辻は、大阪の住吉神社と石川県能登の羽咋《はくい》神社のものとともに日本三辻といっている。

この地方に居住していた土師部の仕事場が窯であり、その土師部の先祖、野見宿禰を祀った神社が土師神社である。また、諏訪神社に立てられていた野見宿禰の墓は前方後円墳であるとみられている。

2 鬼の投げた石(鬼石町)

土師神社の南方の道中郷に葵神社という小祀がある(②図)。葵神社の南を東西に通る道は旧鎌倉街道上道である。旧街道は南の中神田《なかじんだ》で鬼石への県道に合流する。その南は八塩温泉(食塩ラジウム炭酸水で、固形養分を多量に含有し、胃腸病や神経痛に特効があるといわれている)を過ぎて鬼石となる。鬼石への旧街道は風景が良く、沿道には庭石販売業者が多く、たくさんの巨石が野積みされている。

鬼石は典型的な渓谷集落で、三と八の日を市日とする市場町から発達した。神流川《かんながわ》上流と秩父方面が後背地で、昔はアユ・屋根板などの取引地であった。

神流川上流の三波川《さんばがわ》渓谷からは、庭石にする**三波石**(緑

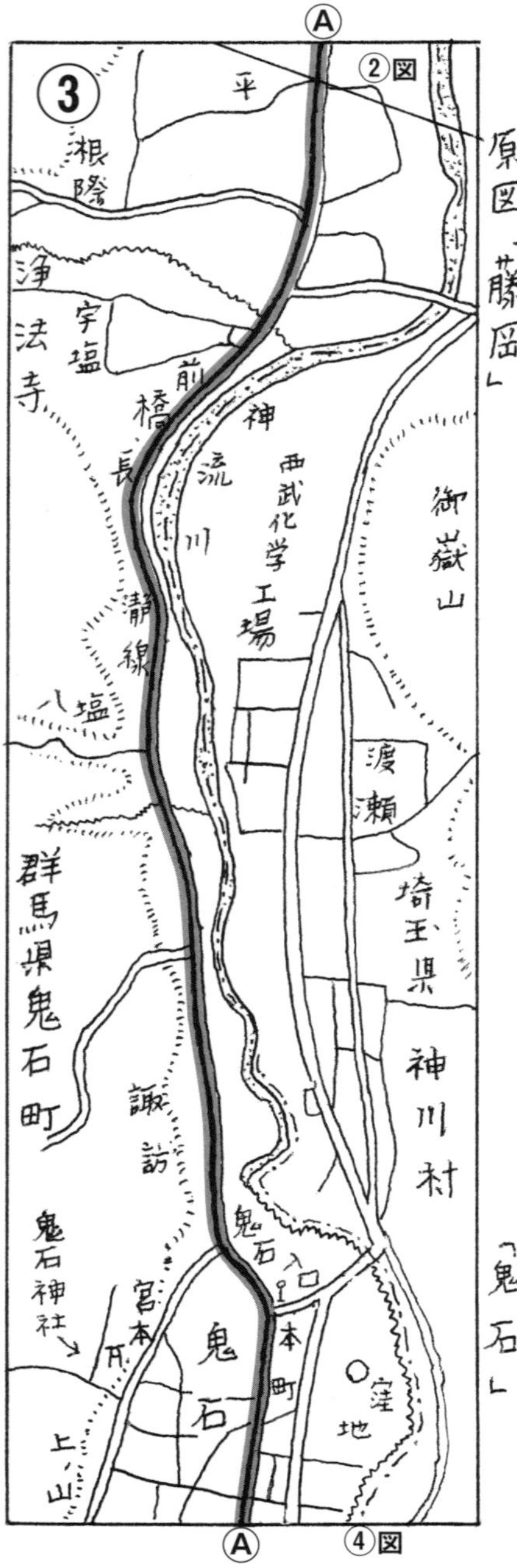
③
Ⓐ
②図
平
原図「藤岡」
浄法寺
宇塩
前橋長
神流川
西武化学工場
御嶽山
八塩
渡瀬
埼玉県
群馬県鬼石町
神川村
諏訪
鬼石神社
宮本
鬼石
本町
「鬼石」
窪地
上ノ山
Ⓐ
④図

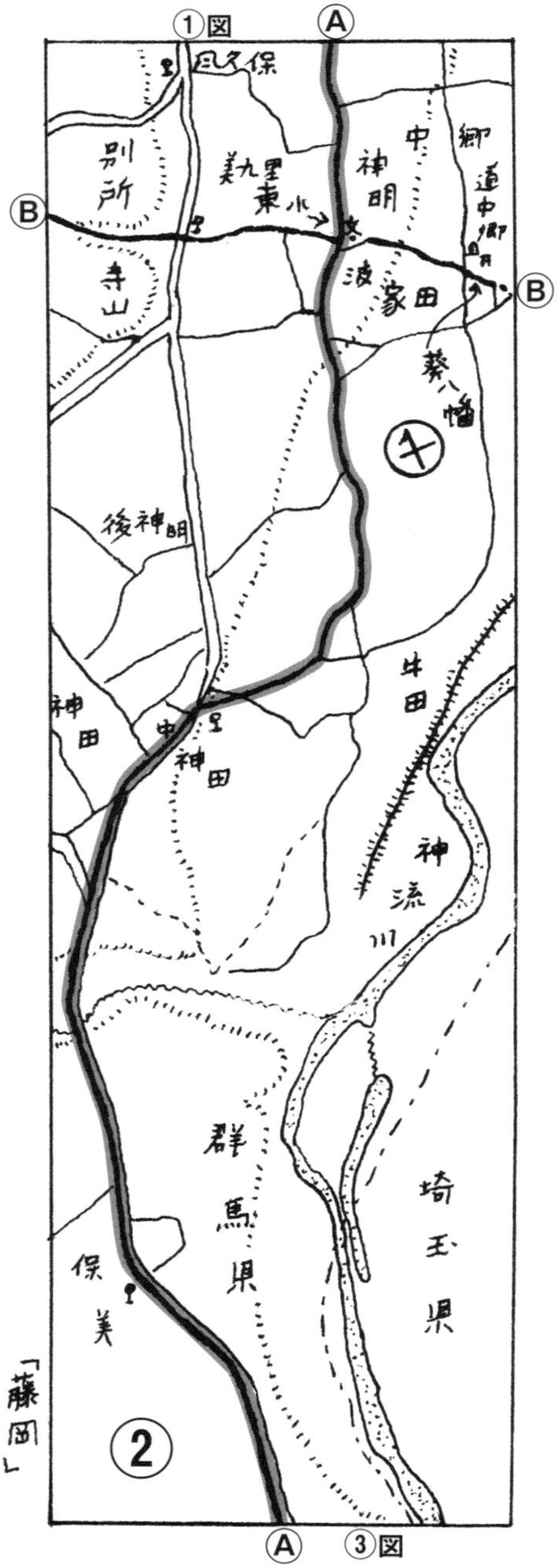
①図
Ⓐ
久保
別所
美九里東小
中
神明
御道中
Ⓑ
寺山
家田
八幡
後神明
牛田
神田
中
神田
神流川
群馬県
埼玉県
保美
「藤岡」
②
Ⓐ
③図

色片岩と呼ばれる変成岩の一種）が産出して、町中にはそれを取扱う業者が多かった。しかし、三波川渓谷と三波石は国の名勝・天然記念物に指定され、三波石の採取は禁止となった。それでも庭石業者としての技術と実績はそのまま三波石以外の庭石取扱者として受け継いでいる。

　鬼石町宮本に**鬼石神社**がある（③図）。御神体は本殿床下にある径一二〇チセン、地上高さ九〇チセン、地下不明の鬼石といわれる巨岩であり、次のように伝えている。鬼石町西方の御花鉾山《みかほやま》に鬼が住み、里人を困らせていた。弘法大師に折伏されて巨石を投げて逃げ去った。その石の落ちたのが神社の御神体であるとか、また鬼が飛んできて石に化したものとか言っている。土地の地名は御神体の鬼石から付いた。鬼石信仰は山岳信仰の自然崇拝の石神で、いわゆる「神籠石」である。異様な自然石に対する信仰で、東京都葛飾区の立石、出羽三山の一つの湯殿山の湯殿石、埼玉県吉見町高真彦神社のポンポン山などはその類である。

天然記念物の三波石渓谷

3　官営牧場の阿久原牧（神泉村）

　旧街道は、鬼石南の上町から神流川を上武橋（上野と武蔵の両国を結ぶ意）の所で徒渉して秩父に入った。神流川南岸は秩父郡神泉村の阿久原である。

　そこには平安時代の承平三年（九三三）、勅旨によって、官営牧場の**阿久原牧**が設けられた。また同時に石田《いわた》牧（場所は長瀞町岩田と皆野町野牧の二説がある）も設けられ、二牧を総称して**秩父牧**といった。

　武蔵国は原野が多かったから早くから牧場が置かれた。『**延喜式**』によると、古代の官営牧場（官牧）には、

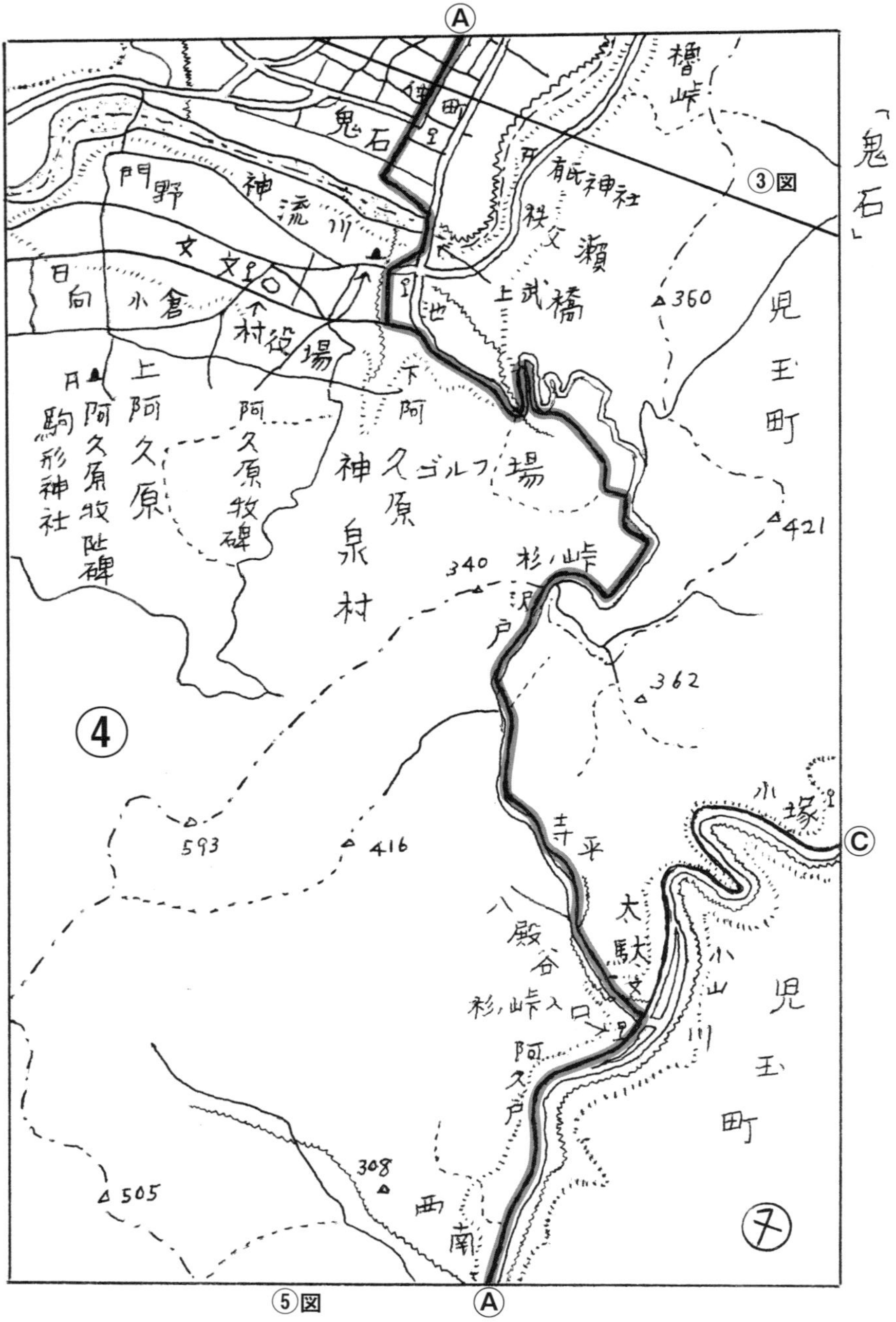
Ⓐ
鬼石
「鬼石」
③図
有氏神社
秩父瀬
上武橋
門野
神流川
文
日向
小倉
村役場
上阿久原
駒形神社
阿久原牧址碑
阿久原牧碑
下阿久原
神泉村
ゴルフ場
360
児玉町
421
340
杉ノ峠
沢戸
362
④
593
416
寺平
八殿谷
太駄
杉ノ峠入口
阿久戸
小山川
小塚
Ⓒ
児玉町
308
505
西南
⑤図
Ⓐ

兵部省所管と左右馬寮所管とがあった。武蔵の国の補兵部省官牧には「檜前馬牧《ひのくま》」と「神崎牛牧」とがあったが、前者は台東区浅草か児玉郡美里村駒衣に、後者は新宿区牛込に推定されている。

左右馬寮の官牧は天皇御料の牧であったから勅旨牧といわれ、全国で三二牧のうち武蔵国内には石川・由比・小川・立野の四牧があった。地名から推定すると、石川は八王子市石川町か横浜市港北区元石川町、小川は秋川市小川か町田市小川、由比は八王子市元八王子町、四谷町弐分方《にぶかた》由比野か八王子市椚田、立野は横浜市港北区田吉本郷か鶴見区駒岡町に推定されている。しかしいずれも確定的なものがない。その後、勅旨牧は多摩郡に小野牧、秩父郡に秩父牧が追加開設されたのであった。

毎年貢進する馬は、武蔵国で五〇頭（立野二〇頭、他一〇頭宛で三〇頭）と定められたがそれは全国の二割強に当たっていた。貢進時期は八月で、牧によって日が決まっていた。これらの牧場管理者には地方の役人上がりの人やその子孫がなったので、その人たちは次第に地方を開拓して武士に成長し、一族は団結して武士団となっていくのである。

緩傾斜地の阿久原

阿久原牧趾碑

貢馬が朝廷に送られると、天皇がご覧になる式があった。天慶元年（九三八）に藤原信西が編集した『本朝世紀』に小野牧から貢進した馬を天皇がご覧になった時の様子を書いたものがある。それには、文武百官の居並ぶ紫宸殿《ししんでん》の前庭に、かがり火の輝く炎に映じた勇壮な式典の様が書かれ、四頭の駿馬の登場、特に目立った三頭を選んだ試乗、鞍上鞍下の妙技の披露、居並ぶ百官の感嘆のどよめきなどが書かれ、演出満点の儀式であったことが想像できる。

この地は神流川に向けて緩やかに傾斜した山麓状の土地で牧場としては申し分のない地形である。ここで育てられた馬は、毎年八月一三日に二〇頭が秩父駒として朝廷に貢進された。貢馬は事前に国府に集められるが、秩父は国府から遠いから、あるいは役人の検査だけで直接東山道を通って送られていったかもしれない。

武蔵七党の児玉党の祖で武蔵国守であった有道宿禰惟行は、国司の任期が満了すると阿久原牧の別当（管理者）となって国府から移ってきた。そして平安時代末には館を阿久原につくり、この地方一帯の領主となった。上武橋東方秩父瀬の有氏神社は、惟行を祀ったものという。

平安末期には貴族の権力が弱まり、これらの牧場も公の牧場から秩父氏とか中村氏などの豪族たちの私的な牧場となってしまう。

神泉村役場西南方上阿久原には、昭和一三年五月に立てられた阿久原牧趾碑（埼玉県旧跡）があり、側に駒形社の小祀もある。著者が五月初めに訪れた時は、辺り一面一輪草の群生地で真白い花が咲き乱れていた。碑前から北方の眺望は雄大で、当時の広大な牧場を偲ぶことができたし、東方には杉ノ峠への自動車道が白く光っていた。なお牧跡碑は上武橋のすぐに西南近くにある（村文化財）。

4 秩父の出入口杉ノ峠（児玉町）

神流川流域と小山川流域の境である**杉ノ峠**へ向かう（④図）。秩父では旧街道を秩父街道というが、『風土記稿』には「道幅凡そ三尺」（約一メートル）とある。これは馬一頭がやっと通れるほどの幅である。江戸時代ですらこのように心細い道であったのだから、古代のうっそうと茂った密林の中の道は恐ろしく淋しいものだったに違いない。山全体は峠名のとおりの杉山で、江戸時代の鬼石が屋根板（屋根を葺く杉の薄皮）の製造が盛んであったことも分かる。

旧街道の大部分の道路は近代化し、新しい道は自動車であっという間に越えられる。ゴルフ場内に細々と残っている旧街道は、ゴルフ場内までは緩傾斜地を通るが、峠近くは急坂である。今は峠まで人が住み（沢戸）、峠から南に下る静かな谷間の集落の児玉町大駄《おおだ》で小山川沿いの古道（④図Ⓒ路）に直角に交差する。明治一〇年代に起きた板垣退助の自由民権運動は上州から秩父へ入って秩父騒動に発展したが、この時この峠で秩父の闘士村上泰治が、上州闘士照山俊三を惨殺する事件があった。

5 出牛の文楽人形と隠れキリシタン（皆野町）

児玉町南端の横畑から南下すると、皆野町**出牛**《じゅうし》である。ここは江戸時代には宿場として賑わった所で、山間部のうちでは一番家並みのある街村である（⑤図）。

集落の中央部の西福寺（無住）山門近くに、「出牛文楽人形芝居発祥地」の標識がある。出牛が宿場で栄えていた頃、文楽人形が上演され出牛人形といわれてきた。毎年正月二八日の寺の不動様の縁日に、境内に舞台を組んで上演し、二月初め頃まで続けていた。特徴

ゴルフ場内に白く光って残る旧街道

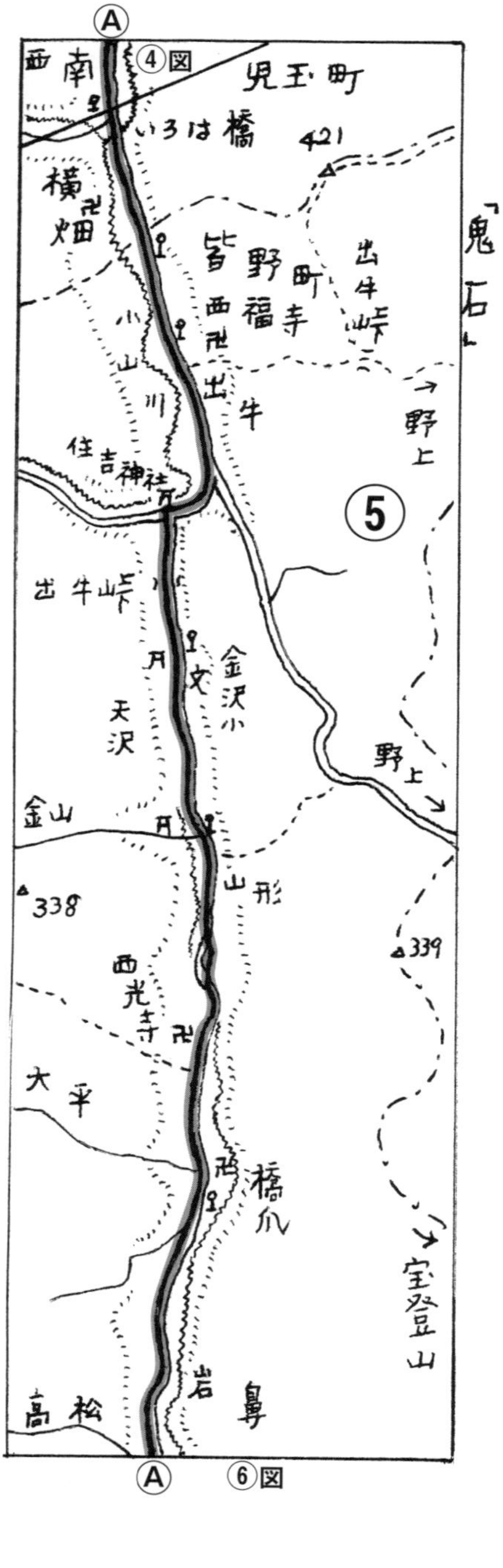

は頭が大きくて気品があり、衣装が豊富なことで、江戸時代末期から明治時代までが爛熟期であった。大正三年（一九一四）から約五〇年間断絶していたが、有志の尽力で昭和四一年から復活公演するようになった（埼玉県指定民俗文化財）。

ジュウシ（出牛）はゼウスに似ているから、隠れキリシタンに関係のあった土地ではないかといわれているが、確証はない。鬼石町の西の三波川村で島原の乱一八年後の明暦二年（一六五六）に六人の隠れキリシタンが摘発された記録があるが、それとの関係もなさそうである。

埼玉県西北部の児玉地方で、隠れキリシタンのものと思われる遺物・史料・墓碑などが発見されている。その中心が神川村渡瀬で（③図）、「渡瀬キリシタン集落」と呼ばれている。その地との関係も分からない。

西福寺は戦国の頃は壮麗な建物であったという。寺の左奥の墓地中央部に散在している特殊な形の一三基の墓が隠れキリシタンのものではないかとみられている。高さがみな七〇センチほどの同じ大きさで、お宮のような屋根がついている。墓の内部は空洞で、戒名や年号はもちろん、文字らしいものは何も刻まれていない。この形式の墓は神川村渡瀬でも見つかっている。出牛墓地では、それらの墓石の中央部に高さ一メートルほどの古い形式の宝篋印塔二基がある。

出牛宿は、幕末から生糸の市が立ち、武蔵北部の本庄の市場とともに賑わい、泊まり客も多かった。しかし、横浜港が生糸の貿易港になると、小規模の農家経営の秩父生糸は、壊滅的打撃を受けた。外国技術を導入した大資本による上質の生糸生産に圧倒されてしまったのである。出牛宿の衰微は、生糸生産の下落に追打ちをかけるように、大正九年に大火があって村落が焼失したからである。

出牛西福寺の隠れキリシタン碑

6　五月幟を揚げない高松（皆野町）

旧街道は住吉神社南の**出牛峠**を越えると、小山川流域と分かれて金沢川流域となる（⑤図）。峠あたりは杉ノ峠同様杉山である。住吉神社後方の男岳・女岳は採石場になったので、そこから採った砕石を運ぶダンプがひっきりなしに走る。

峠から南は金沢川に沿って疎らに家屋が点在する。天沢・山形・橋爪・岩鼻などの小集落で、川沿いや山の狭い傾斜地を利用した畑地に作物を作っている。

岩鼻で西方山地に入る道があり、奥に小さな高松集落がある。その南山中に、戦国の頃**高松城**があった（⑥図）。城跡には日野沢川沿いの道からも上れる。城は上州街道や日野沢川沿いの道・赤平川や吉田川沿いの道を経由して志賀坂峠への道を押さえる任務を持つもので、北が大

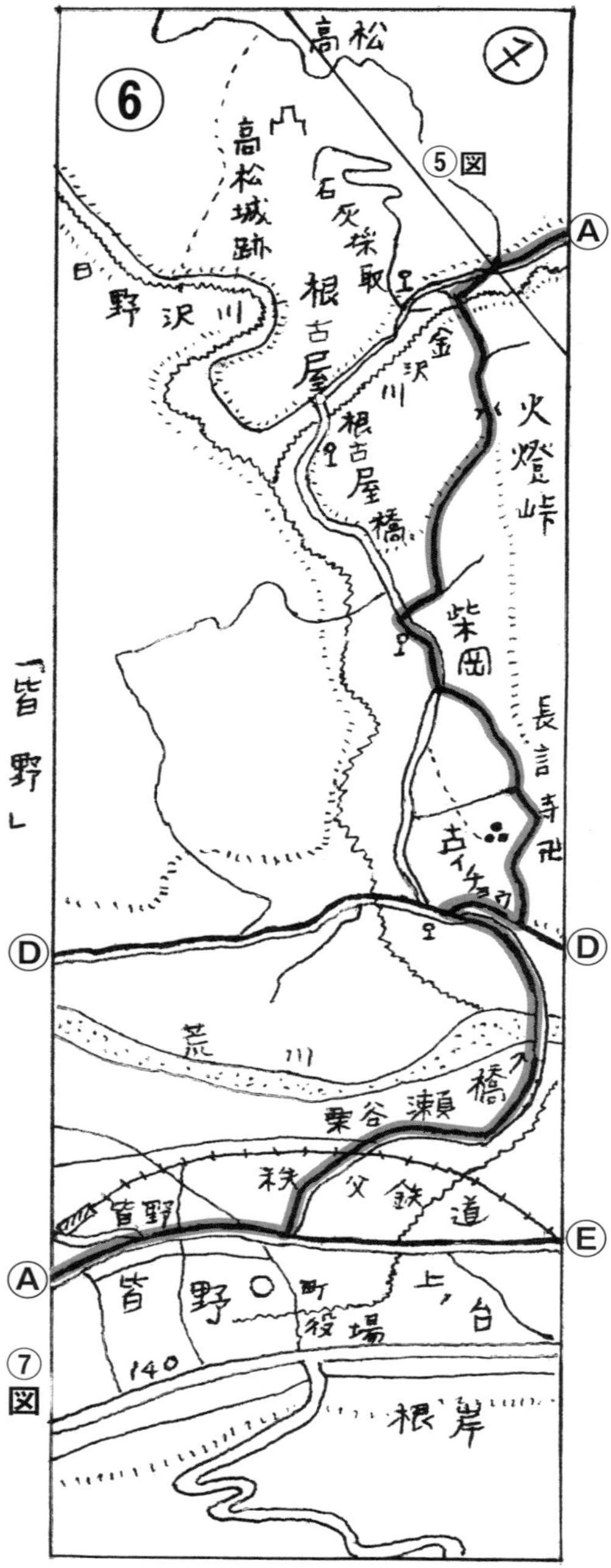

手である。小田原北条氏の寄居町鉢形城の支城で、逸見氏が守っていた。落城は天正一八年（一五九〇）の八王子城落城より少し早い五月節句の日であったから、高松の人々は今でもこの日を忌み嫌って五月幟を揚げない。

城の東南部には根古屋という小集落がある。根古屋とは戦国時代の山城下の村落に付けた地名で、寝泊まりする小屋から来た地名である。山上に築いた城で生活するのは不便なことが多いので、城主や家臣たちは城の麓に住み戦いになると城に籠ったもので、山麓の住まいは寝小屋だった。この地名は東北南部から関東に多く分布していて、根小屋・根古屋などと書く所もある。

現在は、山は石灰採掘のため完全に破壊された。しかし、城跡は石灰採取直前の昭和四九年一月から一か年かかって調査は完了できた。

7　文学的なヒトボシ峠（皆野町）

岩鼻から西の高松へ曲がる所から南のバス道は、明治一七年（一八八四）に開通したが、それ以前は**ヒトボシ峠**を越えた。道は峻しい道ではなく、また峠名の由来は文学的である。

旧街道から高松に向かう道の反対に、東の金沢川を下る（⑥図）。河川沿岸の旧街道は河川改修工事でなくなったが、二本ある橋のうち南の方を徒渉して山道を登った。道は通る人も少なく廃道のようで、草が道に覆いかぶさっている。しばらく行くと竹林となり、その先の墓地前を上ると峠である。峠から東方の展望は良く、下り道は整備され、将来は町の遊歩道の一貫にする計画とのことである。峠名のヒトボシには次の伝説がある。

一、地名は一ト星で、昔、歌詠みの偉い法師が児玉の方から出て来て峠に上った時、一つ星が輝いたからだという。「一人法師《ひとぼし》」か「一つ星」から地名になった。

二、山の頂に日時計的な施設があったと考え、その陽通しから地名が出た。

三、高松城落城秘話から付いたもので、落城時、城中から逃げ出した夫人や女中たちは、ここで追跡してくる敵兵に襲われた。助け人がいたら助かったのだから「人欲しい」と呼んだことが変化した。

四、『風土記稿』には火燈峠とあり、高松城と連絡をとるかがり火を焚く場所だったからとしている。

8　知知夫国造の墓（皆野町）

旧街道は柴岡で県道と合流するが、すぐまた東で分かれる（⑥図）。まもなく前方に、**「国神《くにがみ》の大イチョウ」**が見えてくる。推定樹齢七〇〇年で、もと木の下に国神塚と呼ぶ**知知夫国造**《ちちぶくにのみやつこ》を葬った古墳があったと伝えている。武蔵国成立以前の武蔵には、知知夫（秩父・大里・児玉地方）・胸刺《むなさし》（南武蔵地方）・无邪志《むさし》（北武蔵地方）の三国造（領主で職名）がいた。このうち无邪志国造が武蔵を統一して武蔵国造となり、その勢力範囲が武蔵国に編成された。

秩父は前述のように、上野国から開かれてきたが、また信濃国や甲斐国からも開かれてきた。信濃国は佐久盆地の千曲川上流の十文字峠を経由し、甲斐国からは笛吹川上流の雁坂峠を経由し、秩父郡西端の栃本から荒川に沿って下流の皆野へと開かれてきたようである。この道は江戸時代まで甲州街道の裏街道として利用され（秩父往還）、栃本には箱根のように厳しいものではないが、関所が設けられ、今でも関所跡が残っている。

信濃国からは、もう一本の交通路があった。佐久地方から十石峠や志賀坂峠を経て小鹿野に出るもので（現国道二九九号線）、そこから吉田川・赤平川に沿い、皆野で合流した。

以上の秩父開拓交通路は、黒曜石を運んだ道でもあったが、古くから存在していたらしく、それを示すものとして**日本武尊**の伝説がある。尊は東国征伐の帰路甲斐国から武蔵国に入ったが、秩父では三峰山・武甲山・両神山・宝登山・猪狩山などに登った伝説を残している。

皆野は、以上の上州街道・秩父往還・国道二九九号線の基となった三交通路を監視できる要地であるから、大古墳群のあった金崎か大イチョウのある国神かのいずれかに住んでいたと考えられている。大イチョウの東方で旧街道は荒川の古道（⑥図Ⓓ路）、吉田—長瀞に交差し、栗谷瀬橋近くで荒川を徒渉し、荒川東岸の古道（⑥図Ⓔ路）交差した。

国神塚跡に生える大イチョウ

2

皆野から秩父市街地へ

〈秩父主要道 和銅運搬路〉

山ノ道編

古代秩父郡の主要道

皆野町／秩父市

武蔵国が成立すると、国府が東京都府中市内に置かれ、旧知知夫国造の支配地の大部分は秩父郡になった。国造はたいてい郡司（郡を治める役人）に任命されたが、知知夫国造は武蔵国成立時にはすでに滅亡していたらしいので、知知夫郡司には誰が就任したのか不明である。しかし、秩父神社の祭神に知知夫国造の祖がなっているから、初代郡司に就任したとみてよかろう。

　郡司の仕事をする役所は郡衙《ぐんが》というが、**秩父郡衙**はどこにあったかは不明である。当時の地名集『和名抄』を見ると、秩父郡には中村郷がある。中村郷という地名は、一般的には地理的行政的に中心となる所を示す地名で、たいてい郡司・郡衙のある土地には付いている。秩父市中村町は古代中村郷の遺名といわれるし、中村町に近い本町《もとまち》なども郡衙跡に考えられる所である。その辺りは秩父神社に近く神社を奉祀するにも都合が良い位置である。

　郡衙からは郡内各地に行政のための道があったはずであるから、荒川両岸にも道があったろう。皆野から秩父市街地への旧街道の前身は、荒川東岸の古代秩父郡主要道であったろうし、皆野から北の鬼石への道も同様であったろう。秩父郡衙から北の主要道では、最大の話題は献上和銅の輸送であったはずである。

秩父最大の円墳大塚古墳標石

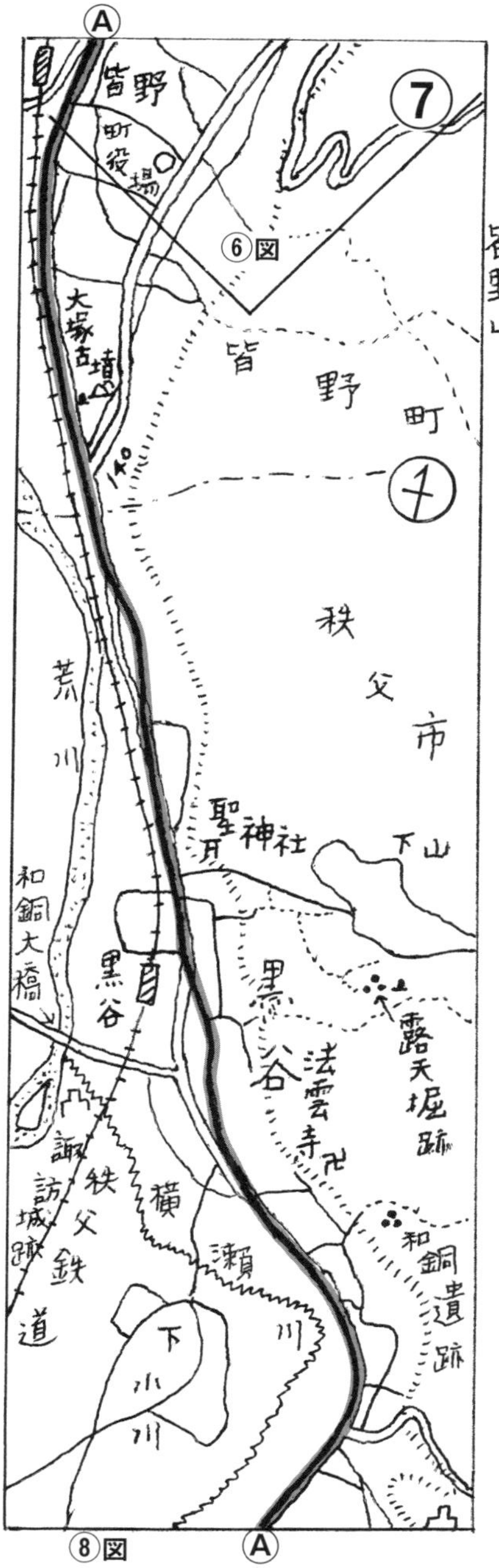

1　秩父地方最大の大塚古墳（皆野町）

皆野町の旧街道を南下すると、国道との合流点近くに大塚古墳（埼玉県史跡）があり、旧街道に面して大きな標石がある（⑦図）。秩父地方最大の円墳で、高さ約六メートル、直径約三メートル、周濠のあった形跡がある。上り口石段左側の穴から（羨道内部への通路）と玄室（奥の遺骸を安置する所）の見事な積み石構造が見られる。墳丘上には石の小祠があり、古墳南側は小公園になっている。

秩父地方には約三〇〇基の古墳がある。前方後円墳二基、上円下方墳一基で、他はすべて規模の小さい円墳であるのが特徴である。また古墳から埴輪の出土した例が少なく、たいてい古墳時代の後期から末期のものである。

2　和銅の発見（秩父市）

秩父鉄道黒谷駅近くに来ると「和銅遺跡入口」の標識や聖《ひじり》神社の標柱が立っている（⑦図）。黒谷は和銅産地として有名である。元明天皇慶雲五年（七〇八）この地から和銅が献上されたので、朝廷では瑞祥として年号を和銅と改め、わが国最初の貨幣を鋳造した。そして国内に大赦令を出して刑罰の減免・高齢者の＊賑恤《しんじゅつ》・君子節婦の表彰・文部百官の位階を上げた。いかに大事件であったかが分かる。

＊賑恤…貧困者・罹災者などを救うために金品を施与すること

　和銅の発見・採掘で、渡来人らしい人が無位から一挙に従五位へと破格の昇叙があったが、この地方渡来系の豪族**羊大夫**なども関係があったのではないかとみられている。羊大夫は群馬県吉井町に住み、金属採掘や鋳金術に長け、上野国に多胡郡が新設された時にその郡司になったようである。晩年には朝廷に謀反したので追放された。その時羊大夫は金色の蝶となって秩父に逃げた。秩父郡小鹿野町長者には羊大夫屋敷跡という所があり、羊大夫がここに逃れて住んだ所と伝えている。そして同地の御塚《おつか》はその古墳としている。まず**聖神社**（秩父市文化財）へ行く。神社は当地産出の自然銅を御神体とし、羊大夫を祀っている。和銅献上の時、朝廷から派遣された役人を迎えて祝典が行われ、和銅石一三体、和銅鋳製のムカデ二体を御神体として納める宮を造営したのが神社の起こりとしている。和銅宝物館があり、付近からの遺物や考古資料・鉱石などを陳列している。

和銅採掘露天掘上に立つ碑

　神社前の道を山に上り、標識に従って沢沿いの小径を辿ると精錬所跡（説明板所在地）に出る。橋を渡って山に登ると、採掘露天掘跡が見られ、その上に**「和銅開宝之古跡」**の碑が立っている。辺りの樹林の中の小径には、ヒトリシズカが群生していた。

　和銅遺跡から小径を西に辿って旧街道に出、南の法雲寺へ行く。ここには重さ一六キロの自然銅を寺宝として保存している。文明年間（一四六九～八七）に天神山城主藤田康邦が採掘したものである。

寺の南方の薬師堂横から東方山中に上ると、和銅鉱坑や精錬所跡がある。しかし、和銅はこれら黒谷だけから産出したものではないらしく、産出地というのは処々に伝えられている。

3　瑞岩寺と長尾城跡（秩父市）

法雲寺から南下し、絶壁の岩山を背景にした瑞岩寺へ行く（⑧図）。背後の岩山は長尾城跡である。

文明一〇年（一四七八）、寄居鉢形城で謀反の挙兵をした長尾景春は、上杉氏の家臣太田道灌によって攻め落とされ、その後秩父山中を逃げ回り、瑞岩寺裏の洞窟（現不動尊堂建立）に潜伏しているところを発見されて生け捕られた。

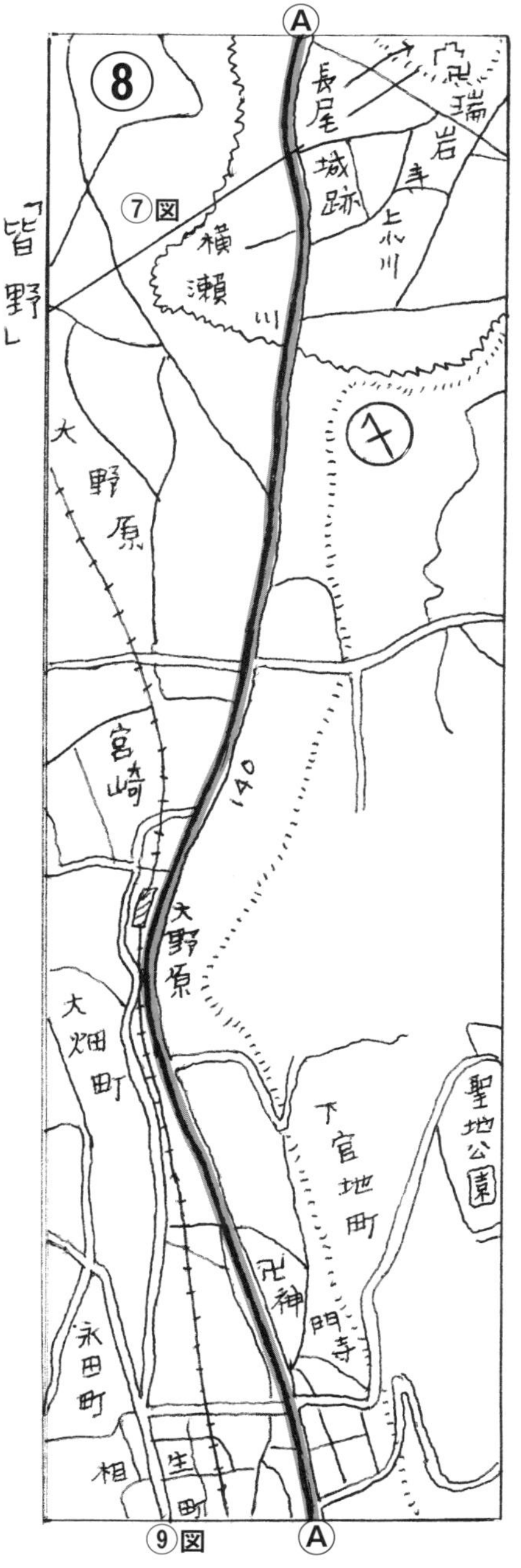

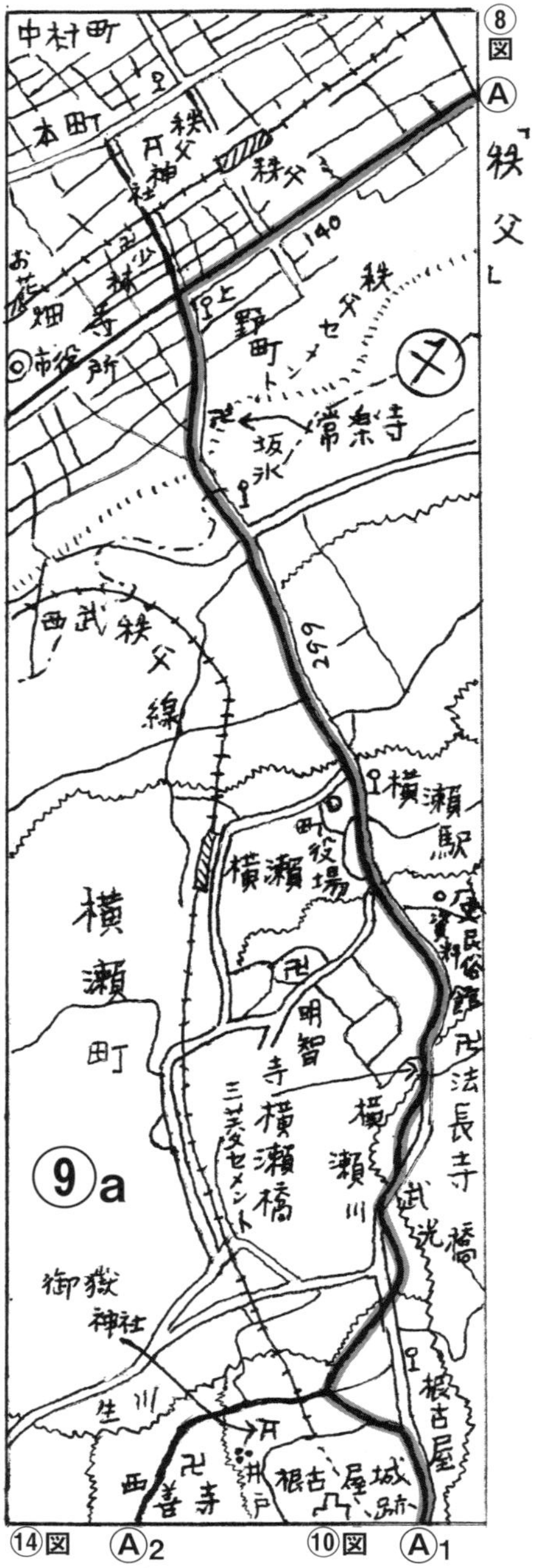

その後古川に逃れて古川公方に忠節を尽くした。裏山の長尾城は、長尾氏の築城したものではないが、長尾氏と関係が深いので結びつけられたものらしい。伝説では景春の息子烏坊丸が妻女など二七人を率いてここに籠り、父景春のために寺を開祖したことになっている。裏山のツツジは有名である。

4　旧街道沿いの札所（秩父市）

瑞岩寺から旧街道に出て約二キロ南に行くと秩父鉄道大野原駅となり、その南約一キロの所に秩父霊場一八番**神門寺**《ごうどじ》がある（⑨a図）。観音堂だけになり、境内は狭い。旧街道は江戸末期の建築で、屋根に擬宝珠を載せ、本尊は聖観世音である。国道の自動車公害をまともに受けて痛々しい。

さらに旧街道を約一キロ半南下すると、秩父市街地の国道二九九号線と上野町で交差する。そこを西に向かい霊場一五番の**少林寺**へ行く（⑨a図）。建物が洋館風の観音堂で珍しい。本尊は十一面観音、前庭にはハギを植え込み、境内には秩父事件で殉職した警察官の墓と碑がある。

観音霊場回りは、平安時代に西国三三か所、鎌倉時代に坂東三三か所、室町時代に秩父三四か所が成立した。秩父では特に結願寺として水潜寺を加え、総計百観音詣とした。

5　秩父地方最大の神社（秩父市）

少林寺の北が秩父夜祭で有名な**秩父神社**である（⑨a図）。神社は秩父地方では最も古く由緒ある神社である。しかし、祭神ははっきりしない。一般には秩父国開拓の知知夫国造の祖知知夫彦命・知知夫彦命の祖八意思兼命《やこころおもいかねのみこと》・天之御中主命《あめのみなかぬしのみこと》の三柱といわれているが、日本最古の「延喜式」の神名帳には一柱となっている。しかし、祭神名を書いていないから前記三柱のうち誰なのか不明である。

神名帳に掲載されている神社を式内神社というが、秩父地方の式内神社はここの他には吉田町の椋《むく》神社があるだけである。また国府には、国司が国内の諸社を巡拝する労を省略するため、国内の諸神社の祭神を一か所に合祀した総社があった。そのうえ国内の有力な六神社を合祀した六所宮というものもあった。

府中の大国魂神社は、武蔵国の総社であり、六所宮でもあった。そして六所宮の一之宮は小野神社、二之宮は小川神社、三之宮は氷川神社、四之宮は秩父神社、五之宮は金鑽神社、六之宮が杉山神社である。秩父神社は六所宮の中に入っているのであるから、武蔵国内の大社であったことが分かろう。

昔の社殿は、戦国時代に甲斐国の武田氏が侵入した時焼失したので、現在のものは関東入国をした徳川家康によって再建されたと伝えられている（社殿・神輿は埼玉県文化財、六基の屋台は国の重要民俗資料）。境内の広い森は「柞《ははそ》の森」と呼ばれ、毎年初夏の頃には仏法僧が飛んでくることで有名である。

3 秩父から二子山経由名栗へ

〈秩父郡衙道
秩父氏・丹党の活躍道〉

山ノ道編

秩父郡衙から国府への道

秩父市／横瀬町／名栗村

秩父郡衙《ぐんが》は秩父神社近くにあったと思われるので、秩父郡衙と武蔵国府とを結ぶ道（以後郡衙道と仮称）は、秩父神社―横瀬町役場東―二子山―旧正丸峠―飯能―所沢市北野―久米川―恋ケ窪―国分寺―府中の古道であろう。

秩父に設けられた官営牧場からの公用馬を国府に送った道、秩父郡から集められた物品の輸送、防人たちが国府に集合するために歩いた道などは、みなこの道であったと思われる。秩父神社前から初花《しょはな》までの旧街道は、そのような武蔵国府への道がもとになったと思う。

1　秩父に起こった武士団

武蔵国府の役人には、守《かみ》（長官）・権守《ごんのかみ》（副長官）・掾《じょう》（補佐官）・目《もく》（同上）などがいた。平安末期には、桓武平氏出の平良文が武蔵守となって武蔵国に赴任して来たが、その子、忠頼は武蔵押領使陸奥守となった。忠頼の子将常（恒）は武蔵権守となり、秩父中村郷に住んで初めて秩父氏と称して武士となった。将常の子、武基は秩父牧の別当になったので、その子、武綱は牧場管理のため吉田（現吉田小学校校庭）に居を移した。その子、重綱は武蔵留守所総検校職（国府の事務総長）となり、その孫重能の時、大里郡畠山（現川本村）に移って畠山氏と改称した。鎌倉幕府に尽くした**畠山重忠**はその子である。なお重能の弟有重は小山田氏を、重綱の子、重隆は河越荘に移って河越氏を、その弟重継は江戸荘に移って江戸氏をそれぞれ名乗った。

秩父氏は、秩父・児玉両郡を中心として入間・大里両郡に広がった。その中には秩父・山県・伊地知・篠原・渋谷・河越・江戸・小山田・稲毛・森谷・豊島・葛西の各氏がいる。

秩父には、**秩父氏**一族のほかに在郷の土地から育ち、同族という血縁で結ばれて大きな勢力をもつ武士集団（武蔵七党という）の**丹党**《たんとう》がいる。丹党は秩父のほか比企・

児玉・入間方面に勢力を張っていた。中心者は秩父の中村氏であり、丹時重《たんのときしげ》が秩父中村郷に居住して称したものである。同族には小鹿野・薄・横瀬・阿保・黒谷・榛沢・高麗・加治・中山・三沢・白鳥・藤谷・野上・岩田などの各氏がいる。

丹党中心者中村氏の居館地は不明だが、秩父市内中村町が発祥地とみられ、中村町の旧家井上氏の墓地内に保存されている古い墓碑一基は中村氏のものという。以上のような秩父を中心に起こった武士団によって、秩父から府中への郡衙道は大いに利用されるようになった。

秩父市中村町の中村氏墓

2　二本になった旧街道（横瀬町）

鎌倉時代になると二本の旧街道ができた（⑨a図のⒶ1路、Ⓐ2路）。その一本は**二子山**を越えて**初花**《しょはな》に出、初花から**山伏峠**を通って名越に出るもの（Ⓐ1路）で、もう一本は横瀬の根古屋から分かれて生川沿いに南下し、**妻坂峠**を経由して名郷で前者に合流するもの（Ⓐ2路）である。前者は古代郡衙道を利用したものであり、後者は**武甲山**への参道を利用したものである。

前者の初花から南の古代郡衙道は、さらに高麗川沿いに飯能へ出たが、この道も後に旧鎌倉街道として利用された。東吾野には鎌倉橋・鎌倉峠などの名称が残っている。二本の旧街道のうち、後者は前者と比べて急で峻しいが、約四キロも近かったので、多く利用された。

戦国時代になると、上杉氏・北条氏・武田氏などが軍道として利用することになった。

3　旧街道沿いの札所（横瀬町）

秩父神社入口から旧街道を東南に行く（⑨a図Ⓐ路）。

横瀬街道（旧街道）から見える武甲山

同二子山

この道は室町時代秩父霊場三四か所が設定されると巡礼の道ともなった。山麓の秩父セメント工場前に札所一一番の**常楽寺**がある。本尊は十一面観音で、御堂は明治三〇年（一八九七）再建の新しい寺である。旧街道の坂を上ると横瀬町となる。横瀬町ではどこからでも素晴らしい武甲山の勇姿を見られる。旧街道の前方に見える山地は秩父山地の一部であるが、そこに二つのこぶを持ってそびえる二子山がよく見らえる。旧街道はそのこぶの中央部を通って行く。

町役場南に札所九番の**明智《あけち》寺**がある。本尊は如意輪観世音で、観音堂は平安末期建久二年（一一九一）の開創という。寺名の明智は赤血《あかち》に通ずるので、婦人たちの信仰が深い。

その東方に札所七番**法長寺**がある。本尊は十一面観音で江戸時代の作、本堂は秩父札所随一の大伽藍である。その東方山麓に六番札所**卜雲寺**があり、本尊は正観音で行基作と伝えている。境内からの武甲山の眺望は素晴らしい。

これらの札所を巡る前に、旧街道を理解するために、町役場東の町立歴史民俗資料館を見ておくとよい。「武甲山をめぐる自然と生活」「地場産業の移り変わり」を中心テーマにして、横瀬町に関する考古・地理・歴史・民俗などの郷土資料を収集・保存・展示している。

4　根古屋城跡（横瀬町）

資料館から南へ続く旧街道（⑨a図）は横瀬川とその支流を数回徒渉するので、道筋が曲がりくねっている。

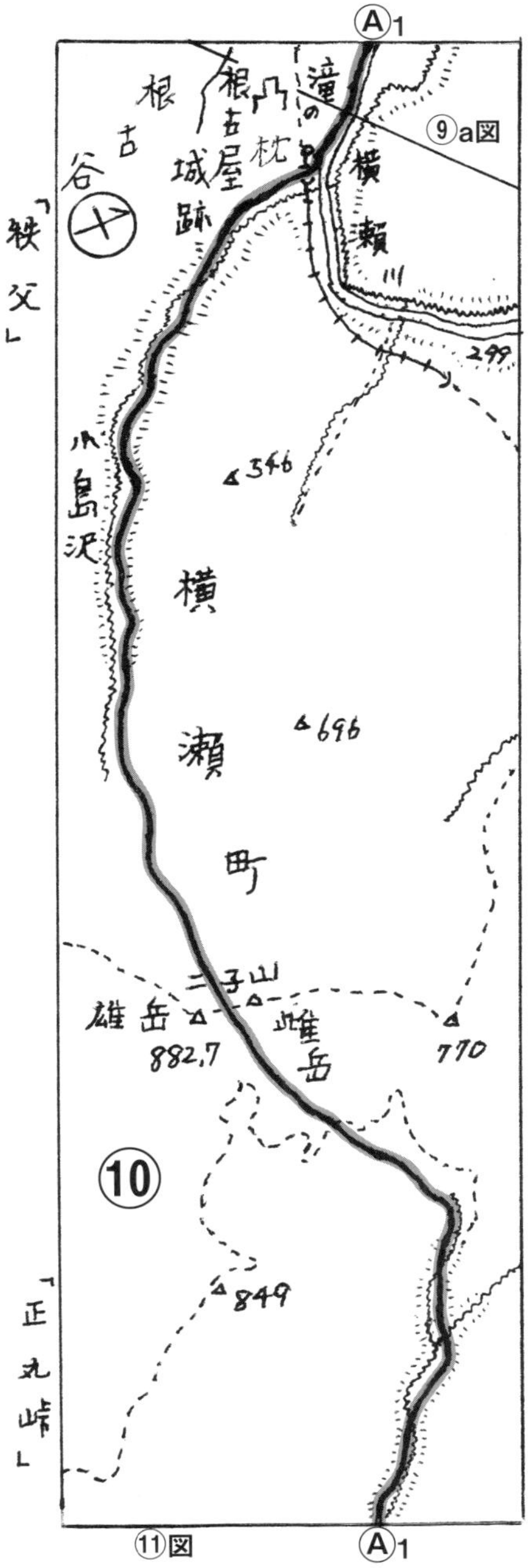

武光橋南で「く」の字形に大きく曲がって二本となるが、まず東への旧街道を行く（⑨a図Ⓐ1路）。前方の山には**根古屋城跡**があるが、地名は根古谷である。

城は丹党中村氏から出た横瀬氏の居城で、旧街道を押さえるものであり、河越城主上杉氏の支城であった。天文一四年（一五四五）小田原北条氏は河越城を手中に収めたので、上杉憲政は秩父に逃亡し、ここに入城した。しかし北条氏はなお追跡して越後に敗走させた。以後北条氏は寄居の鉢形城の支城として、北条氏の家臣浅見伊賀守に守備させたが、豊臣秀吉の小田原城攻撃時に鉢形城とともに落城し、以後廃城となった。

5　二子山越え（横瀬町）

根古屋城北からの旧街道は、滝の枕バス停から東南へ横瀬川支流の小島沢に沿って山中に入ったようである（⑩図）。足に任せて民俗資料を集めながら、奥武蔵を跋渉して旧道や古道について丹念に調査をして書かれた神山弘の著書には「最も古い峠路は、秩父から二子山の南肩の和尚小屋という名の場所を越えて初花に降り……」とある。この道に沿った地域に、平安期もしくは前後の時代の文化遺産が思いのほかたくさん出土しているからといっている。古書『**秩父志**』には二子峠とあるが、これは二子山を通る峠道ということであろう。

その道は廃道の山路となった。横瀬町の推奨ハイキングコースではないから、整備をされず通行困難な箇所が処々にある。二子山は高所であるから近くは急坂である。雌岳からの眺望は良くないが、雄岳西側の眺望は良い。二子山への推奨ハイキングコースは、西部秩父線芦ケ久保駅前から二子山経由武川岳のコースである。

二子山越えの旧街道は横瀬川沿いの国道に直角に交差する（⑪図Ⓐ1路）。交差点からの旧街道は南の山伏峠に向かうが、古代郡衙道は西武秩父トンネルに並行して、**旧正丸峠**を経て正丸から飯能へ向かう（⑪図Ⓕ路）。

古代郡衙道は秩父神社前から横瀬への道を、ほぼ一直線に延長した線上にある。古代の道路形態は、上下左右の振幅を最小限度にし、ほぼ一直線になるように造っている。二子山越え郡衙道もそのような形態で、古甲州街道が関東西部を越える場合の、一直線の道に似ている。古代人の直線道路筋の素晴らしい地理観には、ただ驚く

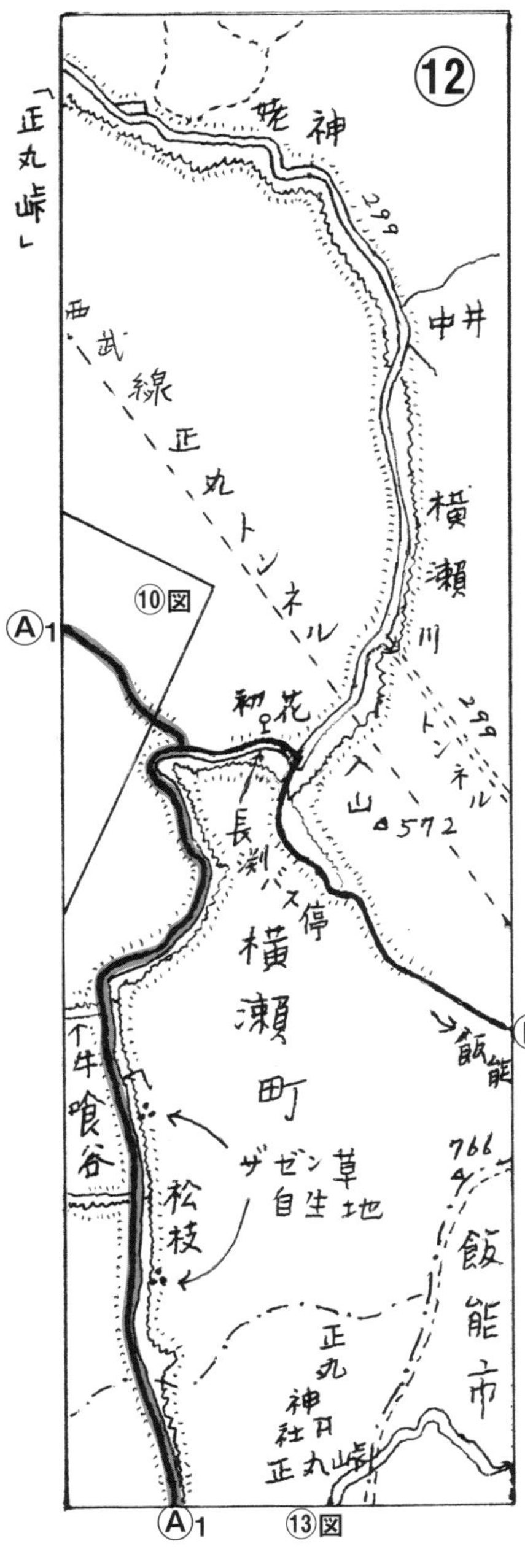
⑫
姥神
299
中井
「正丸峠」
西武線
正丸トンネル
⑩図
Ⓐ1
初花
横瀬川
299トンネル
入山 ▲572
長渕バス停
横瀬町
Ⓕ
→飯能
下牛喰谷
ザゼン草自生地
松枝
766
飯能市
正丸神社
正丸峠
⑬図

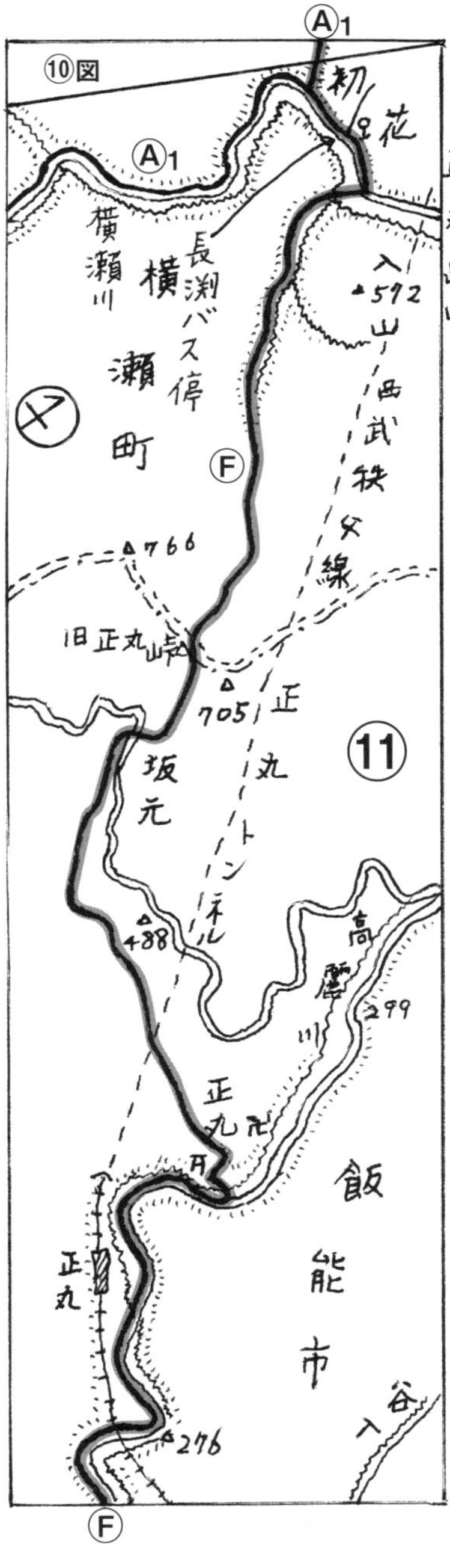
Ⓐ1
⑩図
初花
「正丸峠」
横瀬川
長渕バス停
横瀬町
入山 ▲572
西武秩父線
Ⓕ
▲766
旧正丸峠
▲705
正丸トンネル
⑪
坂元
▲488
高麗川
299
正丸
飯能市
正丸
▲276
入谷

ばかりである。

旧正丸峠越え郡衙道も、鎌倉時代には旧鎌倉街道の支道として利用された。

６　名栗の出入口山伏峠と八ヶ原（名栗村）

初花から名栗への旧街道（⑫⑬図）は、鎌倉時代に新たに開かれた道であろう。名栗川渓谷には古代の文化遺産は何も発見されていないからである。江戸時代になると、**名栗**の道は江戸と秩父とを結ぶ脇往還として大いに利用された。松枝には、ザゼン草の自生地がある。

秩父の横瀬川流域と名栗川流域との境が山伏峠であるが、今では近代道路になった。山伏とは山を伏せたような山容であるから生まれた名称というが、山伏たちによって開かれた道から名付けたのではなかろうか。

峠南の急斜面の集落**八ヶ原**《やがはら》へ行く（⑬図）。自動車道

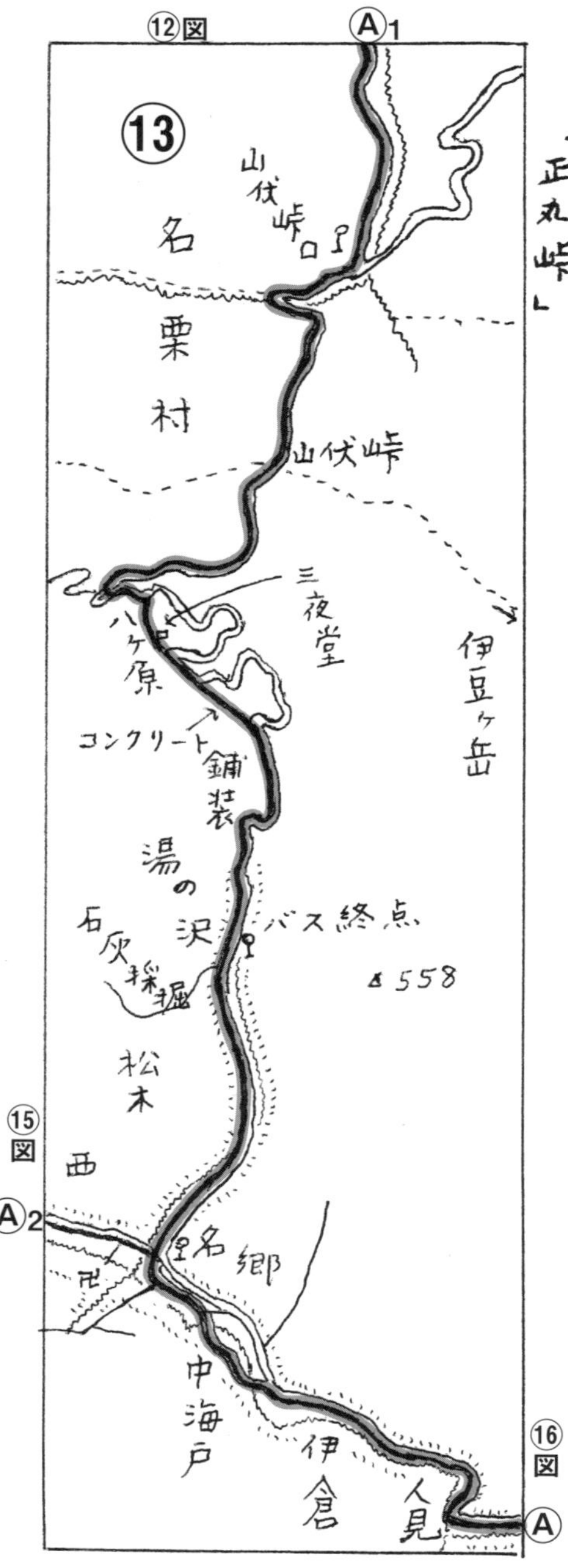

は曲がりくねって下るが、旧街道は石畳道の急坂であった。そこがコンクリート舗装になっても、昔のまま民家の間を這うように細々と残っている。ある本には「八ヶ原の村落は美しい山村だ。石敷の道を登っていく周りは、ふとネパールの集落を思わせたりする」とある。

旧街道沿いに来世の幸せを祈る三夜堂がある。著者が通ったのは六月末であるが、その周りには、野生のアズマギク・ユキノシタ・ムラサキツユクサ・ホタルブクロなどが群生して花をつけ、現世の極楽を展開していた。

製材所のある湯の原からは、東飯能駅経由飯能行バスの始発所があり、その南の名郷は妻坂峠から南下するもう一本の旧街道（⑬図Ⓐ2路）の合流点である。

名郷交差点にあるただ一軒のお店には、大正初期に秩父町の裁縫女学校に在学していたというハイカラお婆さんがいた。寄宿舎に入っていたが、土曜日の帰宅と月曜日の登校にはいつも妻坂峠を通って行ったといっていた。

八ヶ原の集落を下から見上げる

4 横瀬から妻坂峠経由名栗へ

〈武甲山参道　秩父氏・丹党の活躍道〉

山ノ道編

武甲山への参道

横瀬町／名栗村

横瀬町根古谷から南に分かれる旧街道を行く（⑨b⑭図）。この道の起源は武甲山への参道であった。根古屋から生川《うぶかわ》（地元ではオボッカワ）沿いをさかのぼり生川集落へ行く。そこが登山口で第一鳥居があり、そこから西を表参道といっている。

武甲山は秩父最高の山（一三〇〇メートル）で、関東地方屈指の山である。また伝説の山で、日本武尊が東征の時この山に登って武運長久を祈って武具を納めたと伝え、山頂の岩屋はその収納所だとして尊を祀る御嶽神社がある。武甲山は「御嶽」と呼ばれて仏教伝来以前から信仰の対象になっていた。山まで登れない人のための遥拝所が根古屋の御嶽神社で、山頂に対して里にあるから里宮といっている。

山全体が石灰岩であるため、現在その採掘が行われて

秩父絹の発祥地となった「城谷沢の井」

山容が変わっている。石灰岩地帯の特殊植物群落地帯もある。

生川集落から妻坂峠を越えて名栗川渓谷への道は、鎌倉時代に武甲山参道を延長したものであろう。

1　秩父絹発祥地（名栗村）

根古谷バス停から西へ進み、西武線をくぐると、ほどなく左手に前述の里宮の御嶽神社がある（⑨b図Ⓐ2路）。本殿が珍しい土蔵造り風の建物になっている。

神社入口横に「**城谷沢《しらやさわ》の井**」がある。秩父は江戸時代から絹織物（秩父銘仙）の産地として有名であった。起こりは、戦国の頃、根古屋城主浅（朝）見伊賀守慶延が、武甲山の湧水の水質が良好であることに着目し、それを使って地元の人たちに絹織物生産を奨励したからであった。

染色時に使用する水を汲んだのが城谷沢の井で、深さ約四㍍ほどの井戸である。水は石灰を多量に含んでいて、冬でも結氷しないので、良質の絹織物を生産できた。この地で生産されたものは「根古屋絹」と呼ばれて全国に広まり、今でも無地の絹織物裏地を「根古屋」と呼ぶことがある。

神社西に秩父札所八番の**西善寺《さいぜんじ》**がある。観音堂は江戸時代に再建の見事なもので、本尊は十一面観音である。境内のコミネモミジは樹齢五〇〇年を越え枝が大きく伸びて広がり見事である。

西善寺南方の山（六二三㍍）一帯は戦国時代の頃の**小御嶽城跡**である。その北方根古屋城の支城で、妻坂峠越え旧街道を押さえるものであった。天文の頃（一五三二～五五）河越城主上杉憲正の家臣外記が築いたと伝え、

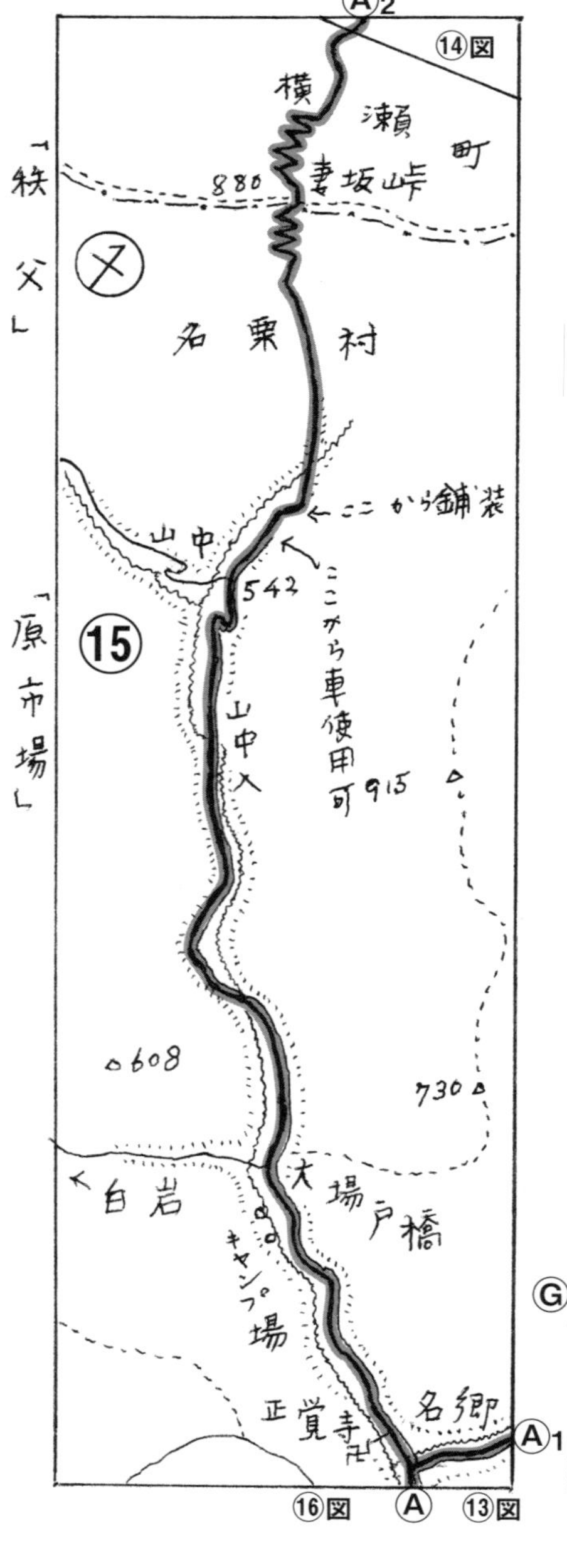
Ⓐ2
⑭図
横瀬町
妻坂峠
880
「秩父」
名栗村
ここから舗装
山中
542
ここから車使用可
915
「原市場」
⑮
山中入
608
730
白岩
大場戸橋
キャンプ場
正覚寺
名郷
Ⓐ1
⑯図
Ⓐ
⑬図

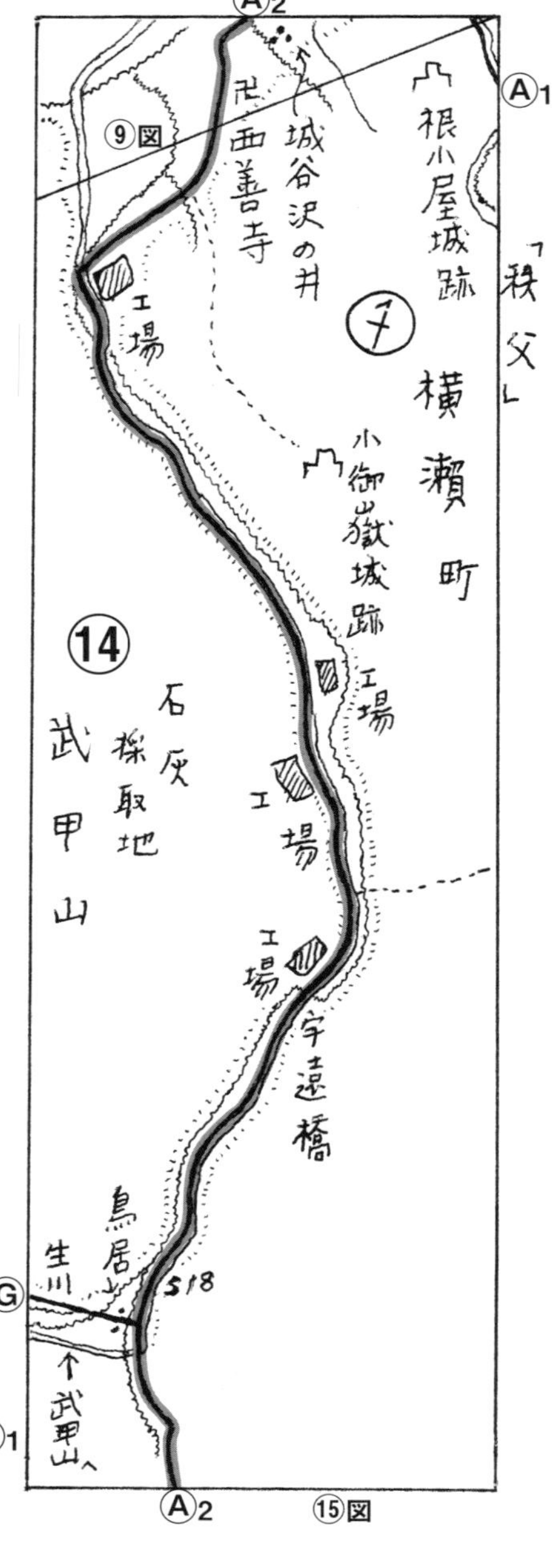
Ⓐ2
⑨図
Ⓐ1
西善寺
城谷沢の井
根小屋城跡
「秩父」
工場
横瀬町
小御嶽城跡
⑭
石灰採取地
武甲山
工場
工場
工場
宇遠橋
鳥居
生川
518
Ⓖ
武甲山へ
Ⓐ2
⑮図

その後のことは根古屋城と運命を共にしたが、遺構はよく残っている。

2 名栗村の出入口妻坂峠（名栗村）

生川《うぶかわ》集落の鳥居前を過ぎ、武甲山頂への道と分かれると旧街道は杉林中の石混じりの道となる（⑭図）。生川から峠まで三〇〇㍍以上の差があり急斜面であるから電光形に登る。峠に近づく頃、畠山重忠が動かしたという奇形の巨岩「動《ゆる》ぎの岩」がある（標識なし）。鳥居前

妻坂峠へ上る旧街道

妻坂峠の平坦地に立つ標柱と地蔵堂

から約一時間で妻坂峠となる（⑮図）。名称は重忠が鎌倉へ行く時に夫人がいつもここまで見送って別れを惜しんだからという。根古谷にも重忠の伝説があり、重忠は根古屋城で誕生したとか。生川は産湯を使った川だとかいう話がある。『風土記稿』の名栗村の項に、「妻坂峠盤回して上る」とある。大変な坂道だったことが分かる。歌人若山牧水は、大正九年（一九二〇）にこの峠を通っている。峠の頂上には狭い平地があり、小屋に入った石地蔵一基と標柱が立ち、北方には武甲山の一部を眺望できる。

名郷への下り道も急である。杉林中の小径の下り坂には、石敷道の名残が見られる。山中《さんちゅう》集落に来ると旧街道は舗装されて道幅が広がる。大場戸橋から下にはキャンプ場があり、白岩方面からくるダンプが多くなる。

3　名栗騒動の発火源（名栗村）

名郷《なごう》交差点前を西に入ると、右側の小川を越した突き当たりに**正覚寺**がある（⑮図）。幕末の横浜開港は物価の値上がりとなって山間部の農家に経済的不況を来した。それに追打ちをかけるように、慶応二年（一八六六）に大凶作があり、生活苦はますます増大した。

正覚寺では僧たちが集まり、困窮家を救うための相談をするよう呼びかけた。それに応じたのが桶屋職人豊五郎と大工職人紋次郎であった。この人たちが中心になって土地の人が蜂起し、結局六月一三日の**名栗騒動**となった。名栗住民以外の先導者もいたようである。

この集団は人数が次第に増えて二五〇名ほどになり、飯能を襲い、一派は旧街道を南下して青梅・五日市・八王子へと進んだ。主流は飯能—所沢—坂戸—寄居—秩父—白久—小鹿野—吉田—日野沢と流れ込んだが、ついに鎮圧された。

紋次郎と豊五郎は二九日名栗村に帰って来たところを待ち伏せしていた役人に捕らえられ、牢に入れられた。その後紋次郎は死罪、豊五郎は島流しの刑が下った。村からは刑執行前に二人の赦免願書が出されたが二人は獄中で死んだ。この騒動のため、打ち毀された穀屋・酒屋・高利貸・貿易商などは三〇〇軒、参加人数は一〇万人ともそれ以上ともいわれている。騒動は規模が大きく社会に与えた影響も大で、幕府崩壊を早めたと説く人もいる。

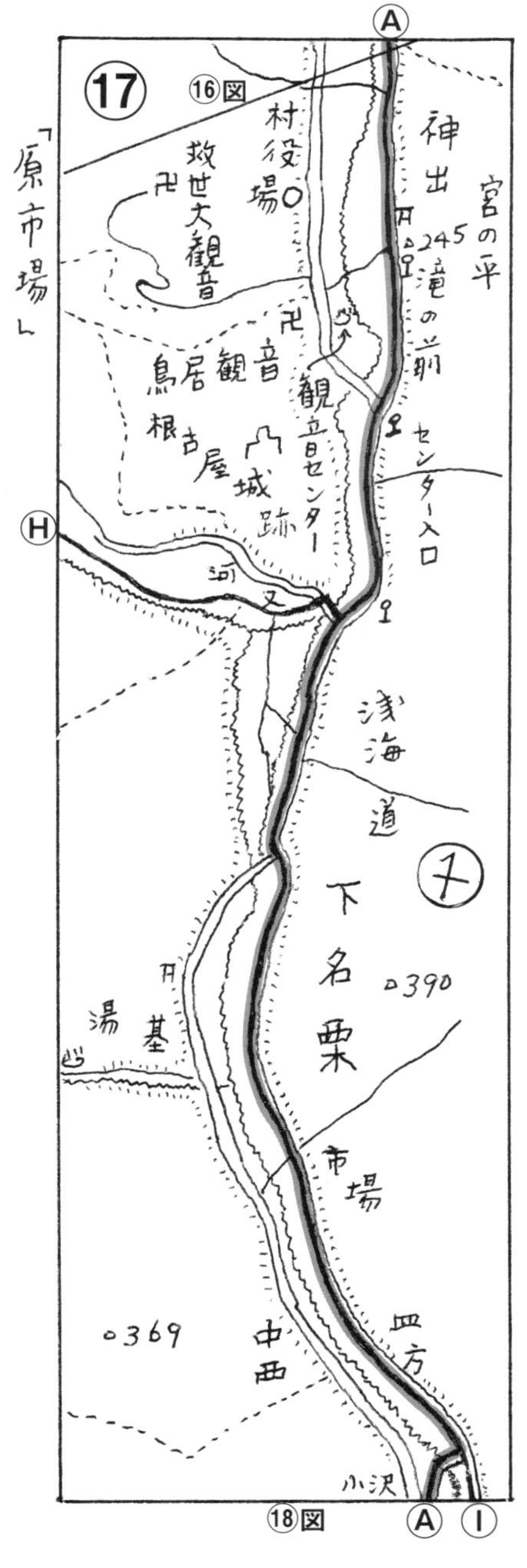
Ⓐ
17
⑯図
「原市場」
村役場
救世大観音
神出
宮の平
245
滝の前
鳥居観音
観音センター
センター入口
根古屋城跡
Ⓗ
河又
浅海道
下名栗
390
湯基
市場
369
中西
四方
小沢
⑱図
Ⓐ
Ⓘ

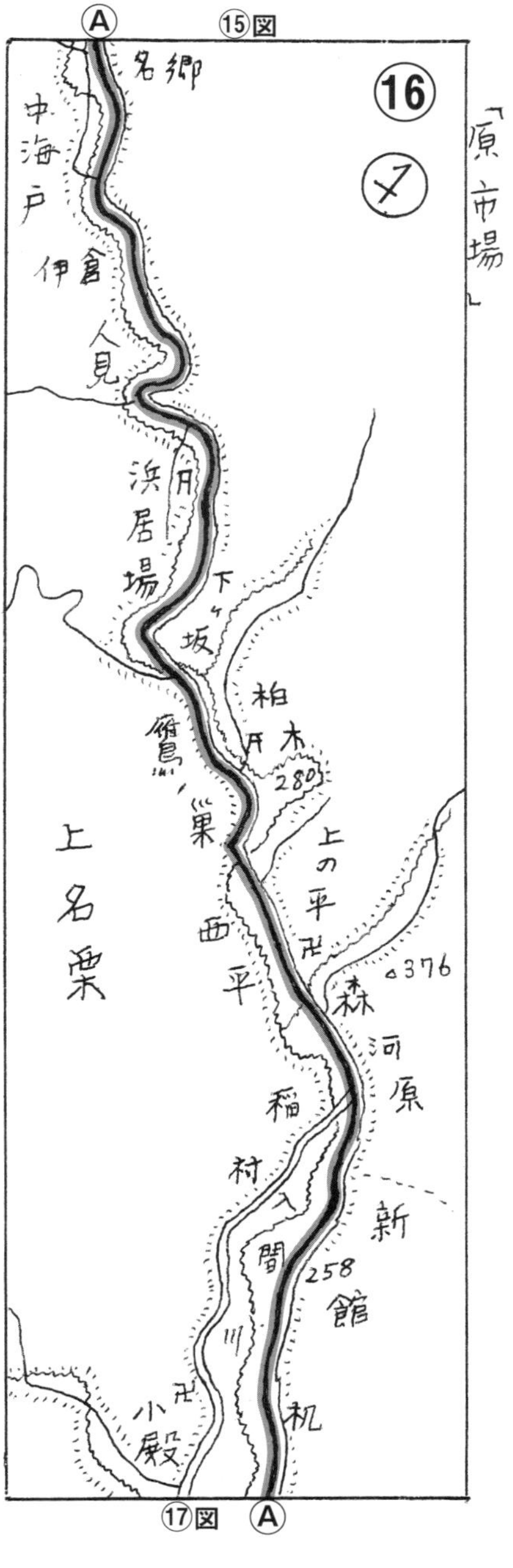
Ⓐ
⑮図
名郷
16
中海戸
伊倉
人見
「原市場」
浜居場
下ヶ坂
柏木
280
鷹巣
上名栗
西平
上の平
376
森河原
稲村
入間川
新館
258
机
小殿
⑰図
Ⓐ

紋次郎の墓は奈郷の島田家屋敷にあり、高さ六〇センチ・幅二〇センチほどの自然石で、中央に寒窓了山禅定門、右に慶応二年、十月二十日、俗名紋次郎とある。豊五郎の墓は子孫の新井家にあり、大正七年（一九一八）建立で高さ約一メートル、正面に貫応意戒禅定門、側面に慶応二年十一月十一日、俗名豊五郎とある。名郷は山伏峠からくるもう一本の旧街道（⑮図Ⓐ1路）との合流点である。

4　暮に餅をつかない人見（名栗村）

名郷から南に下ると人見という村落に出る（⑯図）。ここは暮に餅をつかない風習がある。同じような風習は下流の森河原や中屋敷にもある。

昔村落は共同で暮の餅をついていた。ある年、餅つき日に出火があり、村落が全焼したので、それ以後は止めてしまったという。

5　観世音の町（名栗村）

人見から南へ約四キロ行くと、名栗村役場がある（⑰図）。その南の鳥居集落に鳥居観音がある。平安・鎌倉時代以降の仏像・仏具を納めた鳥居文庫を設置している。また北方中腹には救世大観音が立っている。遠くからも眺められ、そこへの車道や遊歩道も整備されている。また寺の下には、娯楽施設の名栗観音センターがあって行楽客で賑わう。

鳥居南山地の字名は根古屋という。地元では城山ともいっているが、歴史的なことは何の伝承もない。寄居鉢形城と八王子城との連絡所だったようである。

救世大観音像

6　幻の脇往還（一）（名栗村）

南の河又からは、西南の棒の折山（九六九メートル、棒嶺ともいう）を通る旧鎌倉街道がある（⑰図Ⓗ路）。

尾根道を通って岩茸石山からゴンジリ峠に出て上るもので、広い頂上空地にはベンチ・テーブルなどもあって見晴らしが良く、登山の季節には売店も出る。そこから急坂を下って大丹波《おおたば》に出て、川沿いの蝉沢・川井を通って青梅街道に出るコースであるが、二俣尾まで出るには遠回りになり道も峻しいので、どういう者が利用したのか「幻の脇往還」と呼ばれている。

全行程奥山の細道であるが、途中には板碑・宝篋印塔・五輪塔・道標が整備されている。小沢峠南の大沢入からもそういう道がある。

なお棒の折山には、次の畠山重忠の伝説がある。重忠は美男のため多くの女たちは一目見ようと彼の通るのを待ちわびるのが常であった。重忠はそれを嫌って、好んで間道を通った。間道は峻しい道が多いから、重忠は杖を持って歩くが、ある時杖が折れたので、以後この道を避けるようになった。山名はこの話から付いたという。

7　歌人たちが来る湯基（飯能市）

河又の南約一・五キロの所に、湯基《とうぎ》というラジウム温泉がある（⑰図）。ここには歌人若山牧水が二度訪れている。初めは大正六年（一九一七）一一月で、三二歳の時、飯能から入って名栗川に遊んだ。二度目は三年後の大正九年で前回とは反対に秩父から妻坂峠を越えて名栗川沿いに旧街道を下って飯能に抜けた。二度とも鉱泉宿（宿屋とは名ばかりの百姓家の奥座敷で、今の大松閣の前身）に泊まった。初訪問時に詠んだ歌は、

飲む湯にも焚火のけむり匂ひたる
山家の冬の夕餉なりけり

で、歌集『渓谷集』に「秩父の秋」として納めている。

二回目の訪問は四月六日で、秩父・名栗と遊んだもので、作品は歌集『くろ土』に「秩父の春」と題して納めている。この時は長瀞から秩父に入り、根古谷で織物を織る音を聞きながら妻坂峠を越えたもので、次の歌がある。

飯能市民会館前にある若山牧水の歌碑

秩父町出はずれ来れば機織の　唄ごゑ聞こゆ古りし
家並に
しらじらと流れてとほき杉山の　峡の浅瀬に河鹿な
くなり

後者の歌碑が飯能市の市民会館前広場に立っている。歌人与謝野晶子もまた昭和二年にここに遊んで一文を草している。名栗川の渓谷には、今も渓谷の美と涼を求めて大勢の人々がやってくる。

湯基から南約一・五キロの所に小沢集落がある。名栗川沿いに飯能方面へ続く旧鎌倉街道は、そこから東へ曲がってしまうが、名栗川を徒渉しそのまま南の小沢峠へ行く。小沢には、古宿という地名がある。重忠がここで泊まっていくので名付けたという。

5

名栗から網代へ

〈渡来人文化伝播路 三田氏活躍路
北条氏・豊田氏侵略路〉

山ノ道編

渡来人文化伝播路

青梅市／日の出町／五日市町

霊亀二年（七一六）大和朝廷は渡来人の高麗人一七七九人を武蔵に移して高麗郡を創設した。これらの渡来人が次第に青梅へも来住し、大陸文化を移植したと考えられている。青梅市内上成木・富岡・木野下などに高麗王を祀った白鬚神社があるのは、その証拠だとしている。

戦国時代には、成木・小曽木で石灰石を焼き、江戸に運んで江戸城の白壁を飾ったが、石灰製法技術も渡来人のものと考えられている。渡来人の居住地の拡大は、名栗から小沢峠を越して奥多摩へと延びてきたが、その道が旧街道の起源である。

中世になると旧街道は、秩父地方の秩父氏一族、地域血縁で結ばれた武蔵七党の丹党が武蔵国府や鎌倉幕府との交通に利用した。そして戦国時代になると、青梅の三田氏が主君寄居の上杉氏に最後まで忠節を尽くした連絡路であった。三田氏滅亡後は、越後上杉氏・甲斐武田氏・小田原北条氏などの関東侵攻路となり、北条氏の関東征服の生命線となった。青梅市を中心とする旧街道には、三田氏に関する史跡や伝説が色濃く出ている。

1　青梅の出入口小沢峠と松ノ木峠（青梅市）

青梅に入るには、小沢・松之木の両峠を越えなければならない（⑱図）。今はすっかり近代道路になったが、小刻みな電光形で上り下りする旧街道を辿ることができる。

名栗川流域の小沢から**小沢峠**へ登る。途中の深い渓谷を流れる小川沿いの旧街道は消滅し、トンネル入口左からしか残っていない。ここからの道はハイカーが多いためか、きれいな小径である。峠は狭く標識以外何もなく、見晴らしもできない。峠から下ると製材所があり、その前の上成木橋下をくぐって成木川上流沿いの大沢入集落に入る。そこは明るく美しい山村である。峠越えの道はホタルブクロのたくさん咲いている道であった。

松ノ木峠にある石仏

深山の中にある美しい大沢入集落

次は小曽木川流域に出るため**松ノ木峠**を越える。この方はハイカーが少ないためか草が道を覆っている。薄暗い峠には四基の石仏があり、石仏の左を直進する道は**成木街道**への道で、右の切通し道から下るのが旧街道である。下り道は廃道となり、倒れた樹木も処置されないままで少々歩行困難である。両峠道は名栗川渓谷と奥多摩渓谷を結ぶため、鎌倉時代に開かれたものであろう。

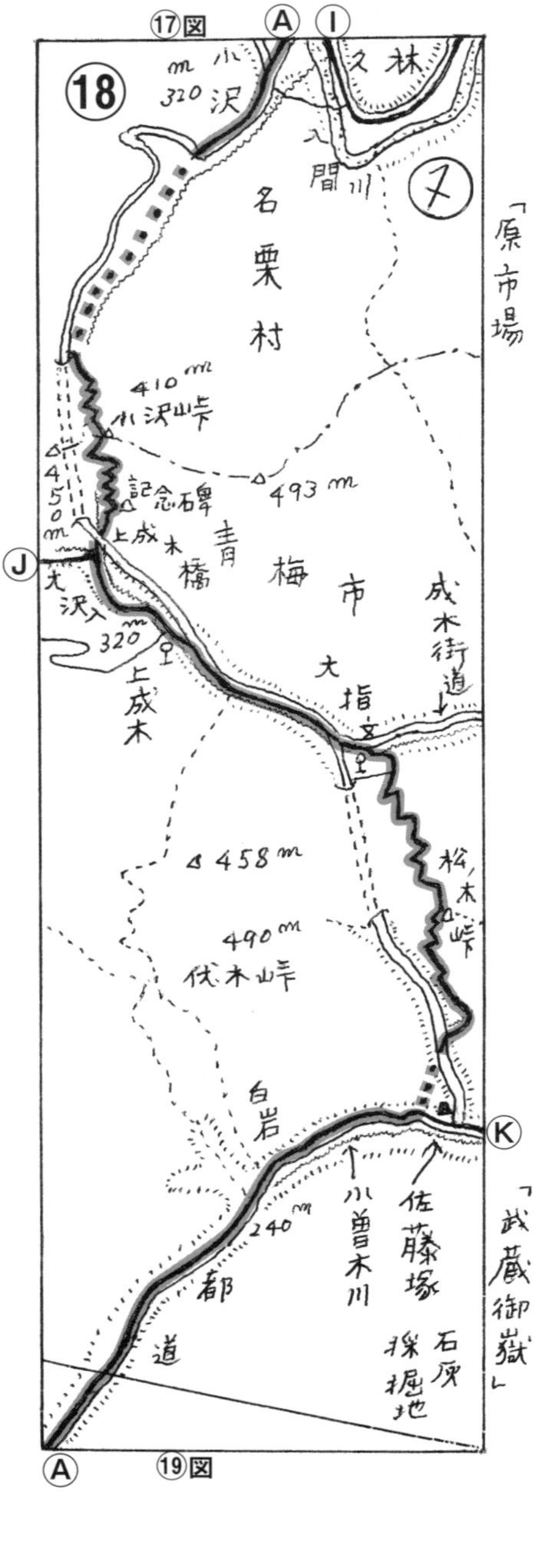

2　幻の脇往還（二）（青梅市）

小沢峠下の大沢入からは、成木川沿いに西進し（⑱図Ⓙ路）て極指《きめざす》―名坂峠（岩茸石山北）から奥多摩町の大丹波川に下り、名栗川渓谷の河又から来る幻の脇往還に合流する旧鎌倉街道と伝える道がある。

この道は、青梅市では名坂越甲州街道と呼んでおり、途中には升が滝・障子が滝などがある。しかし、旧鎌倉街道としてどの程度利用されたものか不明で、これも「幻の脇往還」である。

3　命拾いをした石灰焼（青梅市）

旧街道が白岩集落で都道と交差する西角に、杉の大木があり、その根元に五輪塔二基がある（⑱図Ⓐ路）。八王子城落城の時、残党の佐藤助十郎と木崎平次郎の墓で

佐藤塚

佐藤塚と呼ばれている。塚の周囲にはオオバジャーヒグが群生して咲いていた。

二人はこの東方小曽木で育ち八王子城にて動員されたが、落城したので近くの成木に逃れて隠棲し、農業や石灰焼きをして暮らしていた。それを徳川家康が聞き、関東代官大久保長安に命じて石灰焼きをさせた。

二人が最初に石灰を採掘した所は、これから東へ小曽木川沿い約二キロの所にある。そこへ行く途中右手は雷電山の石灰採掘地で、道は石灰を運ぶダンプが多い。まもなく青梅第十小学校があり、左側に**「石灰採掘跡」**（青梅市史跡）があり、石垣跡や大きな石灰岩が数個転がっている。

小曽木川沿いの道（⑱図Ⓚ路）も旧鎌倉街道の支道らしく、**吹上峠越秩父道**といわれ、名栗から秩父へ通じていた。

石灰は江戸に運ばれて江戸城白壁の材料となり、青梅街道はその運搬車で賑わい、街道は**「白粉《おしろい》道」**としゃれたものである。石灰利用の技術は大陸伝来のもので、漆《しっ》喰《くい》とは石灰のなまったもので、石灰に砂や海草などを混ぜて練り合わせたものである。

4　三田・北条両軍攻防跡（青梅市）

佐藤塚から旧街道を南下する（⑱図Ⓐ路）。小曽木川流域と平溝川流域の境が**榎峠**で、そこから下り道となる（⑲図）。**平溝**は、西方の高水《たかみず》三山（高水山・惣岳山・岩茸石山）への登山口で、東へ登ると雷電山から三田氏の**辛垣《からかい》城跡**へ行く。辛垣城については後に述べるが、平溝はその大手で、数少なくなったかぶと造りの屋根が見られる集落である。

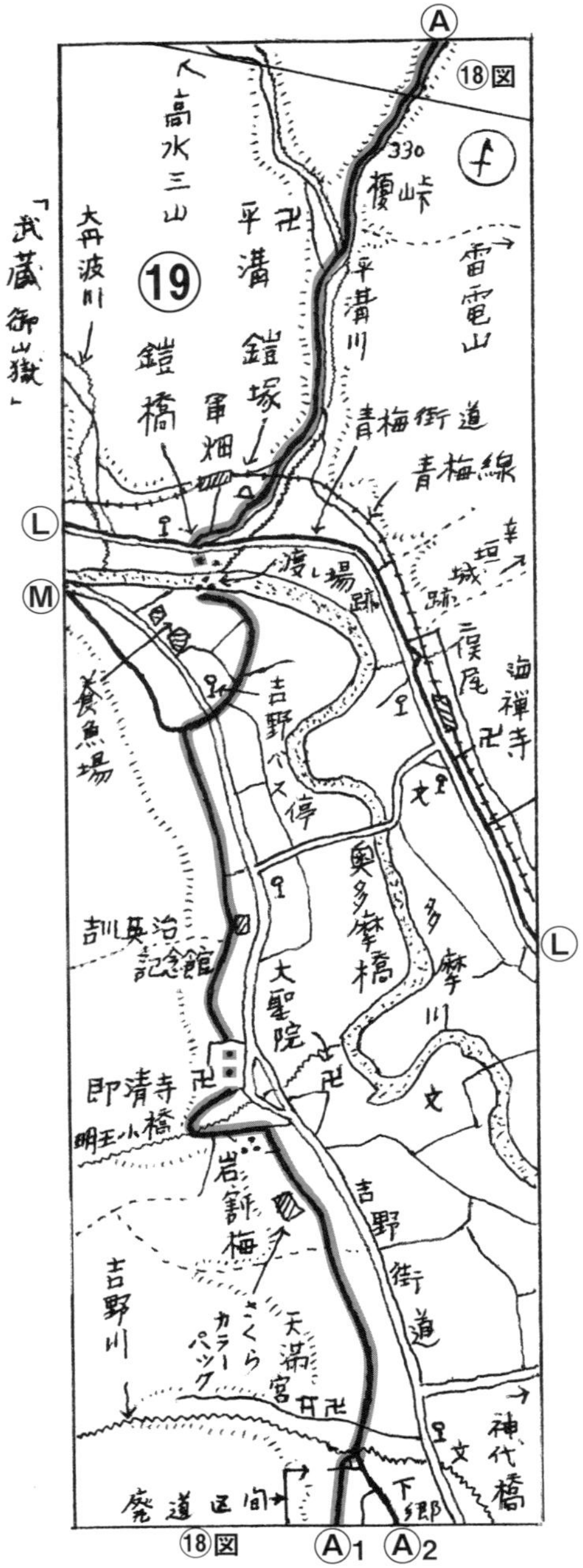

青梅線の高架橋手前の坂を右に上ると、軍畑《いくさばた》駅で、下ると辛垣城の西木戸跡集落となる。そこに高さ約一〇《メートル》ほどの**鎧塚**（青梅市史跡）がある。三田・北条両軍の戦いで両軍の戦死者や武具を埋めた所で、頂上には供養の赤い小祀の大明神がある。

鎧塚から南下すると、青梅街道（⑲図Ⓛ路）と直交する。青梅街道は鳩の巣まで通じていたのであろう。数馬の石門が打ち抜かれて甲州まで通じたのは江戸中期である。二俣尾という地名は、旧街道と青梅街道の二道がこの地で交差することから名付けられた。

交差点東に二軒家があり、その前の道が青梅街道の旧道である。新道は平溝川に架かる鎧橋で、その下には奥多摩橋架橋以前の「軍畑の徒渉場」やその後の渡し場の北岸がある。

多摩川に平溝川が合流する所の西側にあった渡し場跡やそこへ下る坂道は、鎧橋架橋とその基礎工事や護岸工

かぶと屋根が残る平溝集落

三田・北条両軍の激戦を示す鎧塚

事のために消滅した。北条氏の辛垣城攻めでは、ここを徒渉した。

5　三田氏の菩提寺（青梅市）

鎧橋から青梅街道を東行する（⑲図Ⓛ路）。二俣尾駅約一〇〇《メートル》手前で細道を左折し、その先の青梅線ガード下をくぐり、青梅線東側に沿って行くと一帯は梅郷で、二俣尾駅裏側を過ぎると**海禅寺**前である。山門は青梅線踏切を渡って下にあり、寺は東の数十段の石段上にある。

　白壁の塀を巡らした境内の入口には、素晴らしい彫刻を施した豪華な総門（青梅市文化財）がある。本堂は昭和五九年の失火によって全焼した。境内は樹木が多く、クスノキ（青梅市天然記念物）・シダレザクラ・マツなどの古木がある。寺は三田氏の菩提寺で、辛垣城攻撃時に消失し、その後再興されたのであった。

6　辛垣城落城物語（青梅市）

　海禅寺の後山が三田氏の辛垣城跡である。三田氏は平将門の流れをくむ武将で、羽村から多摩川流域を奥多摩まで領有していた。最初東青梅駅北方の勝沼城を居城としていたが、そこは平地に近い山城であるから小田原北条氏の強力な勢力に対しては守備しにくい。それでもっと強固な城の築城を必要と判断、永禄（一五五八～七〇）初年に辛垣城を築城して移った。城は旧街道と青梅街道の二道を押さえ、西方の**吉野梅郷**《よしのばいごう》も手に取るように監視できる位置にある。

　三田氏は古河に拠った関東管領足利公方に忠節を尽く

城郭を思わす海禅寺入口

し、寄居上杉氏に属する武将である。三田氏はすでにこの地方に三〇〇年間続き、辛垣城は戦国に向かって興亡の運命をかけた最後の居城であった。海抜四三〇《メートル》ほどの孤立した山城だが、南方の北条氏照の滝山城に対するものであった。

戦国の連歌師柴屋宗長の紀行文『東路乃津と《あずまじのつと》』をみると、永正六年（一五〇九）八月一一日、宗長は三田氏が辛垣城に移る以前の勝沼城を訪ねている。そして三田氏父子と宗長はともに馬上姿で武蔵野を駆け回り、即興歌を詠んで楽しみ、同一五日には寄居鉢形城に行ったことを書いている。これを見ると、三田氏は単なる無骨一点張りの武将ではなく、教養高い人物であったことが分かる。また宗長は旧街道を秩父に抜けていったことが分かる。永禄六年（一五六三）三月、北条氏輝軍は辛垣城を攻撃した。口碑によれば、軍畑の渡し場を徒渉して二手に分かれ、一手は平溝川沿いに大手口へ、一手は青梅街道沿いに海禅寺方面から搦手口へと向かった。

三田氏一族の墓

平溝川流域の西木戸一帯は激戦地となった。軍畑とは戦場という意であり、鎧塚はその時の墓地である。海禅寺はこの時搦手攻撃勢によって焼かれたのであろう。

搦手口の尾根に設けられた東木戸がまず突破され、やむなく三田勢は辛垣城に籠城することにした。北条勢は急峻な城を力づくで攻撃することは得策ではないから、南方の山に桝形城を築き、次第に包囲網を狭めて総攻撃をかけたようである。難攻不落を誇った辛垣城も、搦手口を突破されたのが落城へつながったのであった。

三月九日、辛垣城はついに落城した。直接の原因は家臣の塚田又八が裏切って放火したためであった。城主**三田綱秀**以下一族は友軍に合流するため、北の成木口から脱出して小曽木川渓谷―成木三丁目―下直竹―飯能経由で岩槻に逃げたが、綱秀はそこで一〇日目に責任を感じて自刃した。落城時綱秀は夫人と幼小の子息三人を家臣谷合久信に托したが、夫人は名門平氏の流れをくむ三田氏の家門が汚れるのを嫌って自刃した。中世の武将夫人は、夫と死別後は再婚するか尼になるのが多かったことを考えると、綱秀夫人の夫への忠節の堅さが分かる。

海禅寺本堂左手の細い坂道を南に上ると、三田氏の墓がある。中央の左三つ巴の四基の宝篋印塔は綱秀夫人と三人の子息の墓といわれているが、墓石の形式が背丈の高い江戸時代の形式であるから、その頃立てられた綱秀一族の供養塔であろう。その左右に並ぶ小五輪塔群は一族従臣らの墓である。

もとの坂道をそのまま上へ一〇〇《メートル》近く上ると、右側竹藪の中に石造稲荷小祠と綱秀の首塚という五輪塔一基がある。永禄の頃寺の五世の僧禅梁が立てたもので、石祠は寛政年間（一七八九～一八〇一）に綱秀の霊を祀ったものである。

落城当時の模様を記録した文書は、二俣尾の谷合家が所蔵している。谷合家の祖は、綱秀に仕えた武家で落城

三田綱秀の首塚

後、当地に土着した者であった。また、辛垣城に関した地名の馬洗い場・桝形・物見山・城の坂・西木戸・軍畑などがある。円錐形の頂上は、江戸時代すでに石灰採取のために大部破壊されて変形している。

辛垣城はその後北条氏の城となったが、北条氏の滅亡と共に廃城になった。勝沼城には北条氏照の将師岡《もろおか》氏が入って師岡城となったが、ここも北条氏の滅亡で辛垣城と運命を共にした。師岡城は遺構がほぼ完全に残っていて、戦国後期の北条氏の数少ない貴重な山城の一つである。

当時の戦いは、皆殺し戦ではなく、主部の建物が炎上した時点で勝負が決し、主将の降伏か自刃で終了するのが普通である。三田旧臣の多くは戦後北条氏家臣となった。

三田氏一族は、奥多摩地方に諸寺を建立、修築などをして政治・経済の地位を高めていた。そして諸社寺の縁起・鐘銘・棟板・鰐口・古文書などにその名をとどめている。三田綱秀は、大石定久・横地監物と共に、奥多摩における三大悲劇の武将といえよう。辛垣城の落城により、北条氏は旧街道を侵攻路として秩父方面へ進出することになった。

7 桃郷歌碑（青梅市）

多摩川対岸の吉野を梅郷というのに対して、二俣尾は桃や梨で有名であった。海禅寺山門左に桃郷の歌碑がある。

花をみて帰るといはむ人はなし
　袂に桃の錦たちきて
　　　　　　三条西実隆

裏に別の三首が刻まれているが、その一首は

立てよりてあかぬいちかや花の名の
　百度千度春逢ふとも
　　　　　　根岸典則

大岩のある軍畑渡し場南岸跡

8　軍畑の徒渉地跡（青梅市）

海禅寺山門から青梅街道に出る（⑲図）。突き当たりから細道を右に行くと、昭和一四年架橋の奥多摩橋への道に出る。橋を渡って直進すると吉野街道に出るが、旧街道はなおその西側にある。旧街道を北進して渡し場跡へ行く。

旧街道は北で突き当たる。西は御嶽への道（⑲図Ⓜ路）で、東が渡し場への旧街道である。渡し場へはそのまま直進して次第に下り、林の中に入ると川岸の竹藪となり、やがて護岸工事で旧態を失ったが徒渉地南岸跡広場に出る。

四本の古木のケヤキと河岸の巨岩が北岸からの目標であった。旧鎌倉街道の大きな川の徒渉場は、たいてい浅瀬で巨岩がある。北条氏照の辛垣城攻撃は、口碑によると秋留台地を通って平井から旧街道に入り、梅ケ谷《うめがた》峠道を経てここを徒渉した。

中世以降の奥多摩橋架橋以前の渡し場もずっとここであった。明治の渡し場の様子は、「川の両端に舟着場をつくり、上に鉄索を張り滑車のついたロープで舟先は結ばれ、船頭の竿で舟は動いたという。四、五人程度きり乗れず大正末期頃の舟賃は大人四銭子供二銭ぐらいであった。消防ポンプと消防士は無料であった。……渡し場は川底が浅くときどき川底の砂利を取り除かなければならなかった」とある。渡し場はその頃も浅瀬であったことが分かろう。

渡し場跡への旧街道は、現在柚木二・三丁目の境となっている。渡し場跡には、釣人のほか訪れる人がほとんどなく、静かで淋しい所となっている。ベンチで休んでいると、川のせせらぎの音は遠い昔辛垣城を攻撃した北条軍が黙々と徒渉しているように聞こえてくる。

9 吉川英治記念館（青梅市）

吉野の山麓の旧街道に戻って南へ行くと、東側に吉川英治記念館がある（⑲図）。戦争中の昭和一九年頃東京から疎開し、約一〇年間住んで『新平家物語』などの創作活動を続けた所である。

入口は長屋門で、広い庭の真中に大きな母屋がある。きれいに手入れされた庭に面して草思堂と名付けられた英治旧宅があり、取材ノート・原稿用紙・コレクション・自筆の絵などが飾られている。文豪の吉野を詠んだ句に次のものがある。

梅一路御嶽見えたりかくれたり

10 畠山重忠造営の寺（青梅市）

記念館から旧街道を南下すると丁字路となる。即清寺《そくせいじ》へ行くには山際へ回らなければならない。寺の話では、丁字路から直進して山門下までの道は消えたのでそのような道筋になったようだという。

立派な寺で平安時代の元慶年間（八八七～八五）の創建と伝え、畠山重忠が建久年間（一一九〇～九九）に西山山頂の愛宕神社と共に再建したものという。

寺宝に鎌倉時代の仁王像・室町時代の石灯籠・板碑・享保年間（一七一六～三六）の百観音などがあり、幕末には東国八八か所霊場の一つだった。寺名は重忠の法名である。

旧街道沿いに畠山重忠に関した史跡や伝説が多く、特に青梅を中心として北は横瀬町、南は八王子市北部にかけてが多い。重忠は埼玉県大里郡の畠山に住み、ほどなく武蔵嵐山町の菅谷に移っている。嵐山町には旧鎌倉街道の上道が通っていることから、わざわざ遠回りしてこちらの旧街道を通ることはないわけである。それなのに重忠伝説が多いのは、義経や弁慶伝説と同じで悲運の武将を偲んで作られたと考えられるが、次のことも考慮する必要があろう。

　青梅市御嶽神社には重忠奉納で国宝の鎧がある。平安末期のもので、現存のものでは代表的で華麗な大鎧である。『風土記稿』によると建久二年（一一九一）の秋に重忠は奥州征伐の功によって頼朝から青梅地方を賜り、御嶽山に城を築いて居住したが、二俣川で殺害されたので城は焼かれたとある。伝説が多いのは、『風土記稿』にあるような史実があったからではなかろうか。

11　吉野梅郷めぐり（青梅市）

　寺の山門を出て西の谷への坂道を行く（⑲図）。寺から南の旧街道は、渓谷が深くて適当な徒渉地がなかったので、上流の明王小橋で徒渉したという。徒渉地へ下る小径は、沢両岸の防護工事で消えた。

　小橋を渡り沢の南岸で旧街道は直角に曲がる。その手前右側の細道を標示板（私製）どおり行くと、鈴木家庭内の岩割梅前に出る。推定樹齢三〇〇年で、ウメの木が大岩を二つに割って生えたようである。これには次の悲恋伝説がある。

　昔、村娘と恋仲になった武士がいた。ときどき陣屋を出て岩の所で娘と会っていた。しかし、二人の恋が実らないうちに戦いが起き武士は出陣することになった。別

悲恋伝説を生んだ岩割梅

都立天満公園

れの夜二人はウメの小枝を岩の割れ目に突き刺し、「戦のために二人の恋が実らない場合は、二人の代わりになってこの岩を割って伸びよ」と願って別れた。その後武士は村に帰って来なかった。しかしウメは二人の祈った通りに岩を割って大きく伸びたのである。今でも二人の悲恋を慰めるように、早春ともなれば香り高い花を咲かせている。

岩を割って生えたような奇樹の古木があったので、多摩川対岸の辛垣城とこの地を通っている旧街道との二つの材料を結びつけていつの頃か創作された伝説であろうが、梅郷に誘う目玉商品の一つになっている。

岩割梅からいったん東の吉野街道に出て大聖院へ行く。本堂裏手には吉野梅郷の起源となった老朽したウメの親木がある。青梅町内の金剛寺境内にあって、青梅地名の起源となった梅樹から根分けした木といい、吉野梅郷のウメの木はみなこの梅樹を親木にしたとの伝説があるが確証はない。しかし、梅郷の古さを示す樹であり、岩割梅と共に梅郷宣伝の一材料である。本堂前にもウメの古木がある。

岩割梅の辺りは吉野上郷で、以南へ順に中郷・下郷となる。上郷から下郷にわたる約四キロの地域が吉野梅郷で、約二万本に近い梅樹がある。観光でも産業でも村全体がウメを栽培している。梅郷を心ゆくばかり鑑賞するには、旧街道沿いに散策するのがよい。旧街道両側はほとんど梅林である。吉野梅郷は広い地域にわたっており、歴史とロマンもあって東京近郊屈指の梅郷といえよう。

この地は、ウメの生育に適していたのが原因ではあるが、江戸時代の農村振興策に先祖が協力したことも忘れてはならない。文政時代（一八一八〜三〇）にはウメの出荷期になると、梅干を満載した馬が江戸に向け延々と続いた。

村の伝説に、昔吉野にはウメの長者、二俣尾にはモモの長者、吉野の北の沢井にはユズの長者がそれぞれ住んでいて広めたのだとしている。

旧街道を南下し、十字路を西に行くと天満宮があり、付近一帯に広がる梅林は都立天満公園である。吉野梅郷はすでに大正八年（一九一九）一〇月に東京府名勝地に指定された。そして昭和一〇年頃、作家山本有三は梅郷を舞台に小説『真実一路』を書き、『主婦の友』に連載した。

12　梅ヶ谷峠越え（青梅市・日の出町）

天満公園から東の十字路に戻って旧街道を南下すると、吉野川上流に無名の小橋があり、東側は杉林、西側は木村家などの住宅がある（⑳図）。この小橋から南の旧街道は二本になる。橋を徒渉して直進する道（Ⓐ2路）は馬引沢《うまびきさわ》峠越えの道であり、橋を徒渉して西側から山際を南下する道は梅ヶ谷峠越えの道（Ⓐ1路）である。後者は前者から分岐したようであるから、前者が早くできて後者が後からできたと考える。

崖上に名残を留める廃道になった旧街道

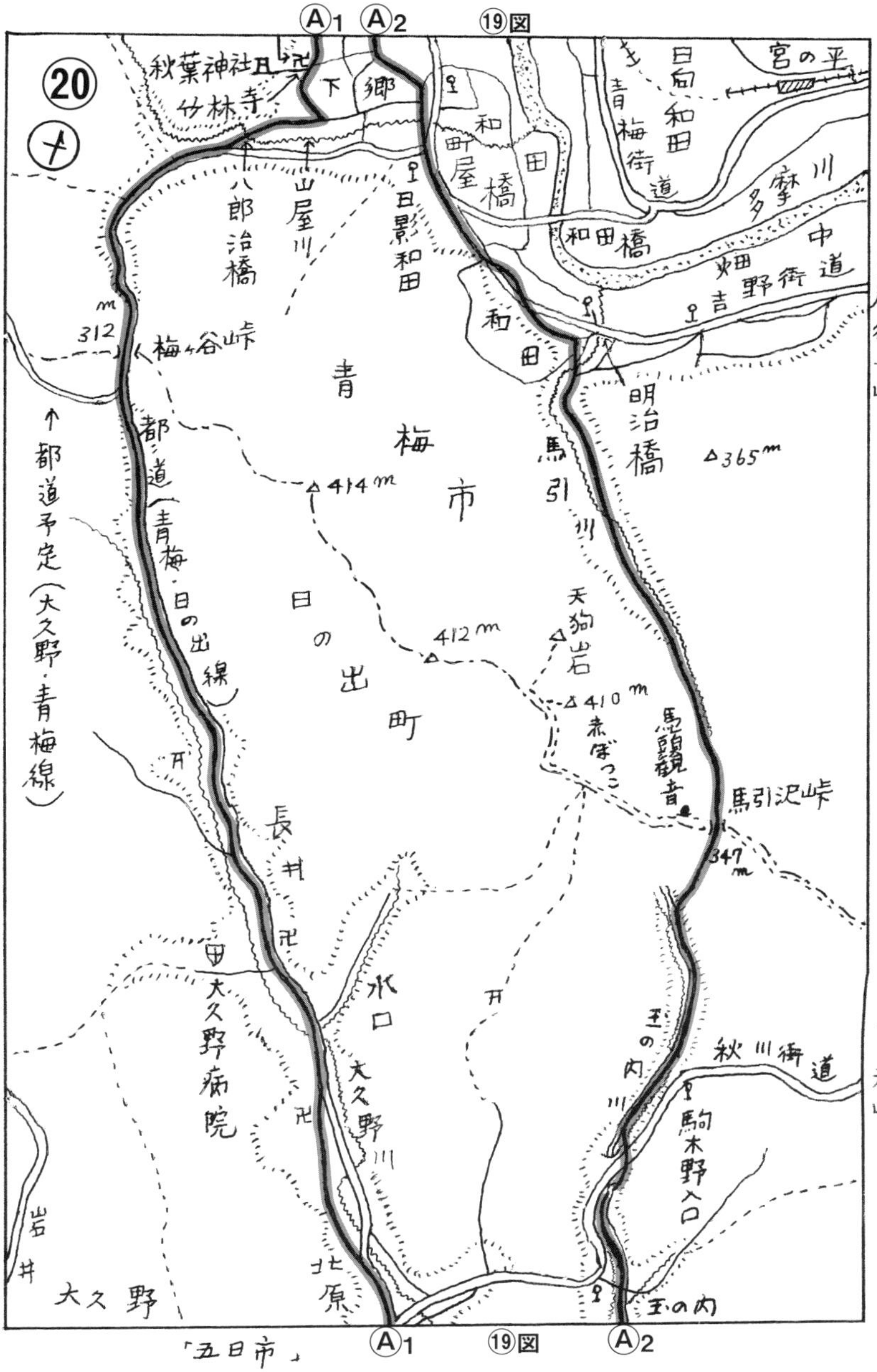

Ⓐ1 Ⓐ2 ⑲図
⑳
秋葉神社
竹林寺
下郷
和田
屋橋
田
日向和田
青梅街道
宮の平
多摩川
和田橋
中
畑
吉野街道
「武蔵御岳」
八郎治橋
山屋川
日影和田
和田
312m
梅ヶ谷峠
青梅市
明治橋
△365m
都道予定（大久野・青梅線）
都道（青梅・日の出線）
△414m
馬引川
日の出町
天狗岩
△412m
△410m
赤ぼっこ
馬頭観音
馬引沢峠
347m
長井
田
大久野病院
水口
大久野川
玉の内川
秋川街道
「青梅」
駒木野入口
「五日市」
岩井
大久野
北原
玉の内
Ⓐ1 ⑲図 Ⓐ2
「五日市」

竹林寺近くのわら葺き農家

まず後者を行く（Ⓐ1路）。沿道が早く民有地化したためか一部廃道になった。この道は青梅市教育委員会発行の歴史地図には出ていないので詳述しておきたい。橋際の木村家前から西の島崎家までは細い坂道、そこから西南の高地にある藤野家までは土盛りなどで消滅した。島崎家からの小道を南へ、続いて西へと上って藤野家前へ行く。玄関前から南は小径となり、原島家西側・稲荷小社を通り、小橋を渡って坂を上ると、東側が崖で、崖端に小径が続く。その先は竹林の中を通って**竹林寺**下から公道に出る（Ⓐ1路）。廃道の部分は、高低の少ない一直線の道である。

竹林寺前から南の公道は、途中で「く」の字形に東南に曲がるが、旧街道は曲がらずに民家の屋敷内を直進して南の山屋川の八郎治橋へ下ったろうと土地の人はいっている。しかし、民家の屋敷内はもちろん山屋川渓谷の崖にも道だったらしい遺構は見当たらない。もし道があったとすれば相当急な坂になってしまい、旧鎌倉街道らしくなくなる。それで、竹林寺前から八郎治橋までの旧街道は、現公道の通りに「く」の字形に通っていたと判断する。竹林寺付近の集落では、わら葺き屋根の農家が見られる。

旧街道は八郎治橋の所で山屋川を直角に徒渉する。橋名の八郎治は人名ではなく由来も不明である。橋の先に淋しく二軒家が建っているだけで、付近は東京の奥山の感が深い。橋を越える上り坂道で、上は拡幅された都道（青梅・日の出線）に交差する。

交差点から峠までの都道となった旧街道は、割合急な坂道で辺りは人里離れた淋しい杉林である。上りきった所が**梅ヶ谷峠**《うめがたとうげ》である。梅ヶ谷峠は古くは梅方峠であり、南方から北の梅郷へ行く峠の意で、今でも地元の人たちはウメガタと呼んでいる。峠には標識はなく眺望は良くない。当時は切通し道だったと思われるが、今は近代的道路である。

大久野の大フジ

峠から南は日の出町の長井で、沿道には家屋が点在し、わら葺き屋根が見られる。道沿いには大久野川の渓流があり、せせらぎを聞き風景を楽しみ、野鳥の鳴き声を耳にして歩けるいい道である。旧街道は北原で秋川街道を越え、東側の旧道に続く。

13 西福寺のフジ（日の出町）

旧街道沿いに**西福寺**《さいふくじ》がある（㉑図Ⓐ1路）。寺から東方へ約一〇分の所の西福寺所有の山に、野生の大フジがある（都天然記念物）。アラカシとスギに絡み合い、根本周囲約三㍍の大木で、その回りにも野生のフジが多く生えている。周囲は公園風に整備してある。

14 塔婆作り日本一（日の出町）

北原集落から南では塔婆作りが行われ、半製品の板を

塔婆を作る細長い板材を乾燥しているところ

乾燥している風景がよく見られる。羽生はその中心地として昔から有名である（㉑図Ⓐ１路）。

この近在は、塔婆の材料であるモミの生育に適しているから、良質のモミ材が生産された。モミは材質が脆く腐食し易いため、建築用材には向かないが、地膚が白く墨の吸い込みがよいから、文字を書くのに適している。それで古くから装具や塔婆などに用いられた。現在では地元の原料では不足するので、遠く東北地方からも移入している。

落合の諏訪下橋を徒渉して平井川沿いに行くと、平井

馬引沢峠道沿い鎌倉街道の凹道

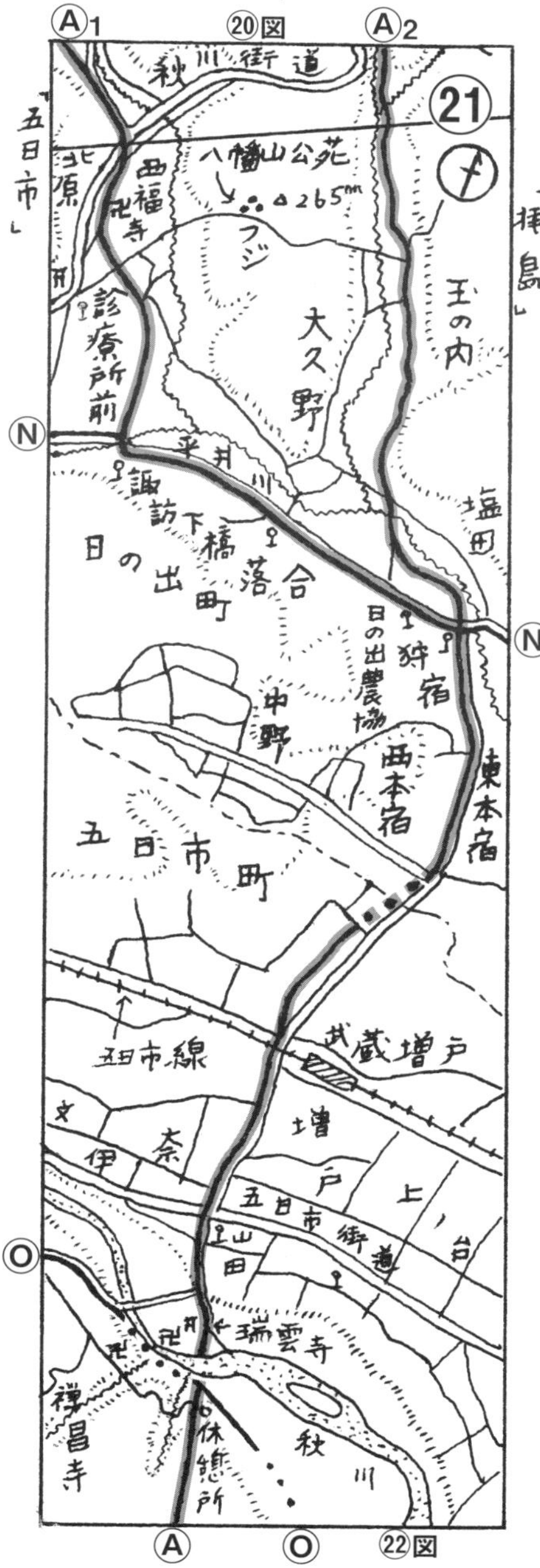

の仮宿で馬引沢峠越えの道と交差する。平井川沿いの道も（Ⓝ路）古い道であろう。梅ヶ谷峠越えの道は、初期の旧鎌倉街道としては直線的ではなく、遠回りすぎるから、はじめ馬引沢峠越えができ、戦国時代に大軍を早く移動させる必要上、その頃建設されたのであろう。北条氏照軍の辛垣城攻撃は、この道を進軍したという。

15 馬引沢峠越え（青梅市・日の出町）

次に馬引沢峠越えの道を行く（⑳b図Ⓐ2路）。この道は、梅郷の下郷台地を通って吉野街道に下る。和田の旧道で直角に南に曲がると森の中に小さいお宮がある。その前から馬引川を徒渉して山中に入る。

山林全体が植林されたスギの美林で、スギの強い臭いが鼻をつく。この地方は以前からスギ林と丸太の産地だったが、建築足場の丸太は鉄パイプに変わって不要と

馬引沢峠。広場はなく左は和田、右は玉の内、手前は天狗岩、先方は二ツ塚

なり、スギ材もあまり出荷されてなく、山全体に活気がない。道沿いは旧鎌倉街道特有の凹道が見られる。標識が所々にあって、ハイキングコースとして整備されている。ただ峠近くの約二〇〇《メートル》ほどがV字形の小径になって峻しい。馬引川とは畠山重忠が馬を引いて通ったという伝説から付けられたもので、峠名もそれから出ている。

江戸時代には、新宿区の四谷がスギの産地だった。全勝寺前を杉大門といい、舟板を造るスギ材を伐り出したので舟町という町名になって現在も残っている。

その後、産地が次第に新宿・淀橋に移ったけれども、四谷の集散地は変わらなかった。江戸時代には丸太をつくるため四谷でスギの若木の皮をはぐことが多かったので、製品は四谷丸太といった。スギの産地は大正の頃は杉並や高井戸になり、昭和になると青梅方面に移った。だが四谷丸太の名称はそのまま通っていた。

馬引沢峠には広場はないし何の標識もなく、道標のみが立っている。それに従って青梅市と日の出町境の尾根道を西に行くと、ほどなく高さ四〇《センチ》ほどの馬頭観音（安永三年＝一七七四＝七月七日の銘）が立ち、その西北方には高所の赤ぼっこと天狗岩がある。天狗岩は巨大な岩山で、そこから北方青梅方面の眺望が素晴らしい。

峠に戻って玉の内に下ると、道は拡張された林道に交差する。峠から交差点までの旧街道は割合急坂である。林道は秋川街道下をトンネルで抜けるが、旧街道は左手に廃道となって続くのが分かる。まもなく日の出町玉の内集落で、そこには鍾乳洞があったが最近危険防止のため閉鎖された。

16 重忠宿泊伝説の地（日の出町）

狩宿は、梅ヶ谷・馬引沢両峠越え道の合流点である（㉑図Ⓐ路）。狩宿とは仮宿のことで、地名の由来は畠山重忠が鎌倉へ往復の時、従者を投宿させたからとか、重忠が仮の宿をとったからとかいわれている。

馬引沢峠越えは、梅ヶ谷峠越えと比べて距離が短いが山が峻しいので、人家の多くある梅ヶ谷峠越えの道を多く使われたといっている。しかし、最初にできた馬引沢峠越えが峻しいから、新たに梅ヶ谷峠越えの道が開かれて多く利用されるようになったのではなかろうか。

狩宿から南へ坂を上った台地の集落が本宿で、地名由来は昔身分の高い人が宿ったからという。『**武蔵名勝図会**』を見ると、平井から駅馬が本格的に用意されたようで、戦国期北条氏支配下になった時には伝馬継立ての駅が置かれた。

17 石と炭の伊奈宿（五日市町）

本宿から南進すると、旧街道の一部は新道ができたため、消えている（㉑図）。五日市線武蔵増戸《ますこ》駅西側を通り、山田で**五日市街道**と交差する。

山田交差点から西に曲がって行くと、江戸時代の**伊奈宿跡**となる。道が拡張されて当時のものは何もないが、当時を示す歩道のナシの並木が復元された。市を開いたり、馬を繋いだりするため家の前に広場を設けた宿の面影と、古い家造りが一軒、そして昔の並木だったナシの古木が数本残っている。伊奈宿には一と六の日に市が立った。西方町役場増戸出張所や屋敷内の千日堂は、昔の獄舎跡であった。

伊奈は仁平二年（一一五二）信州伊那郡から一二人の石工たちが集団移住をしたのが起こりで、その時本国の

伊奈宿跡に残る旧家と並木だったナシの古木

戸隠大明神を分祀して鎮守として建てたのが岩走神社だといってきた。しかし、宿はもっと古くからできていたようである。

18　壮麗な大悲願寺（五日市町）

伊奈宿跡西方に名刹**大悲願寺**がある。建久二年（一一九一）に頼朝の銘で**平山季重**が建立したものである（阿弥陀仏三尊と不動明王像は重要文化財）。伊達の白ハギ発祥地としても有名で、本堂前庭に植え込んで保存している。

また、寺東の山道を北に上ると、伊奈石の石切場跡がある。室町時代にこの伊奈石でつくった板碑がある。最近の研究では家康の江戸入国前からこの地方は石の産地としてある程度名前が知れわたっていたようで、戦国時代頃からすでに宿場ができていたようである。つまり、前述の伊奈石工の移住説はおかしくなってきた。五日市街道とは、伊奈石と付近から産出する木炭などを江戸に運ぶために開かれた道であった。

19　尊氏木像のある寺（五日市町）

五日市街道を山田交差点まで戻って、旧街道を南下すると秋川近くの西側に、うっそうと茂る竹藪を背に瑞雲寺がある。関東管領足利基氏の母瑞雲尼の開基といい、足利尊氏の木像が安置されている。建武の板碑も保存されている。

『太平記』に出てくる足利尊氏と南朝方の新田義興両軍が戦った「武蔵野合戦」で、尊氏が敗れた「石浜の戦」の石浜は、従来浅草の石浜と考えられていた。しかし、浅草ではなく、福生の牛浜ではないかとする説が出てきた。そう考えると、牛浜の地形が『太平記』の描写によく合致する。また牛浜で尊氏が九死に一生を得たことになるから、牛浜に近いこの地に尊氏関係のものがあるのではないかと、史跡の面も説得できるというのである。

寺から旧街道へ戻る。旧街道はウメの並木道になって秋川に突き当たり、山田の堰となる。秋川周辺は釣・水遊び・キャンプ・ボート場などのある都立秋川自然公園となっている。

弁天橋から見た秋川北岸の風景・中央の森は瑞雲寺

20　眺望絶佳の橋上（五日市町）

旧街道は堰のある所を徒渉して南岸に上る。現在は橋がないから秋川北岸に沿って整備された散策路を上流に行き、網代橋を渡って網代へ行く。橋側の茶屋前から次第に上り坂となって三差路となるが、そこをさらに西へ行くと、吉野梅郷に次ぐ高尾を中心とした五日市梅郷となる。橋から西の道（⑳図Ⓞ路）は後述する古甲州道であろう。

三差路から東へ行くと左手に見える家が土地の旧家網代家である。また三差路となり、南は網代温泉への道で、直進すると、秋川支流に架かる弁天橋となり、橋上からの眺望は絶佳である。

21　昔のまま残る旧街道（五日市町）

弁天橋を渡った先に行くと、南北に走る旧街道に出る。そのうち秋川に下る約一五〇メートルほどの砂利道が昔のままの旧街道である。下ると秋川の山田の堰に出、北岸の瑞雲寺の東側ウメの並木道に続く、秋川から南を見ると、

網代の旧家・網代家

網代の丘陵に向かって一直線に旧街道が走っているのが分かり、旧鎌倉街道の遺跡を残す数少ない場所である。

22 古甲州道（五日市町・八王子市）

秋川南岸の旧街道上り口には、旧街道に対して十字路に交差するように、古代の甲州道（㉑図⓪路）が東西に通っていたと思う。

古甲州道とは、武蔵国府と甲斐国府とを結んだ古代の官道（国府道）で、記録にはないが武蔵国が東海道行政圏に所属するようになってから開通したと考える。道筋は、府中から日新町で古多摩川を徒渉して府中市四谷へ行く。四谷と日野市万願寺間は多摩川の流路移動で消えた。

万願寺からは日野駅―栄町と続き、谷地川《たにち》を徒渉すると滝山街道を戸吹へ行く。そこから現国道に沿って北の秋川を徒渉して秋留台地を西行したろうと推定されている。著者は戸吹町の住吉神社前から秋川に下り、南岸沿いに西行したと考える。それがサマーランド建設で一部消え、網代の旧街道下で交差していたと推察する。

そこから西は、網代橋から西への坂道に続き、その先は戸倉―檜原本宿―時坂―浅間尾根―数馬―鞍口峠となる。以上国府から西北方へ振幅の少ないほぼ一直線の道である。そして小菅―大菩薩峠―塩山―甲州となる。戦国時代になると、甲州道は八王子市案下街道を通るように変わる。

6

網代から八王子市館町へ

〈横山党・西党活躍路　八王子城攻防路〉

山ノ道編

武士団の交通路

八王子市

八王子を中心とした地域の最大の武士団は、武蔵七党の横山党である。祖先は小野篁《たかむら》七代の子孫小野孝泰（隆泰）である。孝泰は武蔵守として着任し、八王子周辺を開拓したが、四年の任期を終了すると土着した。孝泰の子義孝は武蔵権守（補佐役）となり、横山氏を名乗った。

横山氏の居館地は不明だが、元横山町の八雲補佐が横山党根拠地と見なされ、近くの妙楽寺に横山氏供養塔が立っている。

横山氏三代目の経兼は、前九年の役時一族を率いて源頼義軍に従って敵将安倍貞任の首級をとった。以後横山

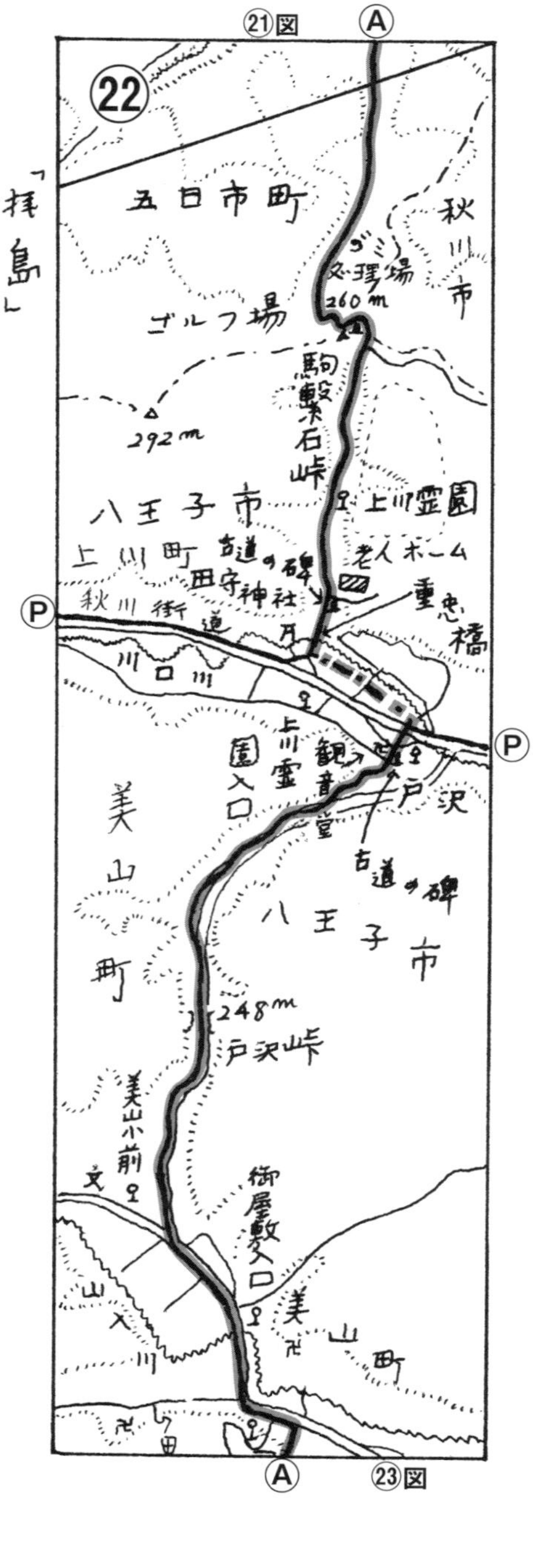

党は源氏に従い、頼朝挙兵とともに頼朝軍に加わった。

　横山時広は軍功によって横山庄の所領を安堵されたばかりか淡路国の守護に任ぜられた。横山氏の女を母とする梶原景時は元八王子村を所領地として与えられ、横山氏の一族椚田《くぬぎた》氏も横山村椚田の地を安堵された。また武蔵七党中の西党平山季重は平山の地を安堵された。

　西党は武蔵守日奉《ひまつり》宗頼の一族が国府の西部の日野を中心に勢力を振るった豪族であるから名付けられた。多摩川中流の両岸・草花・滝山・横山などの丘陵、立川台地に都築・橘樹西部に及んで勢力を延ばし、小川・由比両牧を支配し、西・上田・小川・平山・由井・稲毛・狛江・立川などの各氏が出た。

　こうした八王子周辺地に栄えた武士団によって旧街道は開かれ利用されることになった。

　戦国時代になると、上杉・北条・武田各武将の関東攻略路になり、北条氏隆盛時には生命線の重要な一本となった。

1　駒繋石峠と戸沢峠（八王子市）

　網代の秋川南岸からの旧街道を丘陵に登る（㉒図）。道は尾根道で、西側はゴルフ場、東側はゴミ処理場となっている。約二キロ登って峠にさしかかると、東に大きく曲がる所の南側山麓斜面に、太いアカマツ一本が生えその下に大きな三角錐の岩、少し離れた道端には少し凹んだ平たい岩があって次の伝説がある。

　大きな岩とマツは、旧街道を時々通る畠山重忠が、馬

丘陵途中の旧街道から網代の方を見る

駒繋石峠の重忠が馬を繋いだマツと岩

を繋いだ所という。凹みのある平たい岩の凹所は重忠のクツワの跡であるとか、重忠が馬を繋ぐ適当な場所がないから、岩を指先で押して穴をつくり、そこへ馬の手綱を繋いだという。重忠伝説の岩だから御前石ともいわれ、峠は駒繋石峠とか御前石峠と呼ばれている。

峠から南下すると、東側に上川霊園がある。ここには、戦後ラジオドラマが最高の聴取率を占めた、『君の名は』の原作者菊田一夫の霊も眠っていて、「昭和四八年四月四日、六六歳」とある。霊園から南下すると東側の老人ホーム入口丁字路に「鎌倉古道」と刻んだ石の標柱が立っている。

2　重忠の守本尊と戸沢峠

その南の川口川に架かる橋には**重忠橋**とあるが、重忠伝説を考慮した命名である。

重忠橋西に**田守神社**《たもりじんじゃ》がある。重忠が鎌倉に向かう途中、守本尊をなくした。後になってこの辺りで見つかったものを祀ったのが神社の起こりと伝えている（獅子舞は八王子市無形民俗文化財）。

旧街道は**秋川街道**と交差する手前で東に曲がり、川口川の河岸段丘端を東行していたが、新道ができ沿道が住宅地化したので点々と消滅した。

秋川街道の西の五日市戸倉から川口川沿いに通じているのは旧鎌倉街道という（㉒図Ⓟ路）。つまり駒繋石峠越えの旧街道を古道の秋川街道に交差させて作った道であり、秩父・青梅から鎌倉へ行く旧街道利用者は、秋川街道経由の方が早い。秋川街道については別に述べる。

北から南下する旧街道が、秋川街道と十字交差をした後なお南進しなかったのは、街道南の丘陵を避けたためで、少し東の戸沢の谷間を利用して南下する。

　戸沢から旧街道を南下すると、西側に馬頭観音を祀るお堂がある。その前を通る旧街道にも「鎌倉古道」の標柱が立っている。観音堂から南の旧街道は細々と丘陵中の渓谷を通っていたが、今は拡張されて都道となり、美山町へと続く。途中には戸沢峠があったが、梅ヶ谷峠道と同様に近代道路になった。峠から下って三差路に出ると、美山小学校前バス停がある。

旧街道沿いに立つ鎌倉古道の碑

3　昔のままの旧街道

　バス道を南下し荻園バス停少し手前で旧街道は南の丘陵に入る（㉓図）。ここから約七〇〇メートルは昔のままの小径で、山入川流域古道と小津川流域古道を結んだ道であろう。丘陵入口に荻園地蔵堂が建ち、ここから山道となる。小径でなだらかな峠を越すと杉林となり、下って小津川（水無川になっている）を過ぎて辺名《へんな》バス停に出る。

　バス停の向かい側に、「**下原刀《したはらとう》鍛冶発祥の地**」と刻んだ碑（八王子市史跡）が立っている。後述する案下《あんげ》城主大名定久が、城下町だったこの地に招いた山本姓刀工一族の住んだ所である。山本氏はその後下原に移ったが一族は北条氏の庇護を受けて発展し、一門は下原鍛冶と呼ばれ、明治まで続いた。

4　川原宿の車人形

　辺名バス停南は丘陵地なので、旧街道は丘陵を東に避けて恩方の川原宿へ行く。ここには車人形の一座の稽古場瀬沼家がある。文政の頃（一八一八〜三〇）大阪の人

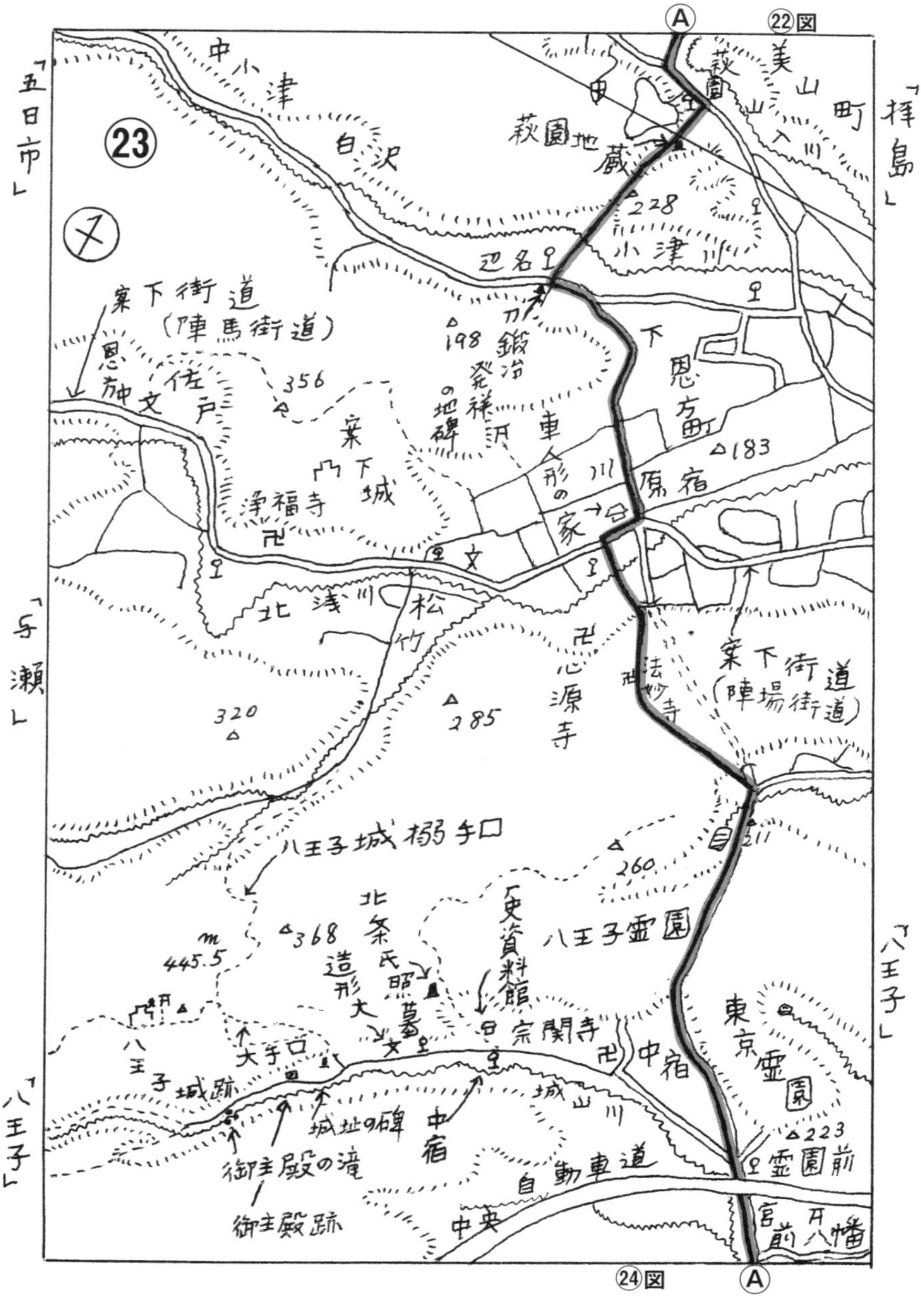
Ⓐ
㉒図
23
「五日市」
「拝島」
中小津
白沢
萩園
美山町
山入川
萩園地蔵
228
小津川
辺名
刀鍛冶発祥の地碑
198
案下街道
（陣馬街道）
恩方中
佐戸
文
356
案下城
浄福寺
下恩方町
183
車人形の家
川原宿
北浅川
松竹
心源寺
法妙寺
案下街道
（陣場街道）
285
320
「与瀬」
211
八王子城搦手口
260
北条氏照墓
造形大
史資料館
368
m
445.5
八王子霊園
宗関寺
八王子城跡
大手口
中宿
城山川
城址の碑
中宿
御主殿の滝
御主殿跡
東京霊園
223
霊園前
「八王子」
「八王子」
自動車道
中央
宮前八幡
㉔図
Ⓐ

形浄瑠璃文楽に弟子入りしたことのある西川古柳（埼玉県入間郡加治村阿須生まれ）が昭島市内の酒造家で働いているうちに工夫したものである。人形使いはもともと二人以上で一体の人形を操っていたものを、三個の車を取り付けた腰掛箱を考案し、一人で一体の人形を操れるようにした。そして、説経浄瑠璃の師匠西川伊三郎の名から西川古柳と名乗って八王子の大横町で実演したのであった。

車人形は幕末から近郷の農民に慰安と娯楽を与えたが、明治になってからは影絵（幻灯）と組み合わせ寄席にも出演するようになった。

5　松竹城落城物語

川原宿西方松竹《まつたけ》を過ぎると**浄福寺**がある（㉓図）。寺の本尊は千手観音（厨子は東京都文化財）で、裏手の庭園は山地を取り入れて深山幽谷の趣きがある。入口の緑地には、ウツボグサが群生して花をつけていた。

浄福寺背後の山には**松竹城**（浄福寺城・案下城・千手山城・朽縄《くちなわ》城・新城などの名称がある。八王子市史跡）跡がある。ここは戦国の頃山内上杉氏の重臣**大石定久**の城であった。往時を偲ぶものは自然の渓谷を利用した空堀だけである。浄福寺の所が居館地だったのだろう。

ここで大石氏の概略を述べる。大石氏とは木曽義仲の七代の子孫で、信濃国佐久郡大石郷に住んだので称した武士である。大石信重の時、功によって室町幕府から武蔵国目代（国守の補佐役）に任命され、延文元年（一三五六）五月、武蔵国の入間・多摩両郡の内一三郷（秋川・柳瀬川両流域の地と思われる）を領地とした。大石氏は江戸上杉氏の忠臣で秋川市二宮の多摩川に臨む景勝の地を居城地とした。大石信重の墓は自分が所沢に建てた永源寺の本堂裏にあるので、そこが晩年の隠棲地だろうという。

長禄二年（一四五八）顕重の時、居城地を二宮南方の八王子市**高月城**《たかつきじょう》に移した。また、文明年間（一四六九～八七）の間には北条氏に備えて志木市に柏城・所沢市本郷に滝城を築いた。『廻国雑記』によると、道興准后は四回も滝城を訪問している。なお、神代寺城—滝城—柏城—難波田城—川越城が山内上杉氏の生命線であり、防衛線であった。

松竹城山麓中央に見える屋根は浄福寺

その後、小田原北条氏の勢力が強大になり、大永元年（一五二一）二月頃までには、北条氏に降ったものと思われる。そこで北条氏は大石定重に高月城南に北条氏の北進基地として滝山城（国指定史跡）を築かせ、その子定久にはその支城の松竹城（標高三六〇メートル、高さ一五〇メートル）を築かせたと考えられる。

滝山城は、当時最大級の山城で難攻不落を誇る強固な城であった。そして谷地《たにち》川沿いの滝山街道沿いには横山・八日市・八幡宿の三村落（城下町）を建設した。松竹城本丸には城の鎮守の琴平神社があり、麓の浄福寺は大石定久の祈願寺であった。案下街道沿いの川原宿は、その東方の元木・北方の辺名とともに城下町であった。ついでながら、松竹から南の八王子城跡への道は、八王子城搦手門への道である。

大永四年になると、江戸城上杉憲政は体制離反者大石氏への制裁のため松竹城を攻撃した。不意を突かれた大石方は、城兵一五〇〇人のほとんどが討死にした。なおこの年は北条氏が江戸城を攻略して上杉氏を川越に追い、江戸城を攻略した年である。

大永七年に大石定久は多摩川沿いの滝山城に移って城

主となった。この頃には背後の甲斐武田氏の勢い強大になり大石氏への圧力が増大してきた。それで天文一三年（一五四四）定久は北条氏照を養子にして滝山城を譲り、自分は甲斐武田軍の侵攻路である古甲州道筋を守備するため、戸倉城に移された。定久の戸倉城移城は、自ら進んで求めたものではなく、北条氏の強い要請のため潔しとはしないものの止むを得なかったのであろう。定久は娘と城までとられて去勢させられた。

　松竹城落城後の大石氏は衰退の一路をたどるが、落城で重要家臣を失った今、北条氏の圧力に従わざるを得ない情勢になっていた。定久はほどなく戸倉城を辞して南多摩郡柚木村に松竹城で亡くなった将兵を弔うため建てた永林寺に出家した。そしてある日野猿峠に上り、松竹城の方を仰いで自殺して果てた。

　大石氏についての研究は、戦後になってから始まったといってもよく、不明の点が多く異論も多く出ている。

6　案下街道と甲州道の変遷

川原宿や案下城下を通る陣馬《じんば》街道は、戦国時代の案下街道である。その頃今の和田峠は案下峠と呼ばれていたための名称であるが、その頃の甲州道であった。

　古代の甲州道は古甲州道であった。中世になると日野—八王子追分—水無瀬橋—北浅川沿いに恩方町—和田峠—上野原—甲府と変わった。また戦国の頃には八王子—浅川—小仏峠—与瀬—上野原—甲府の旧甲州街道が開かれ、小仏に関所（国史跡）が置かれた。関所は後に高尾に近い駒木野に移った。

　旧甲州街道（甲州道中）に対して案下街道は裏街道と呼ばれた。北浅川上流に行くと、童謡で名高い「夕焼け小焼け」の歌碑、小仏関所の分遣隊口留関所跡（八王子市史跡）、恩方第二小学校校庭北側の武田勝頼の妹松姫亡命地などがある。

　江戸時代中期になると、青梅街道は鳩の巣西の数馬石門が打ち抜かれたので、氷川—小河内—塩山—甲府と通ずるようになった。この道は旧甲州街道よりも八キロくらい近かったので、やはり裏街道として利用された。なお現甲州街道は、八王子—高尾—大垂水峠—与瀬と何回も変遷している。

7　八王子城築城と城下町の建設

ここで滝山城の北条氏照の動きを述べる。滝山城では永禄一二年（一五六九）武田軍の攻撃があり、武田軍本隊は秩父から旧街道を二俣尾に南下し多摩川沿いに進んで滝山城対岸の拝島に本陣を置いた。一方武田軍の別働隊は甲州大月の岩殿城主小山田氏を大将として旧甲州街道を駒木野へ侵入して来た。

北条氏照は、重臣**横地監物**など二千数百人とともに城外に出て、廿里《ととり》に陣を敷いた。しかし強力な武田勢のため北条勢は苦戦をし、氏照も一命を落とすところを家臣に助けられた。不落の滝山城といえども、武田勢の人海戦術と鉄砲隊の攻撃では防備不足であった。氏照は「滝山は滝のように落ちる」としてそこを撤退し、元亀三年（一五七二）に新たにより一層堅固な山城の**八王子城**を築城して移った（国史跡）。八王子山は北条氏の生命線となっていた旧街道と甲州への通路を押える要地であったのである。

川原宿から南の丘陵を越え、さらに東京霊園となった丘陵から南下すると中宿となる。西の山上は八王子城山であり、その山から流れ出る城山川流域の元八王子一・二・三丁目は、滝山城の城下町の横山・八日市・八幡宿の三村落が移転してきた所であった。

城下町といっても、近世の城下町のように整備された町並みがあったのではなく、そこには定期的に市が立ち、近在から人が集まるという程度のものだったようである。八日市という名は市の開かれた名残の名であり、裏宿には遊女町もあったという。

だいたい中世の城下町は、近世の城下町と違って家臣団が居住していたわけではなく、武士たちはそれぞれの所領（耕作地）に住居を設けて生活しており（根小屋）、城主からの招集の合図があると城中に集まるのである。また武器作りは集団的に住んでいたらしく、東端には木戸が設けられていたという。

八王子城落城後、前田利家の命を受けて城下町村落の再建に当たった長田作右衛門が、狭いこの地区よりも盆地中央である今の八王子市内の方が発展性があると考えて移し、現在の甲州街道沿いの横山町・八日町・八幡町が形成された。

8　北条氏照を祀る寺（梵鐘は八王子市文化財）

中宿から西に行くと宗関寺《そうかんじ》がある。延喜一六年（九一六）京都・奈良で有名だった名僧華厳菩薩がこの地に巡行し、後述の北条氏照墓辺りに庵を造って住み、城山に牛頭天王（袟素嗚命）の五男三女の八王（つまり八王子神社）を祀ってこの地方一帯の鎮守とした。これが八王子地名の起こりである。

北条氏照の時代となり、庵跡は永禄七年（一五六四）に菩提寺の牛頭山を山号として氏照が再興したが、八王子落城の時に全焼した。その後、文禄元年（一五九二）に氏照の霊を祀るため、氏照の法名宗関をとり、旧跡より東のこの地に再興したのである。

寺には古文書のほか、八王子落城の時、傷ついた武将中山勘解由に掛けたという血染めの袈裟などがある。寺前の屈折した道の所を横地堤といい、昔の石垣跡である。この辺りから西は北条氏家臣団の居住地区（根小屋地区）で、解説板が立っている。

9　八王子城落城物語

宗関寺から西約五〇〇<ruby>メートル</ruby>の所に北条氏照墓入口の標識がある。そこを行くと八王子城址歴史資料館（民営）があり、その先の丘陵上に北条氏照と家臣の墓（都旧跡）がある。墓は元禄二年（一六八九）に八王子城落城時に自害した武将中山家範の曾孫中山信治が、氏照百年忌の追善供養をして小田原から分葬したもので、中央は氏照、両脇は中山家範と信治の祖父信吉という。

道をもとに戻って西の大手門へ行く。造形大学西端で

北条氏照の墓

宗閑寺西から難攻不落を誇った八王子城山を望む

道は二又となり、右は城山への登山道、左は谷沿いで御主殿跡へ通ずる。まず左の道を行くと、北側に階段のある一段高い敷地跡＝**御主殿**《ごしゅでん》（氏照居館地）跡地がある。昔は道幅が狭く、前面に石垣があり、下流に堤を築いて水位を高めて館を造っていたらしい。館跡からは氏照愛用と思われる茶碗や茶入れなどの破片が出土した。

館跡をなお行くと左手の谷間に**御主殿の滝**という細々とした滝がある。今は低い滝になったが、昔は滝壺が深く高い滝であった。落城時は、御主殿に住んでいた婦女子が争ってこの滝に身を投げて自害したので、谷川は三日間真っ赤に染まったという。氏照の妻大石定久の娘は過去帳には八王子城で死とあるから、あるいはここで自害したのであろうか。

道を二又まで戻って、八王子城跡碑から城山へ登る（国史跡）。山頂の本丸までは約八〇〇《メートル》の小径で、ヤマタツナミソウが随所に鮮やかに紫色の花を咲かせていた。頂上に近づくと眺望が良くなり、まもなく**八王子神社**前に出る。その上が本丸、右が三の丸、左上が二の丸で神社の左奥に城の井戸が残っている。石垣は滝山城跡では見られないが、八王子城跡では随所に見られる。これは

水が涸れて低くなった御主殿の滝

築城史上からみて八王子城は近世城郭に一歩近づいていたことを示すものである。

八王子神社の左側には、本城の最高指揮者横地監物（注・物品出納の監査役名）を祀る小社があり、そのそばに高さ約二メートルの横地氏に関した由来碑が立っている。本丸から西北に尾根伝いに行くと詰城《つめのしろ》で、そこは左右が崖、前面が深い掘割で全くの城郭の最奥部となる。ここから尾根伝いに西南に下ると、旧甲州街道の小仏関所跡へ行く。

天然の要害地を選定し、難攻不落を誇った八王子城も、豊臣氏の大軍（約五万）の猛攻を受けて落城した。戦況の詳細は不明だが、その概要は次のようである。

北条氏の小田原城以下五三城のうち、八王子と小田原の二城だけを残して全て落城させた豊臣軍は、川越街道を南下して日野や八王子から高尾駅南方初沢町高乗寺谷へ集結し、秀吉は高乗寺を本陣とした。渓谷には野営する大軍が充満した。秀吉は軍を二手に分け、上杉景勝約一万は中宿、宗関寺を通って大手口から、前田利家軍約一万八千は中宿からさらに北上して恩方の松竹を南へ登って搦手口から攻撃した（㉓図）。先頭は上州で秀

城山登山入口に立つ碑

頂上近くから八王子市街地の眺望

吉軍に降った大道寺政繁など一万五千余で、忠勤を励んで本領を安堵されようとする者たちである。守る北条軍は一六歳から六〇歳までの男子を招集し、神官・僧侶まで も動員したが五千から一万くらいだったようである。

天正一八年（一五九〇）六月二三日霧の深い夜明けに急襲を開始した。城主氏照は手勢四千を率いて小田原城に籠城して小田原城副司令官となっていたので、八王子城の最高指揮官は本丸を守る城代の横地監物、二の丸は中山家範、三の丸は狩野一庵、金子丸は金子家重、山下曲輪は近藤助実がそれぞれ守った。人海戦術と物量戦による猛攻は早朝から夕刻まで一四時間ぶっ通しで続き、ついに暮刻には落城した。中山家範はじめ城兵の大部分と御主殿の婦女子は焼け落ちる城と運命を共にした。首級を上げられたもの一千余、捕虜二百余は小田原へ送られて城内の見世物にされた。

横地監物は、炎の中を脱出した。理由や目的は伝えられていないが、再起のためであろう。その時の模様は次のようであったらしい。二、三人の従者を連れて平山季重の子孫が守る桧原城をさして落ちていった。桧原城は監物を平山氏重の子氏久などが守り、氏重は城外に出て水久保に陣をとった。

しかし、大軍と戦うことは不可能であったから城は氏重が守り、監物などは浅間尾根道を西に向かい、さらに落ちて行った。しかし道に迷って小河内熱海（奥多摩湖北岸に湖底の村落から移転した熱海という村落がある）の多摩川沿いの蛇沢に辿り着いたが、力つきて自決した（土民に殺されたともいう）。そこには横地社という小祠が建っていたが、貯水池ができて湖底に沈むので、横地監物にとって最も関係深い八王子城本丸の八王子神社横に、昭和三一年六月に遷座された。それが由来碑である。横地監物は、三田綱秀・大石定久と共に多摩における三代悲劇の武将といえよう。

なお、横地監物の本貫地は伊豆で、北条氏直臣衆馬回役（大将の周囲にあって護衛の任に当たる役）であった。氏照が大石定久の養子になって滝山城主になった時、氏照に従って来た側近である。狩野一庵も伊豆の人で元氏照の祐筆（書記）、才覚あって武将に取り立てられた者だが、覚悟をしていたのか家督は譲って仏門に入っていた。中山勘解由とその子孫については別に述べる。

難攻不落を誇った名城が、わずか一日、しかも正味

横地神社と由来碑

一四時間で落城したことから、総攻撃の猛烈さが分かるが、世にも不思議な落城との見方もある。城主不在、攻撃兵に対して守備兵が少ない、未完成の城、物量戦などいろいろある。いずれにせよ天正一〇年（一五八二）にはすでに武田氏は滅亡しているのであるから、北条氏としては八王子城を甲州街道口を押さえる城としての存在価値を強くは認識していなかったためではなかろうか。氏照自身小田原詰めをしていたことはその現れであろう。結論は氏照の作戦の誤りと、豊臣軍の絶大な攻撃力と作戦の妙であったといわなければならない。

突破口を開かれたのは、上杉軍の搦手口の三の丸狩野一庵曲輪への奇襲が成功したことであった。そこは攻撃の最難所でここからの攻撃はないと信じられていたのである。日本合戦史をみると常套手段は奇襲作戦と先陣争い（互いに攻撃を競争させて攻めること）で、これは源平合戦から太平洋戦争に至るまで変わっていない。

落城後、七月一日には氏政・氏照は小田原城で自決して果てた。そして一三日目には小田原城も落城した。不落城といわれた三田綱秀の辛垣城が落城するきっかけとなったのも搦手口の突破であった。

八王子城の存命は、小田原城にとっては精神的な支えであったから、落城は小田原城籠城軍に決定的打撃となった。『北条氏照軍記』には、その戦況を「敵味方の打連なる鉄砲の音は、百千の雷の大地を震ふ如く、射連る矢は夕立の水端を通るよりも猶繁し」とあるが、表現どおりの激戦で、人海作戦と物量作戦はこの時から合戦の常識になっていた。

この戦闘はある本に「日本の落城史において屈指の凄惨を極めた暗澹たる悲劇であり、太平洋戦争の諸戦にも比較されるものであった」とある。八王子城の落城は、戦争のむごたらしさを教え、近世三百年の太平を築く尊い代償であった。

八王子城は落城後廃城になり、城下町の人々は浅川沿道に移り、新しい町づくりを行った。そして天正一〇年家康は政情不安をなくすために、武田氏残党の旧家臣を八王子に移して新しい国境守備と治安を図らせるための組織、**千人同心**を置いた。今の千人町の基である。千人隊は日光警固にも当たっていたのであるから、日光の美しさを現在まで伝えてきたのは、この人たちの功績ともいえよう。

10　梶原景時勧請の宮

中央自動車道下をくぐり、東へのバス道を行くと、すぐ北側に朱塗りの鳥居があり、その奥山麓に朱塗りの八幡宮がある。治承四年（一一八〇）に梶原景時がこの地方を領した時、鎌倉八幡宮を勧請したものという。その時、植えた木で神木の太い梶原杉は、昭和四八年に枯死したが、根元だけはそのまま保存されている。

11　名刀匠の屋敷跡

神社東方の鍛冶屋敷バス停から北方へ行くと「**刀匠武蔵太郎安国鍛刀之地**」という大きな標石が立っている。山本姓を名乗る下原鍛冶一族が住んでいた所で、代表的刀匠であった。

鍛冶屋敷バス停から戻って西の丁字路に出て旧街道を南下する。丘陵の東側は大正天皇陵と貞明皇后陵の**多摩御陵**地で、西側の森は林業試験場浅川実験場跡である。丘陵から南浅川流域に下る一帯は、武田軍と北条軍との**廿里《とどり》古戦場跡**である（㉔図、八王子市史跡）。

旧街道は中央線高尾駅に突き当たって消えるが、その南側の京王線高尾駅前から南に続く。

12　秀吉の本陣となった寺

高尾駅西で甲州街道から初沢川に沿って南に行く。東側の山には**初沢城跡**（都旧跡）がある。旧街道を守るための城であるが、八王子城と小田原城との連絡城であった。大江広元の子孫の**片倉城**主長井氏が築いて城主となり、戦国時代に北条氏に属した。

初沢川は水のきれいな川で、上流に**高乗寺**という大寺がある。開基は片倉城主長井広秀で、南北朝の創建である。天正一八年（一五九〇）豊臣秀吉が八王子城攻撃時、この寺に本陣を置いた。

京王高尾駅から旧街道を南下する。旧街道は狭間町で丘陵に突き当たるので斜めに緩やかに上り、町田街道西川の尾根道を南下し、湯殿川流域に下る。下り坂途中の一軒家（堀口家）の手前にバックミラーがある。そこから雑木林の傾斜地へ舗装されない坂道がある。この道は今は民家の屋敷内に下るが、古くは村の道だったらしい

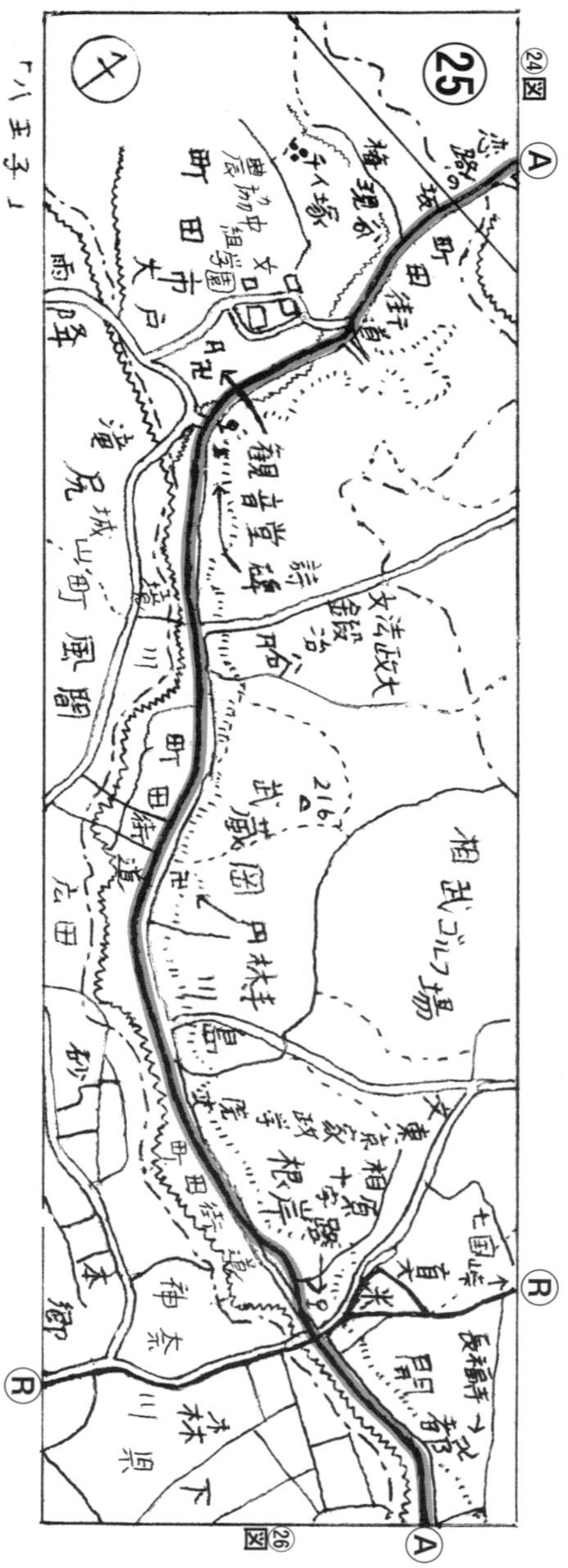
25
24図
「八王子」
A
恋路の坂
権現谷
町田街道
雨降
滝尾城
風間
観音堂
216
相武ゴルフ場
町田街道
十字路
R
A
26図

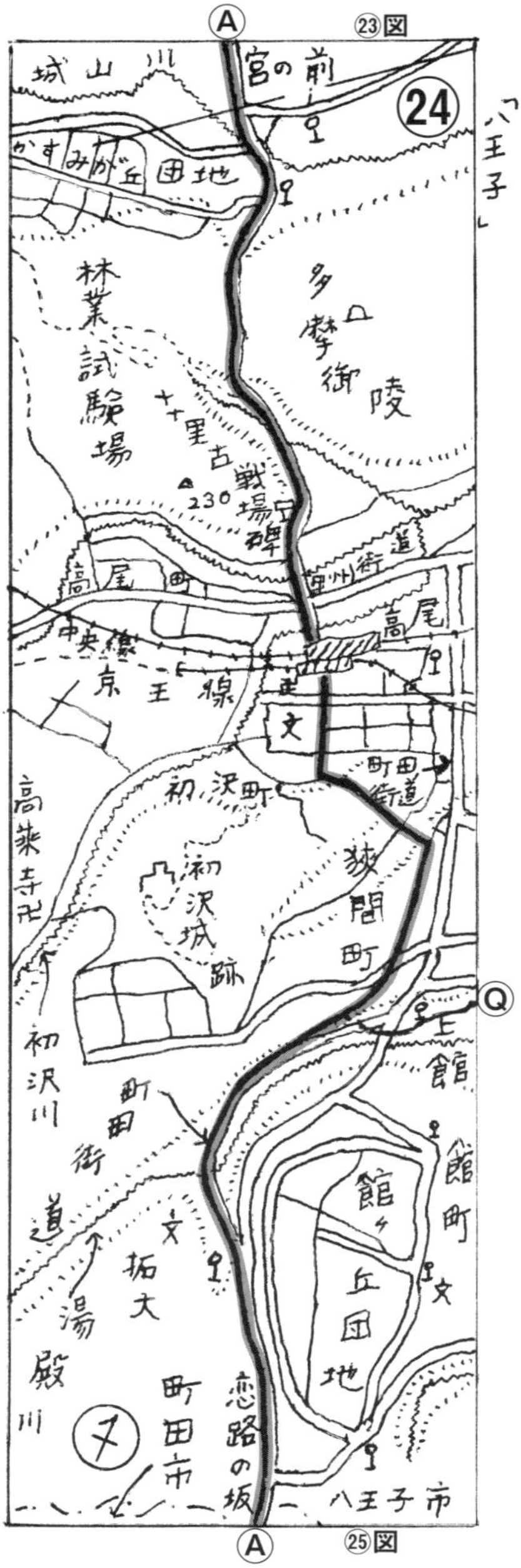
A
23図
宮の前
24
「八王子」
城山川
かすみが丘団地
多摩御陵
林業試験場
十々里古戦場碑
230
甲州街道
高尾
中央線
京王線
高尾
文
町田街道
初沢町
高乗寺卍
初沢城跡
狭間町
Q
初沢川
町田街道
館町
館ヶ丘団地
文
拓大
湯殿川
町田市
恋路の坂
八王子市
A
25図

ので、旧街道から湯殿川流域に沿う旧鎌倉街道（㉔図Ⓠ路）への分岐路だったと思われる。

13　千人同心の娘の処刑

館ヶ丘団地南は町田市と境する峠で、坂を恋路の坂と呼んでいる。これは八王子千人同心原某の娘が家来と不義の仲となったので秘かにここまで連れ出して首をはねたことから名付けられた（㉔㉕図Ⓐ路）。

峠から南に下ると、権現谷という小さな集落がある。その集落中央部から南の丘陵への小径があるのでそこを上ると、栗林の中に千人塚という塚があった。恋路の坂で処刑された二人の供養塚で、六地蔵が立っていたが今では南方大戸町の観音堂に移された。栗林から南へ行くと尾根道に出、それを東へ行くと大戸町への道に出る。

千人同心の娘の処刑地から移された六地蔵

14　関所破りを案内する村

権現谷集落西方の山地には小径が甲州街道沿いの南浅川町梅ノ木平という小集落に続き、旧鎌倉街道といわれている。梅ノ木平の西に案内という地名が残り、流れている川を案内川という。

江戸時代には、高尾町の西の駒木野に関所があった。関所での取調べを嫌った人や関所破りをする多くの人たちは、旧甲州街道の途中から梅ノ木平に出て権現谷や大戸へ抜けたという。それらの人々から土地の人は道案内を頼まれてするので、案内という集落名になった。

権現谷集落から旧街道に戻って南下すると、東京都最南西端の町田市相原町大戸となり、旧街道の西側に**観音堂**がある。江戸時代には相武観音二四番霊場として栄え、享保一三年（一七二八）銘の鐘があって八王子八景の一つに数えられ、「**大戸の晩鐘**」といわれていたが、戦時中に供出してしまった。

ここは参拝人が多く、関所抜けをした人たちが一夜の夢を結ぶ宿屋や小料理屋などが五、六軒あって結構繁昌していたという。この辺りの村人が立ちん坊をしていると、関所抜けの道案内を頼まれるので、その手間賃でどうやら生活ができたという話が残っている。明治初年に宿屋や観音堂は焼失して寂れた。境内の片隅の六地蔵は、権現谷の千人塚から移したものである。また千人同心の娘と家来の首をはねた刀は不浄のものとして厄払いをし、一緒に立てたと伝える石地蔵は、どこへいったか現存しない。

7 大戸から町田市原町田へ

〈横山党活躍路　武士団の連絡路
シルクロード〉

山ノ道編

絹の道

町田市

1　地元の詩人八木重吉

大戸橋バス停東の旧街道（町田街道になる）北側に、大戸が生んだ詩人**八木重吉**の詩碑がある（㉕図Ⓐ路）。

八木重吉詩碑

八木重吉は東京高等師範学校を卒業して詩人になったが、昭和二年二九歳の若さで死んだ。強烈なキリスト教の信者だった。詩碑は生家の前にあり、自然石に『素朴な琴』の一節「このあかるさのなかへ、ひとつの素朴な琴をおけば、秋の美しさに耐へかねて、琴はしづかに鳴りいだすだらう　八木重吉」とあり、昭和三二年に建てられた。詩碑の東で街道に面して「詩人八木重吉生家」の碑もある。

2　八王子城攻防の跡

武蔵ヶ岡に**円林寺**がある（㉕図）。大賀ハスがきれいに咲くので有名である。寺裏丘陵には八王子城攻防の跡を示す六本松とか耳塚などがあったが、ゴルフ場が建設されてなくなった。

六本松は物見松ともいう。小田原北条氏が全盛の頃旧街道は北条氏の関東経営重要路の一本で、大きな鐘楼があって、八王子城と津久井城などと鐘を打って連絡をとる仕組みになっていた所である。大戸から八王子への丘陵部には、昔から首塚・耳塚などという多くの塚があっ

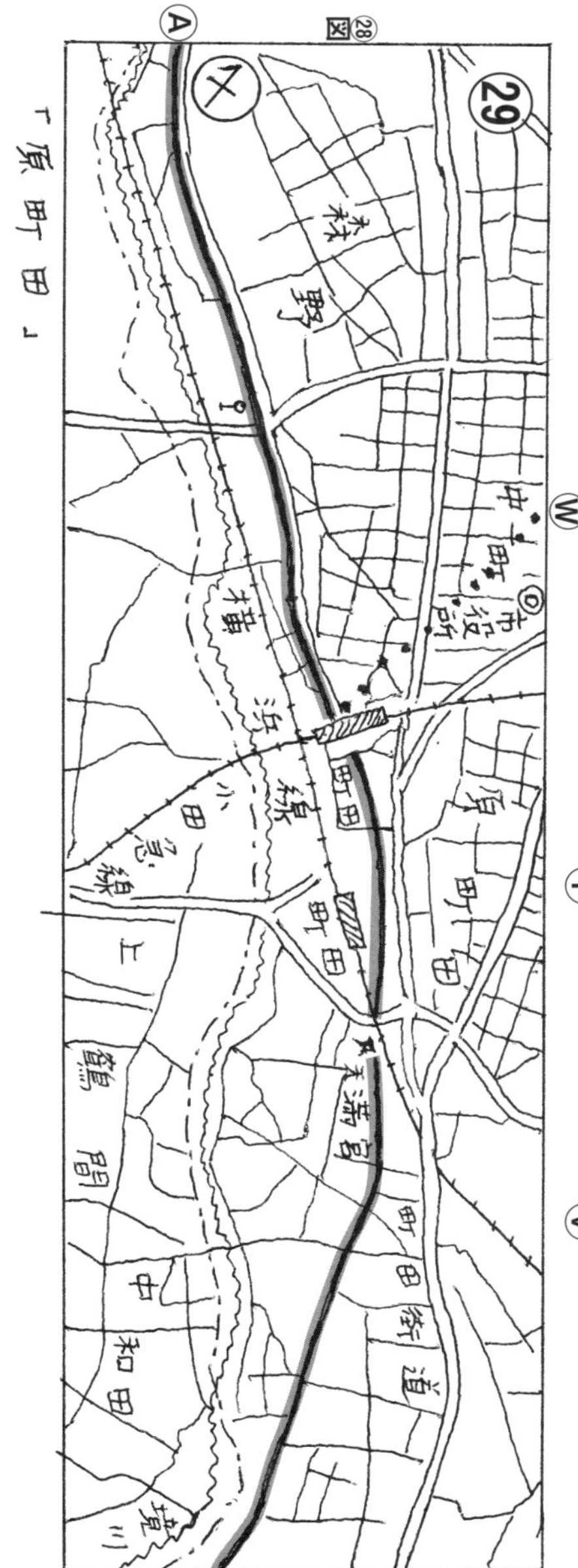
「原町田」
29
森野
中町
市役所
横浜線
小田急線
町田
原町田
上鶴間
天満宮
町田街道
中和田
境川

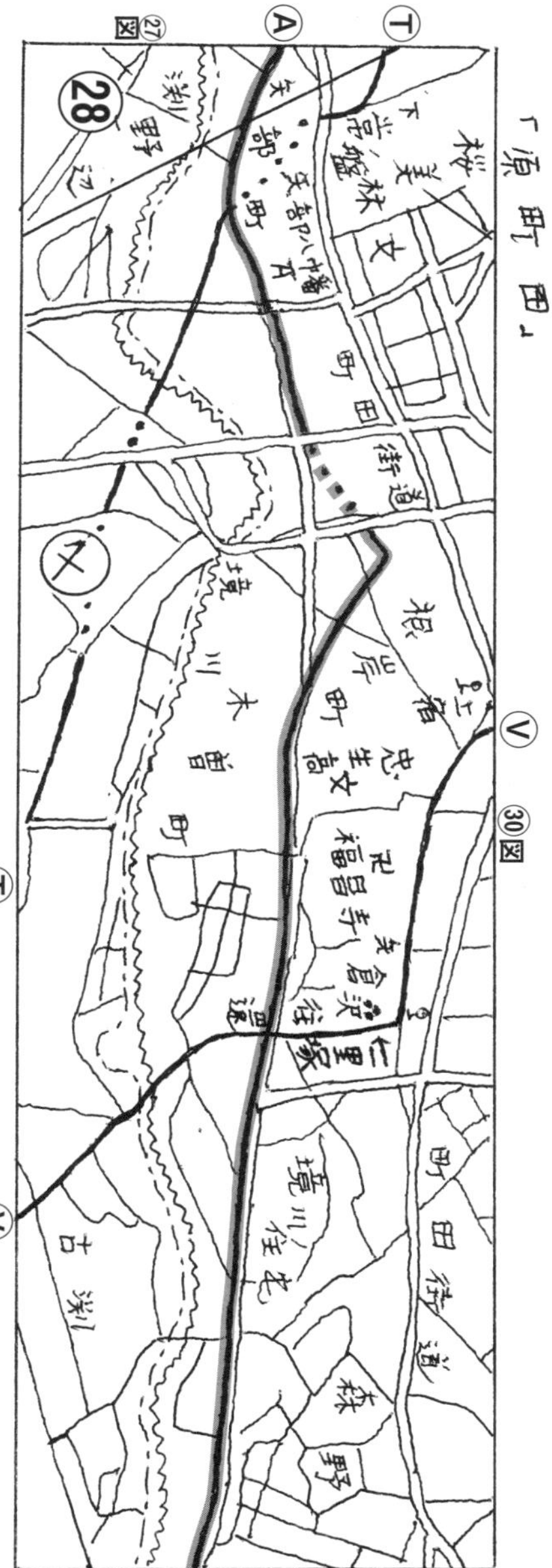
「原町田」
28
桜美林
町田街道
根岸町
木曽町
福昌寺
古淵
森野

た。八王子城攻防戦で戦死した武士たちを埋葬したもので、塚の上には必ず山桜を植えて死者の霊を供養してあったという。

相原十字路を南北に通る道は旧鎌倉街道（㉕図Ⓡ路）であったといわれているので、別に述べる。

3　相原駅周辺の文化財

横浜線相原駅近くに行くと、旧街道北側山麓に**長福寺**がある（㉖図）。山門は彫刻装飾のある江戸時代末期の四脚門、門前左側丘陵上にある文殊堂はやはり江戸時代末期のものだが彫刻装飾が素晴らしい。本堂の天井は天保一三年（一八四二）に長谷川雪堤の描いた四季の花の絵である（以上町田市文化財）。

横浜線相原駅南では、旧街道は町田街道の旧道になって残る。そこを東行すると、書院座敷を備えた幕末期の大型農家**青木家住宅**（医院として現在も使用∴印、都史跡、町田市文化財）がある。

なお東行すると**清水寺**《せいすいじ》がある。江戸時代末期の建築で多種多様な彫刻のある観音堂、多彩な彫刻の鐘楼と水屋

環状積石遺構の様子

(以上町田市文化財)があり、境内にはアカガシ群落がある(町田市天然記念物)。

坂下から北へ、御殿峠経由片倉への道(㉖図ロ路)は旧鎌倉街道であったというので、別に述べる。坂下東方の小山町田端には、環状積石遺構(㉖図∴印、都史跡)がある。ここは大小数百個の自然石を環状に積み上げた縄文時代後期中頃から晩期中頃に至るまで連続的に構築された遺構が保存されている。この地方一帯に居住していた人たちの宗教的な場所だったと考えられている。

4 絹の道

遺跡の東から北へ鑓水《やりみず》・片倉への道(㉚図)は、旧鎌倉街道であったという人がいるが、戦国頃の道ではあるまいか、幕末から明治にかけては絹の道として使われたのでそれを訪ねる。

丘陵に向かうやや広い道は、戦争中に戦車の走行を試験する道で、通称**戦車道**と呼ばれ、八王子市境地帯を東方に曲がりくねって走っている。市境から大栗川鑓水までは平坦な一直線の道で、途中西側にある**小泉家屋敷**(都有形民俗文化財)は、丘陵地帯の代表的農家の様式を残しているかや葺き農家である。

大栗川以北の鑓水には、幕末から明治にかけて生糸・マユを商ういわゆる絹商人といわれる百姓が集中的に多く誕生した。主な商人は大塚徳左衛門・八木下要右衛門・平本平兵衛など一〇人である。坂木谷戸には、当時を偲ぶ民家が保存されている。これらの邸宅跡を見ると、当時巨万の富を得た絹商人の生活と権力が想像できるが、この多くの人たちは数奇な運命を辿って没落していった。**絹の道**のうち鑓水の南斜面から道了堂までの上

道了堂のシルクロードを示す碑

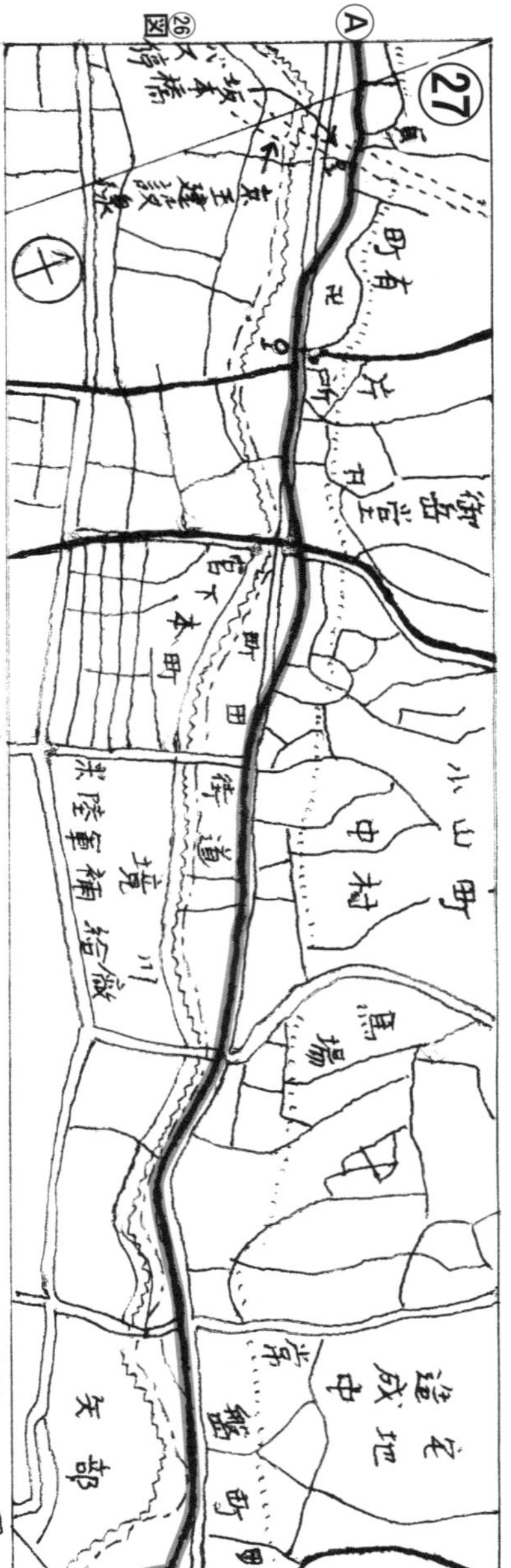
27
「八王子」
「武蔵府中」
「原町田」

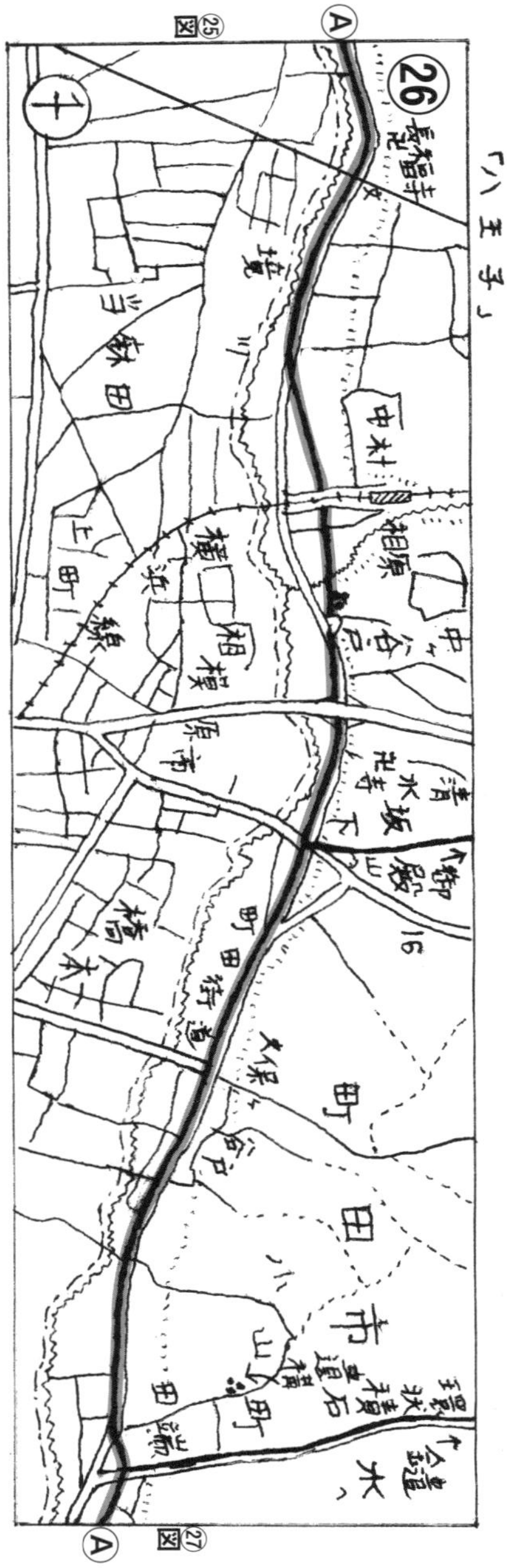
26
「八王子」

り道約一五〇メートルの区間は、特に昔の面影を残しているので、八王子市教育委員会では昭和四七年に市史跡に指定した。この道は旧鎌倉街道と似ているが幅が広い。幕末からのシルクロードとして、馬・車がいかに繁く利用したかという見方をすべきだと思う。

絹の道を上って行くと石段があり、その左前に昭和三二年多摩有志者達によって建立された「絹の道」と彫られた石柱がある。石段を上った奥の一段高い所（鑓水峠）には礎石のみになった道了堂跡がある。小田原の大雄山最乗寺の道了権現を分霊したもので、元浅草花川戸にあった。それを明治八年三月に鑓水の生糸商人たちの協力で移転したものであった。昭和五〇年代には崩壊したままになっていて鑓水商人の栄枯盛衰をひしひしと感じさせる。

絹の道は鑓水峠西側で宅地造成や自動車道建設のため消滅した。北の片倉町に続く絹の道に行くには、高い石段を下ればよい。片倉十字路から北の古川越道も絹の道であった。

5　牛倉沢往還

田端東の町有の坂本橋バス停（㉗図）では、多摩ニュータウンの京王多摩センター駅から延びてここを通り、横浜線橋本駅に連絡する京王相模原線の建設工事が行われている。

その東方小山町片所から北方への道（㉗図Ⓢ路）は、旧鎌倉街道であったというので別に述べる。

常盤町で旧街道は町田街道から分かれて**矢部八幡宮**（㉘図）の前に出る。また常盤町からの旧街道には、北方丘陵地の新住宅地小山田桜台を通ってくる旧鎌倉街道が交差している（Ⓣ路）。この道は府中に通じていて、古代に武蔵国からの防人たちが足柄へ向かう時に歩いた道のようで、別に述べる。

矢部八幡宮（獅子舞は町田市文化財）には、源義家が奥州征伐の帰途病気になり、ここで平癒祈願をしたという伝承がある。これは矢部八幡宮近くを古代からの旧鎌倉街道が通っていたことのあかしである。

矢部八幡宮から東の旧街道は、町田街道の南側を通って（㉙図）いるが、境川の河岸段丘上を通るので、だい

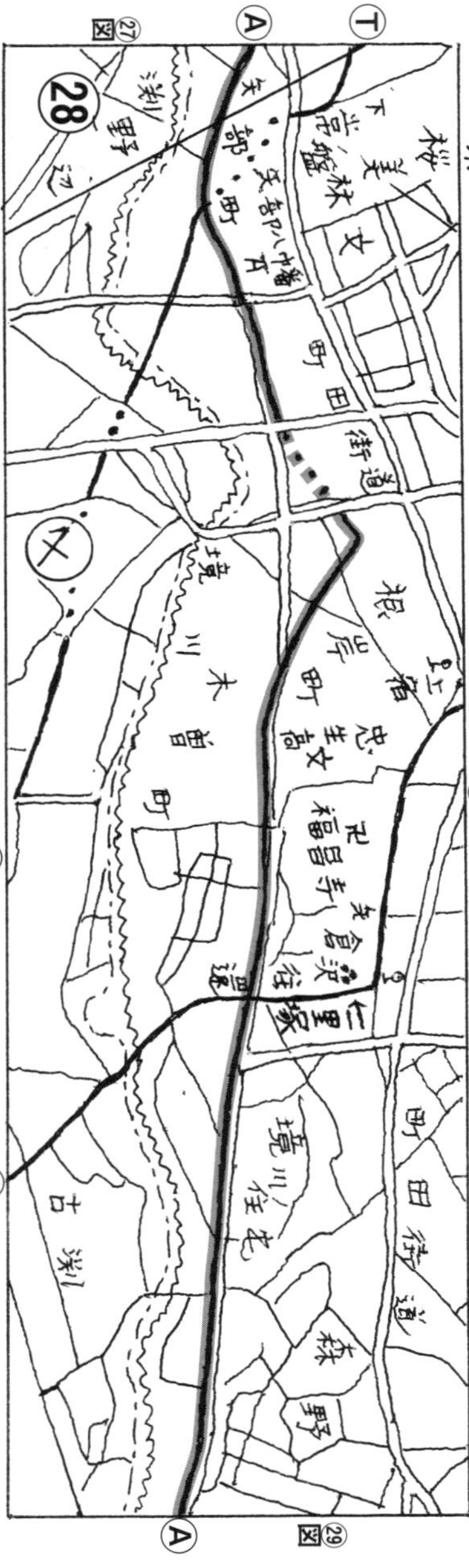

「原町田」

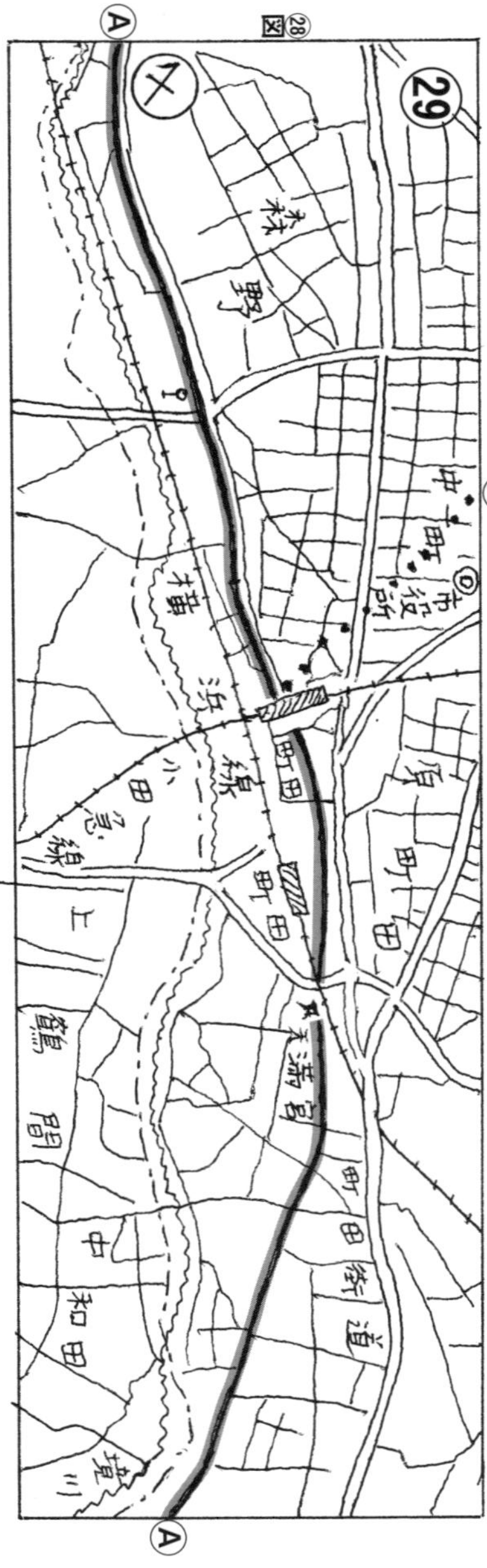

「原町田」

たい境川と平行して走り、小田急線町田駅方面へ行く。

その東の木曽町で、江戸時代の道**矢倉沢往還**（㉘図Ⓥ路）と交差する。往還は小野路南の旧鎌倉街道上道から分かれて南下し、町田街道南側を通る。木曽町は当時の宿場町であった。また大山阿夫利神社参詣道（大山道）としても利用されていたから、宿は繁昌し、上・中・下の三宿になっていた。宿跡は今でも木立が多く当時の様子をよく残している。

木曽中央町内会館近くには**一里塚**があったのでその碑が立っている。塚は元和三年（一六一七）三月二一日、三代将軍家光が家康の棺を久能山から日光東照宮に移す時、木曽宿から小野路を経て府中に行く時に整備された。その時の行列は千人に及んだという。矢倉沢往還の道筋は別図の通りである（㉚図）。小野路から木曽町へかけては、地域のPTA活動により、解説を兼ねた道標が処々に立てられている。

脇往還には、矢倉沢往還のほか津久井往還・中原街道・厚木大山道などがあり、五街道の武士の道に対して脇往還は百姓や商人の道であった。これらは江戸の発展と共に消費物質の輸送路として重要になったので、盛んに利用されるようになった。

それは五街道のように宿駅ごとに荷物の積み換えをする必要がなく、通し馬で行けるから、時間的にも経済的にも安価だったのである。

6　上道との合流点

小田急線・横浜線の町田駅北方に本町田という所がある。旧鎌倉街道上道が通っている古村であるが、その地の養運寺門前に、二・七の日の六斎市が開かれてい

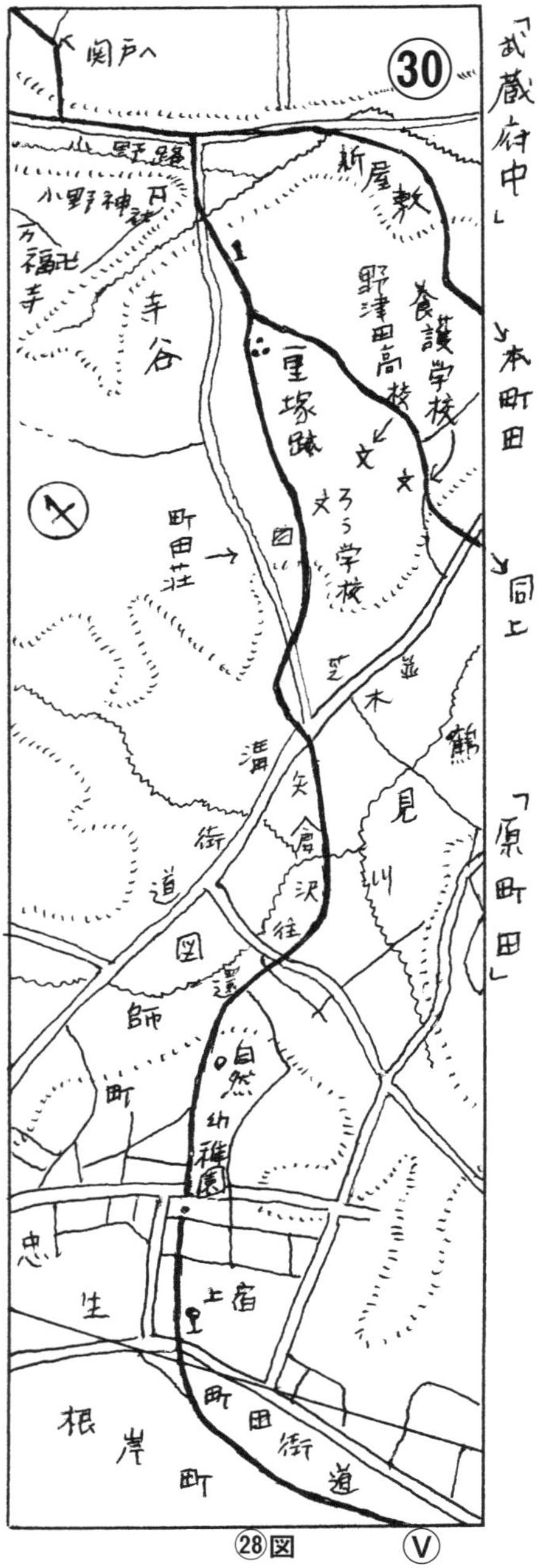

た。後に横浜線町田駅北の原町田にも市が立つようになり、次第に原町田の方が盛んになってきた。近隣の村々を相手に生糸・マユの市としても賑わい、明治になって横浜港が開かれると、山梨・長野などの生糸が町田街道を通って横浜に運ばれ、町田街道はシルクロードとして新たに路線を変えたりして整備され、原町田は宿場町になった。明治四一年（一九〇八）九月、私鉄の横浜鉄道株式会社線がシルクロード沿いの東神奈川と八王子間に開通した。そして大正六年国鉄となった。小田急線が開通したのは昭和二年四月である。

本町田から南下していた旧鎌倉街道上道（㉙図Ⓦ路）は、もと小田急線町田駅西で旧街道に合流していた。それで旧街道を下ってきた武士たちと、上道を通ってきた武士たちは、ここで合流したのであった。しかし上道は新しい都市計画の実施によって消滅し、旧街道は小田急線東口から東に通じている細い賑やかな小田急南通り商店街となった。旧街道の南は、町田天満宮裏から鎌倉へ向かって駆け抜けていたのである。

《参考文献》

『足立区史跡散歩』（足立史談会編・学生社）
『新修荒川区史』（荒川区）
『五日市の古道と地名』（並木米一・五日市教育委員会）
『五日市町史』（五日市町史編さん委員会編・五日市町）
『稲毛郷土史』（伊藤葦天・稲毛郷土史刊行会）
『入間川町誌』（入間川町誌編纂委員会編・入間川町誌刊行委員会）
『江戸川区史』（江戸川区）
『江戸氏の研究』（萩原龍夫編・名著出版）
『江戸砂子』（小池章太郎編・東京堂出版）
『江戸の川・東京の川』（鈴木理生・日本放送出版協会）
『江戸名所図会』（斎藤長秋編・角川書店）
『青梅を歩く』（青梅市教育委員会）
『大石氏の研究』（杉山博、栗原仲道編・名著出版）
『大井町誌』（安田精一編・大井町誌編纂刊行会）
『大宮市史』（大宮市）
『奥多摩町誌』（奥多摩町誌編纂委員会）
『桶川文化財を訪ねて』（桶川市教育委員会）
『葛飾区史』（葛飾区）
『角川日本地名大辞典　11埼玉県、13東京都』（角川書店）
『神奈川県の歴史』（中丸和伯・山川出版社）
『神奈川県文化財調査報告書第三四集』所収「逗子市お猿畠大切岸について」（赤星直忠・神奈川県教育委員会）
『神奈川県立博物館研究報告 考古・歴史・美術・民俗　第7号』所収「神奈川県内の鎌倉街道概説」（阿部正道・神奈川県立博物館）
『神奈川史談　第八号』所収「武蔵下ノ道」（武田広吉・神奈川県立図書館）
『かながわの古道』（阿部正道・かもめ文庫）
『かながわ風土記』連載「三浦半島への古道をたどる」（多々良四郎・丸井図書出版）
『鎌倉街道（全四冊）』（栗原仲道、蜂矢敬啓・有峰書店新社）
『鎌倉市史』（鎌倉市）
『月刊　鎌倉市民』連載「中世鎌倉歴史地図」（阿部正道、安田三郎・鎌倉市民社）
『「鎌倉」の古道』（阿部正道・鎌倉市教育委員会、鎌倉国宝館）
『川崎市史』（川崎市）
『川崎史話・上巻』（小塚光治・多摩史談会）
『北区史跡散歩』（芦田正次郎、工藤信一・学生社）
『絹の道跡と現状の記録』（絹の道調査研究会）
『旧鎌倉街道探索の旅（全四巻）』（芳賀善次郎・さきたま出版会）
『郷土こだいら』（郷土こだいら編集委員会編・小平市教育委員会）
『郷土史昔の瀬谷』（古川甫・昭英社）
『郷土よこはま』連載「古道を歩く」（横浜市中央図書館）
『国神郷土史考』（伊古田槌恵）
『京葉散歩　市川市編・松戸市編』（芳賀善次郎編・第一書林資料出版室）
『五百年前の東京』（菊池山哉・東京史談会）
『古代日本の交通路』（藤岡謙二郎編・大明堂）
『討論　古代の群馬・埼玉』（金井塚良一ほか・あさを社）
『古代の交通』（田名網宏・吉川弘文館）
『古道のほとり』（戸倉英太郎・さつき）
『御府内備考』（雄山閣）
『今昔三道中独案内』（今井金吾・日本交通公社出版事業局）

『埼玉県史』（埼玉県）
『埼玉県史跡天然記念物調査報告書　第三輯』所収「史跡「鎌倉街道」調査状況」（武田良助・埼玉県教育委員会）
『埼玉県の歴史』（小野文雄・山川出版社）
『埼玉史談五巻』所収「女影氏の館跡」（清水嘉作・埼玉郷土会）
『埼玉史談一九巻』所収「鳩山村地区の旧鎌倉街道踏査記」（清水与四次・埼玉県郷土文化会）
『埼玉の古城址』（中田正光・有峰書店新社）
『埼玉ふるさと散歩　大宮市』（サンケイリビング編・さきたま出版会）
『埼玉ふるさと散歩　川口・鳩ヶ谷市編』（沼口信一・さきたま出版会）
『史跡散歩』（段木一行・学生社）
『品川区史』（品川区）
『新宿の今昔』（芳賀善次郎・紀伊國屋書店）
『新宿の散歩道』（芳賀善次郎・三交社）
『人文地理学の諸問題』所収「鎌倉街道について—その分布と遺跡」（阿部正道・大明堂）
『新編武蔵風土記稿』（雄山閣）
『改訂逗子町誌』（逗子市）
『隅田川とその両岸　続』（豊島寛彰・芳洲書院）
『墨田区史』（墨田区）
『世田谷区史跡散歩』（竹内秀雄・学生社）
『世田谷の河川と用水』（世田谷区教育委員会）
『世田谷の古道』（世田谷区教育委員会）
『体系日本史叢書二四　交通史』（豊田武、児玉幸多編・山川出版社）
『高崎の散歩道』（高崎観光協会）
『高津郷土史料集　第八篇』所収「矢倉沢往還の記録」（高津図書館）
『多摩丘陵の古城址』（田中祥彦・有峰書店新社）
『多摩町誌』（多摩町）
『多摩のあゆみ　二八号』所収「鎌倉古道と軍畑の渡し」（米光秀雄・多摩中央信用金庫）
『多摩のあゆみ　三一号』所収「多摩丘陵の古代窯址群」（服部敬史・多摩中央信用金庫）
『多摩歴史散歩（全三冊）』（佐藤孝太郎・有峰書店新社）
『秩父路の古城址』（中田正光・有峰書店新社）
『秩父ふるさと風土図』（飯野頼治・有峰書店新社）
『秩父の峠道』（日下部朝一郎・木耳書館）
『秩父歴史散歩』（山田英二・有峰書店新社）
『定本市史　青梅』（青梅市史編さん実行委員会・青梅市）
『伝承が語るヤマトタケル』（小椋一葉・中日出版社）
『東京周辺の山』（アルペンガイド編集部編・山と溪谷社）
『東京都の歴史』（児玉幸多、杉山博・山川出版社）
『東京風土図』（サンケイ新聞社編・社会思想社）
『東京風土図　Ⅲ、Ⅳ』（産業経済新聞社社会部編・社会思想社）
『東京府豊多摩郡誌』（東京府豊多摩郡編・名著出版）
『東京歴史散歩』（東京歴史散歩編集委員会・草土文化）
『所沢市史』（所沢市）
『豊嶋氏の研究』（杉山博編・名著出版）
『戸塚区郷土誌』（戸塚区観光協会戸塚区郷土誌編纂委員会）
『利根川』（本間清利・埼玉新聞社）
『名栗村史』（名栗村史編纂委員会編・名栗村教育委員会）
『講座・日本技術の社会史第8巻　交通・運輸』（日本評論社）
『日本城郭大系　千葉・神奈川編、埼玉・東京編』（新人物往来社）

『日本の神々　第11巻　関東』（谷川健一編・白水社）
『日本の古代遺跡　17　群馬西部』（田島桂男・保育社）
『練馬の道』（石神井図書館郷土資料室編・練馬区教育委員会）
『呪われたシルクロード』（辺見じゅん・角川書店）
『八王子市史　上、下巻』（八王子市史編纂委員会）
『八王子市指定文化財目録』（八王子市教育委員会）
『花園村史』（花園村）
『坂東の峠路』（蜂矢敬啓・高文堂出版社）
『東村山市史』（東村山市）
『日の出町の歴史』（日の出町教育委員会）
『桧原村史』（桧原村）
『藤沢市史』（藤沢市）
『府中市史』（府中市）
『府中の風土誌』（府中市）
『ふるさとの散歩道』（埼玉県）
『保土ヶ谷区郷土史』（保土ヶ谷区郷土史刊行委員部編・臨川書店）
『滅びゆく武蔵野』（桜井正信・有峰書店）
『町田市史』（町田市）
『町田の歴史をたどる』（町田市市史編さん室編・町田市）
『三浦半島城郭史　上』（赤星直忠・横須賀市教育委員会）
『南多摩の史跡』（菊池山哉）
『武蔵古道ロマンの旅』（芳賀善次郎・さきたま出版会）
『武蔵野　第三一巻　一、二号』所収「四谷丸太林」（小寺駿吉・武蔵野文化協会）
『武蔵の古社』（菱沼勇・有峰書店）
『武蔵野の万葉を歩く』（芳賀善次郎・さきたま出版会）
『武蔵野歴史地理』（高橋源一郎・有峰書店）
『武蔵武士』（渡辺世祐、八代国治・有峰書店）
「明治十三年東京近傍図」（陸地測量部）
『目でみる瀬谷区郷土誌』（古川甫）
『ものがたり奥武蔵』（神山弘・岳書房）
『増補ものがたり奥武蔵　伝説探訪二人旅』（神山弘、新井良輔・金曜堂出版部）
『山里の詩　奥武蔵』（文／根津富夫、写真／堀内敬一・さきたま出版会）
『与野市史　民俗編』（与野市）
『歴史と風土武蔵野』（桜井正信・社会思想社）
『新編若葉の梢』（海老沢了之介・新編若葉の梢刊行会）
『わが町の歴史・八王子』（村上直、沼謙吉・文一総合出版）

※江戸時代の地誌は省略しました。

※【編注】原書『旧鎌倉街道 探索の旅』「上道編」「中道編」「下道編」「山ノ道編」四編の「参考文献」を整理し、Ⅰ、Ⅱ巻共通のリストを作成しました。

索　引

〔著者略歴〕

芳賀善次郎（はが・ぜんじろう）

大正四年　山形県に生まれる。
昭和一一年　三月　東京府青山師範学校卒業。以後都内五つの小学校の訓導・教諭・教頭歴任。
昭和四七年　四月　平和小学校長。以後戸塚第一・西戸山・四谷第五の各小学校長兼幼稚園長歴任。
昭和五一年　三月　退職。在職中新宿区文化財調査委員。
昭和五六年一〇月　東京都文化功労者賞受賞。
昭和六二年　四月　死去。

主著書　●芳賀氏変遷史（昭和四三年・自費）●芳賀氏興亡史（昭和五〇年・自費）●新宿の今昔（昭和四五年・紀伊國屋書店）●新宿の散歩道（昭和四七年・三交社）●教育論文・随筆集教育の散歩道（昭和五一年・刊行会）●旧鎌倉街道探索の旅〈上・中・下・山ノ道〉四編（昭和五三〜六三年・さきたま出版会）●武蔵古道ロマンの旅（昭和五九年・さきたま出版会）

◎本書は、一九七八年発行の『旧鎌倉街道探索の旅　上道編』と、一九八八年発行の『同　山ノ道編』を再編集し合本しました。

旧鎌倉街道探索《きゅうかまくらかいどうたんさく》の旅《たび》 Ⅰ 上道《かみみち》・山ノ道《やまのみち》編《へん》

二〇一七年四月一一日 初版第一刷発行

著　者　芳賀善次郎

構　成　塩澤 裕

発行所　株式会社 さきたま出版会
〒336-0022
さいたま市南区白幡3-6-10
電話048-711-8041
振替00150-9-40787

印刷・製本　関東図書株式会社

 ISBN978-4-87891-441-6 C0025

旧鎌倉街道 探索の旅Ⅱ 中道・下道編

芳賀善次郎 著

鎌倉・二子の渡しから江古田・岩淵・荒川の渡しを経て、鳩ヶ谷・岩槻・幸手・古河へと続く［中道］と、鎌倉を起点に金沢八景・大手町・浅草・松戸を結ぶ［下道］を案内。武将たちが駆け抜けた「歴史の道」を踏査し再現した、古道ガイドブックの合本復刻第2弾！

予価 本体二五〇〇円＋税／二〇一七年 夏 発売予定